Introdução
à Ciência
da Religião

Dados Internacionais de Catalogação na Publicação (CIP)
Angélica Ilacqua CRB-8/7057

Müller, Friedrich Max, 1823-1900
  Introdução à ciência da religião / Friedrich Max Müller ; tradução de Brasil Fernandes de Barros. - São Paulo : Paulinas, 2024.
  344 p. (Coleção Ciência & Religião)

  ISBN 978-65-5808-271-2

  1. Religião e ciência I. Título II. Barros, Brasil Fernandes de Barros

24-0032   CDD 201.65

Índice para catálogo sistemático:

1. Religião e ciência

1ª edição – 2024

Nenhuma parte desta obra poderá ser reproduzida ou transmitida por qualquer forma e/ou quaisquer meios (eletrônico ou mecânico, incluindo fotocópia e gravação) ou arquivada em qualquer sistema ou banco de dados sem permissão escrita da Editora. Direitos reservados.

Este livro foi publicado pelos Programas de Pós-Graduação em Ciência da Religião da PUC-Minas e PUC-SP com apoio do Programa de Apoio à Pós-Graduação da CAPES (Coordenação de Aperfeiçoamento de Pessoal do Ensino Superior).

Paulinas

PUC-SP

PUC Minas

CAPES

FRIEDRICH MAX MÜLLER

Introdução à Ciência da Religião

Paulinas

PUC-SP

PUC Minas

CAPES

COORDENAÇÃO TÉCNICA:

Flávio Augusto Senra Ribeiro
(Pontifícia Universidade Católica - Minas Gerais)

Frank Usarski
(Pontifícia Universidade Católica - São Paulo)

CONSELHO CIENTÍFICO:

Alfredo Manuel Teixeira
(Universidade Católica de Portugal)

Carlos Caldas Ribeiro Filho
(Pontifícia Universidade Católica - Minas Gerais)

FabianoVictor de Oliveira Campos
(Pontifícia Universidade Católica - Minas Gerais)

Fábio Stern
(Pontifícia Universidade Católica - São Paulo)

Giseli do Prado Siqueira
(Pontifícia Universidade Católica - Minas Gerais)

João Décio Passos
(Pontifícia Universidade Católica - São Paulo)

Wagner Lopes Sanchez
(Pontifícia Universidade Católica - São Paulo)

Direção-geral: *Ágda França*
Conselho editorial: *Andréia Schweitzer*
Antônio Francisco Lelo
João Décio Passos
Maria Goretti de Oliveira
Marina Mendonça
Matthias Grenzer
Editores responsáveis: *Maria Goretti Oliveira*
João Décio Passos
Tradução: *Brasil Fernandes de Barros*
Copidesque: *Anoar Jarbas Provenzi*
Coordenação de revisão: *Marina Mendonça*
Revisão: *Mônica Elaine G. S. da Costa*
Gerente de produção: *Felício Calegaro Neto*
Capa e diagramação: *Lucas Camargo*

Cadastre-se e receba nossas informações
paulinas.com.br
Telemarketing e SAC: 0800-7010081

Paulinas
Rua Dona Inácia Uchoa, 62
04110-020 – São Paulo – SP (Brasil)
📞 (11) 2125-3500
✉ editora@paulinas.com.br

© Pia Sociedade Filhas de São Paulo – São Paulo, 2024

Sumário

Nota do tradutor 9

Apresentação da edição brasileira 13

Conferências sobre a
Ciência da Religião 19

Prefácio 21

Primeira conferência 24

Segunda conferência 73

Terceira conferência 102

Quarta conferência 161

Notas e ilustrações para
Introdução à Ciência da Religião 223

O Imperador Akbar 225

Sobre as línguas da África 255

Literatura védica 266

Sobre a mitologia polinésia 267

Sobre o nome chinês de Deus 280

Mitologia entre os hotentotes 295

Livros sagrados do Oriente 321

Nota do tradutor

Esta tradução das conferências realizadas por Friedrich Max Müller (1823-1900) corresponde à segunda edição da obra, lançada em 1899 pela editora londrina Longmans, Green, and Co. A primeira edição foi reimpressa cinco vezes (1873, 1882, 1893 e duas vezes em 1897) sem modificações. A segunda edição, objeto de nossa tradução, corresponde a uma versão revisitada por Max Müller. No texto de 1899, o autor não apenas introduziu notas de rodapé como fez modificações no corpo do texto, baseadas nas diversas cartas e comunicados recebidos a partir de 1870. Além disso, a principal diferença entre a segunda a primeira edição é a transferência das "Notas e Ilustrações" para o final do livro, tendo sido revistas e, razoavelmente, ampliadas. Uma versão bilíngue de nossa tradução já foi publicada em 2020 pela extinta Editora Senso e agora a republicamos por Paulinas Editora com correções e modificações nas notas.

Neste trabalho, procuramos ser fiéis à versão original de 1899, consultando sempre que necessário a primeira edição para elucidar questões pontuais. Contudo, traduzir é uma tarefa imperfeita por sua própria natureza e requer estratégias, particularmente quando se trata de obras escritas em épocas e culturas diferentes daquelas às quais se destinam. Gideon Toury, considerado um pioneiro dos estudos descritivos de tradução, postula em seu ensaio *In Search of a Theory of Translation*, de 1980 ("Em busca de uma teoria da tradução"), que existem duas estratégias de tradução:

source-oriented translation ("tradução orientada para a fonte") e *target-oriented translation* ("tradução orientada ao público-alvo"). Uma tradução orientada para a fonte envolve uma abordagem formal que visa reproduzir formas e estruturas da língua de origem. De acordo com Toury, essa estratégia é difícil de ser aplicada, devido às diferenças entre as estruturas das línguas, além de questões relacionadas à época em que a obra foi escrita e ao contexto cultural em que foi concebida. Já a tradução orientada para o público-alvo tem como objetivo adaptar o texto às estruturas e ao contexto cultural da língua de destino.

Por essa razão, Toury formulou dois princípios que definem duas abordagens para a tradução: aceitabilidade e adequação. Uma tradução "aceitável" deve estar em conformidade com as regras e estruturas da língua de destino. O objetivo principal é transmitir o significado do texto original, aumentando a legibilidade e adaptando os textos às estruturas linguísticas da cultura receptora.

Por outro lado, uma tradução "adequada" mantém-se fiel à língua de origem e está em conformidade com as estruturas do texto original. Isso significa que o resultado não esconde sua natureza de tradução. Uma tradução que visa à adequação total é inaceitável devido ao fato de não levar em conta as exigências do público-alvo. Escolher entre as duas abordagens não é uma tarefa fácil. Tudo depende do tipo de tradução necessária e de sua finalidade. Mas, independentemente de uma abordagem orientada para o alvo ou para a fonte, o objetivo de uma tradução é transmitir o significado do original.

Nesta obra, portanto, optamos, por se tratar de uma obra de significado histórico, pela tradução orientada para a fonte, mas cabe chamar a atenção para alguns fatores que se tornam relevantes diante desta decisão. O texto expressa pensamentos e uma série de expressões que seriam inadequadas para a realidade atual e que eram típicas da época. Sendo assim, esclarecemos que o texto da obra em questão foi traduzido conforme se apresentava à época de sua concepção, como tradução orientada à fonte, e que não expressam as nossas opiniões. Em alguns pontos, apesar disso, quando julgamos que a disparidade de informação prejudicava o entendimento do conteúdo, optamos por incluir uma nota explicativa.

Em alguns casos, principalmente nas notas, ilustrações e/ou citações de hinos, onde fazemos a tradução de uma tradução, muito provavelmente elas não serão completamente fidedignas àquelas encontradas nos templos das tradições religiosas que as representam. Apesar dessas eventuais imperfeições inerentes à tradução desses textos sagrados, é importante lembrar que essas potenciais distorções evidenciam de alguma forma a interpretação de Max Müller. Ainda em relação à tradução de trechos de textos sagrados, no que concerne ao Cristianismo, identificamos que o autor usa a versão autorizada do Rei Jaime quando se trata da *Bíblia* e que em alguns casos é bem diferente da versão em português comumente usada no Brasil. De toda forma, a colaboração do leitor sobre qualquer eventual deslize será enriquecedora, particularmente pela provável caducidade de algumas expressões, uma vez que se trata de um texto relativo a preleções realizadas há mais de cento e cinquenta anos.

Ainda sobre a idade da obra, é importante ressaltar que as transliterações das línguas orientais usadas por Max Müller sofreram no decorrer dos anos uma transformação em função de estudos mais modernos e por isso não correspondem, na maioria dos casos, àquelas usadas hoje em dia. Entre escolher qual tipo de transliteração usar e qual manter, optamos pelas que foram adotadas pelo autor, exceto nos casos em que essas pudessem trazer

Introdução à Ciência da Religião

mais confusão que clareza, como por exemplo na palavra Qorán, traduzida simplesmente para *Corão*, e Çufísm, para Sufismo.

No decorrer da obra, foram redigidas notas do tradutor (N. do T.), com considerações e esclarecimentos que julgamos necessários.

Por se tratar de um texto clássico ao final de cada parágrafo, hino, poesia ou citação, encontra-se o símbolo de parágrafo "§", seguido por um número que corresponde à sua ordem de apresentação no texto.

Para a conclusão desta tradução, a generosidade de vários especialistas foi essencial, e, portanto, agradecemos a colaboração do Prof. Carlos Ribeiro Caldas Filho, por validar as transcrições em grego; ao Prof. Carlos Frederico Barboza de Souza, pelas difíceis transcrições do árabe; ao Sr. Romero Bittencourt de Carvalho, por nos orientar quanto às transliterações do sânscrito; ao Prof. Leonardo Pessoa da Silva Pinto, por nos orientar em questões relacionadas ao hebraico; ao Sr. Dieter Lohaus, pela tradução de um rodapé que se encontrava em alemão no original e, finalmente, ao tradutor chinês/português Sr. Felipe Oliveira, por esclarecimentos a respeito de alguns ideogramas.

Agradecemos, em especial, aos organizadores desta coleção pela confiança em nós depositada neste projeto de tamanha importância para a área de Ciências da Religião no Brasil.

Brasil Fernandes de Barros
Doutor em Ciências da Religião
pela PUC-Minas

Apresentação
da edição brasileira

É com imensa satisfação que trazemos ao público o primeiro volume da coleção *Ciência & Religião*. Para esta empreitada, unimos esforços entre dois dos Programas da área de avaliação Ciências da Religião e Teologia/CAPES: o Programa de Estudos Pós-graduados em Ciência da Religião da PUC-SP e o Programa de Pós-graduação em Ciências da Religião da PUC-Minas. Esperamos que outros possam se juntar no caminho, mas, de momento, cabe agradecer aos docentes, discentes e egressos que se dedicaram a este trabalho e que assinam a tradução e a organização das obras que comporão a coleção.

O projeto é fruto da percepção de que não há como avançar nos desafios atuais da disciplina sem conhecer a sua história e sem reconhecer a sua disciplinaridade, o caráter autônomo da Ciência da Religião. Lamentávamos até então que o acesso aos textos ficasse restrito às obras em suas línguas originais, ou, quando muito, traduzidas para o inglês. Outras disciplinas surgidas no século XIX têm os seus textos clássicos reconhecidos e estudados criticamente. Esta é uma oportunidade para criar uma tradição de estudos críticos sobre a fase de formulação da nossa disciplina.

Em nossa disciplina, a Ciência da Religião, não é pouco comum que sejam lidos e estudados os autores e as obras clássicas de outras áreas, as quais também desenvolveram pesquisas e até disciplinas para o estudo das religiões, como a Sociologia, a Antropologia, a História ou a Psicologia. Mas e os autores e as obras que demarcam a disciplinaridade da Ciência da Religião? Qual é o lugar que ocupam na formação graduada e pós-graduada em Ciência da Religião ou mesmo para o conhecimento do público interessado nos estudos do fato religioso na perspectiva dessa disciplina?

Dentre os muitos modos de realizar estudos e pesquisas sobre religião, a Ciência da Religião se destaca por sua pretensão de totalidade na investigação do seu complexo objeto, um saber geral sobre religião. Como as demais disciplinas científicas, ela está orientada por uma abordagem empírica e sistemática de perfil não normativo. Do ponto de vista do método, o objeto "religião", os sujeitos, as comunidades, os textos, as práticas, os documentos etc. são descritos e analisados em perspectiva não redutiva. O necessário trabalho interdisciplinar com as ciências sociais, históricas ou psicológicas, dentre outras, está orientado na Ciência da Religião para a mais ampla e aprofundada compreensão do seu próprio objeto.

Essa compreensão mais geral e ideal da disciplina, que vem sendo construída desde a segunda metade do século XIX, é, na realidade, fruto de variados desdobramentos e debates teóricos e metodológicos de mais tempo. Devemos considerar, além disso, as diferentes transformações por que passou a relação ciência e religião, ou mesmo quanto ao estudo acadêmico e científico sobre religião em variados contextos tanto na Europa como em outros continentes e países. Nesse sentido, não seria desejável nem possível uma compreensão estática ou atemporal da disciplina Ciência da Religião.

Nesse sentido, ao pensar a Ciência da Religião que se estabelece no Brasil, o estudo sobre o seu desenvolvimento em outros momentos da história neste ou em outros países, o estudo sobre os pioneiros da disciplina não significa um retorno a uma idealidade ou posição ideal da disciplina. Esta ou qualquer outra disciplina deve buscar sempre se atualizar e procurar a forma mais adequada de sua atuação com atenção aos novos desafios e às novas perspectivas de estudo, seja com relação ao próprio objeto, seja com relação aos sujeitos que agenciam suas crenças.

Estamos a poucos anos de completar seis décadas dos primeiros movimentos institucionais, em âmbito universitário, em torno da implantação da disciplina Ciência da Religião no país. Desde aqueles primeiros tempos e esforços havidos na Universidade Federal de Juiz de Fora-MG, quando o então Conselho Federal de Educação, através de Newton Sucupira, designou com a expressão Ciência da Religião o primeiro Departamento dedicado a estes estudos em uma universidade brasileira, passando pelos primeiros programas de pós-graduação no final da década de 1970, como os da PUC-SP e da Umesp, chegando aos dias atuais do processo de consolidação e reconhecimento no âmbito acadêmico, observa-se que o público nacional ainda carece de acesso aos textos clássicos da fundação de nossa disciplina. Tal acesso fica restrito a especialistas e a pessoas estudiosas da matéria, em razão das línguas originais.

Com a presente coleção, tanto o público em geral quanto o público especializado poderão acessar textos que, segundo a trajetória da disciplina, trazem à luz não apenas os princípios teórico-metodológicos que a fundamentam em seu nascedouro, mas também a demarcação contextualizada dos temas, interesses e perspectivas de análise da religião em nossa disciplina.

Estimamos com a coleção colaborar para uma leitura crítica da disciplina. Para além do objetivo de dar a conhecer o legado de um debate academicamente constituído e situado, o presente

Introdução à Ciência da Religião

projeto colabora com a consolidação das pesquisas atuais, consideradas as novas perspectivas de análise dos fatos religiosos, os desafios do debate sobre disciplinaridade e interdisciplinaridade da Ciência da Religião e o necessário enfrentamento da colonialidade dos saberes e das epistemologias em curso.

Iniciamos esta coleção com o conjunto de preleções que proferiu Friedrich Max Müller no Royal Institut, em Londres, no ano de 1873. Posteriormente, tais conferências foram publicadas e chegam até nós com o título de *Introdução à Ciência da Religião*.

Cabe reconhecer o papel e o legado desse indólogo alemão, funcionário da *East Indian Company*, uma empresa de apoio ao processo de colonização britânica, para a Ciência da Religião desde o seu nascimento. Foi de Max Müller (1823-1900) o uso da expressão que dá nome à disciplina na introdução do seu "Chips from a German Workshop".

A obra clássica de 1867 foi publicada por Müller próximo de sua conquista da cátedra de "Filologia Comparada" na Universidade de Oxford (1868), onde se dedicou, entre outros trabalhos, à organização da coleção *Sacred Books of the East*, composta de cinquenta volumes de tradições de fontes-chave de tradições religiosas orientais sucessivamente lançadas a partir de 1879.

Embora essa coleção se destaque em termos de energia, tempo e talento organizatório, e apesar de um interesse em assuntos relacionadas à Filologia ou à Filosofia, não há dúvida sobre a consciência de Müller da importância da sua contribuição para a fundamentação da sistematização da "Ciência da Religião". No prefácio de sua publicação *Contributions to the Science of Mythology* (1897), Müller apresentou suas oito publicações "favoritas". Seis delas são relacionadas à Ciência da Religião. Além da *Introduction to the Science of Religion*, a lista contém as obras *The Origin and Growth of Religion* (1878),

Natural Religion (1888), *Physical Religion* (1890), *Anthropological Religion* (1891) e *Theosophy, or Psychological Religion* (1892). Pode-se assumir que um sétimo título relevante para nossos fins faça parte do ranking pessoal de Müller. Trata-se de *Last Essays. Second Series: Essays on the Science of Religion*, postumamente republicada em 1902 nas *Collected Works of the Right Hon. F. Max Müller*, cuja composição se baseia muito provavelmente nas preferências do próprio autor.

Que o nosso olhar retrospectivo para os textos que contribuíram para a constituição teórico-metodológica da disciplina Ciência(s) da Religião, em perspectiva crítica e contextualizada, seja um auxílio para as novas gerações de pesquisadoras e de pesquisadores do mundo lusófono; pessoas que, dedicadas à pesquisa das religiões, das tradições de sabedorias e dos regimes de conhecimento, têm abraçado a importante tarefa da pesquisa empírico-descritiva e sistemática sobre esses saberes.

Frank Usarski
Programa de Estudos Pós-graduados
em Ciência da Religião PUC-SP

Flávio Senra
Programa de Pós-graduação em
Ciências da Religião PUC-Minas

1

Conferências sobre a
Ciência da Religião

Prefácio

Estas conferências, que tinham a intenção de ser uma introdução a um estudo comparativo das principais religiões do mundo, foram ministradas na *Royal Institution* em Londres, em fevereiro e março de 1870 e publicadas na *Fraser's Magazine* de fevereiro, março, abril e maio do mesmo ano. Naquele momento, recusei-me a publicá-las de forma isolada, na esperança de encontrar uma oportunidade para trabalhar de maneira mais completa com os materiais que havia colhido por muitos anos. Eu pensei que deveria, portanto, ser capaz de tornar essas conferências mais interessantes e mais completas, e que elas, ao mesmo tempo, poderiam suscitar algumas objeções levantadas por alguns críticos contra a possibilidade de um estudo científico das religiões e contra meus pontos de vista sobre a origem, o crescimento e o real valor dos antigos sistemas de fé elaborados por diferentes ramos da raça humana. Apenas uma pequena edição foi impressa em particular e enviada a alguns de meus amigos, cujas observações se mostraram em muitos casos valiosas e elucidativas. (§1)

Se agora decidi republicar essas conferências, o fiz porque temo que, depois de terem passado três anos desde a sua apresentação, novamente encontrarei nos próximos anos poucas oportunidades para investir nessas pesquisas. Como acabei de terminar uma nova edição do texto do *Rig Veda* em quatro volumes, agora me sinto na obrigação de imprimir o último volume da minha grande edição do *Rig Veda* com o comentário de *Sãyana*. Quando isso tiver sido feito, a tradução dos hinos do *Rig Veda*, cujo primeiro volume foi publicado em 1869, terá de ser continuada, e haverá poucas chances de que, atribulado com essas tarefas, eu consiga dedicar muito tempo ao que mais gosto de estudar, a saber, a língua antiga, a mitologia e a religião. (§2)

Eu teria de bom grado deixado essas palestras de lado, abandonadas à sua própria sorte, mas, diante do fato de terem sido republicadas nos Estados Unidos e traduzidas na França e na Itália, tornaram-se objeto de algumas observações amigáveis e outras hostis, em vários trabalhos sobre Teologia Comparada. Como há também uma tradução para o alemão às vésperas da sua publicação, decidi finalmente publicar as conferências em sua forma original e torná-las pelo menos tão perfeitas quanto pude no momento presente. As conferências, como estão impressas agora, contêm partes consideráveis que foram escritas em 1870, mas que tiveram de ser deixadas de fora no decorrer de sua apresentação e, portanto, também na *Fraser's Magazine*. Inseri as correções e anotações suplementares que escrevia de tempos em tempos no decurso da minha leitura e adicionei algumas observações de última hora, enquanto estavam sendo impressas. (§3)

Para informações mais completas sobre muitos pontos abordados nessas palestras, gostaria de indicar aos meus leitores os meus ensaios sobre a Ciência da Religião e os ensaios sobre mitologia, tradições e costumes, publicados em 1867 sob o título *Chips from a German Workshop*.[1] (§4)

A literatura sobre Teologia Comparada está crescendo rapidamente, principalmente nos Estados Unidos. Os trabalhos de

---

1   Republicado com modificações em dois volumes "Selected Essays", Longmans, 1881.

James F. Clarke, Samuel Johnson, O. B. Frothingham, as palestras de T. W. Higginson, W. C. Gannett e J. W. Chadwick, os documentos filosóficos de F. E. Abbot mostram que o Novo Mundo, apesar de todas as suas preocupações, não deixou de se sentir em sintonia com o Velho Mundo; todos testemunham uma profunda convicção de que o estudo das religiões antigas da humanidade não permanecerá sem resultados práticos significativos. Sinto-me convencido de que essa investigação, se realizada com um espírito ousado e academicamente fundamentado, cuidadoso e reverente, removerá muitas dúvidas e dificuldades que ocorrem em virtude da estreita visão de nosso horizonte religioso, aumentará nossas simpatias e elevará nossos pensamentos acima das pequenas controvérsias do dia a dia. E, em um futuro próximo, evocará no próprio coração do Cristianismo um espírito renovado e uma nova vida. (§5)

F. Max Müller
Oxford, 12 de maio de 1873.

Primeira conferência

19 de fevereiro de 1870.

Quando tomei a decisão de empreender pela primeira vez um ciclo de conferências nessa instituição, escolhi como primeiro tema a *Linguística*. O que eu tinha no meu coração, o meu real desejo, era apresentar a vocês e ao mundo em geral que o estudo comparativo das principais línguas da humanidade se baseava em princípios sólidos e verdadeiramente científicos, e que isso trouxe à luz resultados que mereciam maior interesse por parte do público do que eles haviam recebido até então. Tentei convencer não só os acadêmicos de profissão, mas também historiadores, teólogos e filósofos, e a todos que já houvessem um dia experimentado o encantamento de encarar em sua própria mente os escrutínios da linguagem em toda a sua profundidade, que as descobertas feitas pelos filólogos comparativos não podiam mais ser ignoradas impunemente. Afirmei que, depois do progresso alcançado em um estudo científico dos principais ramos do vasto domínio da fala humana, que nossa nova ciência, a Linguística, poderia reivindicar, por direito, seu assento na távola redonda da cavalaria intelectual de nossa era. (§6)

Tamanha era a benevolência da causa que eu tinha de defender que, por mais imperfeito que fosse o meu argumento, o veredicto do público foi imediato e quase unânime. Durante os anos que se passaram desde o início do meu primeiro ciclo de conferências sobre Linguística, obtive um grande reconhecimento público. Se analisarmos o número de livros que foram publicados para o avanço e a elucidação de nossa ciência, ou os excelentes artigos das resenhas diárias, semanais, quinzenais, mensais e trimestrais, ou as frequentes notícias de seus resultados espalhados em obras sobre Filosofia, Teologia e História Antiga, esses foram suficientes para nos deixar bem satisfeitos. O exemplo dado pela França e pela Alemanha nas cátedras fundadoras de sânscrito e Filologia Comparada foi seguido nos últimos tempos em quase todas as universidades da Inglaterra, Irlanda e Escócia. Diante disso não precisávamos temer pelo futuro da Linguística. Uma carreira tão auspiciosamente iniciada, apesar dos fortes preconceitos que deveriam ainda ser encontrados, levará ano a ano a maiores triunfos. Nossas melhores escolas públicas, se ainda não o fizeram, em breve terão de seguir o exemplo das universidades. É justo que os devotados estudantes, que dedicam tantas horas todos os dias ao laborioso aprendizado de línguas, sejam de vez em quando levados por um guia seguro para desfrutar de um patamar mais elevado, no qual o panorama vivo da fala humana tenha sido pesquisado e cuidadosamente mapeado por pacientes e corajosos exploradores e descobridores. Não há mais desculpas para, mesmo nas lições mais elementares, especialmente nessas lições elementares, as tristes e sombrias passagens do grego e do latim, da gramática francesa e alemã, não serem iluminadas[1] pela moderna luz da Filologia Comparada. (§7)

Quando viajei pela Alemanha, no ano passado, constatei que as aulas de Filologia Comparada eram realizadas nas universidades por quase todos os que estudavam grego e latim. Em Leipzig, havia centenas de estudantes que lotavam a sala de aula do professor de

---

1 No original em inglês, o autor diz "be brightened by the electric light" ("ser iluminada pela luz elétrica"), pois, à época dessa conferência, a luz elétrica era só uma promessa, que seria consolidada em 1879 por Thomas Edison (N. do T.).

Filologia Comparada, e as aulas do professor de sânscrito consistiam em mais de cinquenta estudantes de graduação, a maioria deles desejando adquirir um conhecimento de sânscrito absolutamente necessário antes de iniciar um estudo de Gramática Comparativa. (§8)

A introdução do grego nas universidades da Europa no século XV dificilmente poderia ter causado uma revolução maior do que a descoberta do sânscrito e o estudo da Filologia Comparada no século XIX. Pouquíssimos, de fato, que agora cursam o Mestrado em Artes na Alemanha teriam permissão para ensinar em uma escola pública sem terem sido examinados nos princípios da Filologia Comparada ou nos elementos da gramática sânscrita. Por que deveria ser diferente na Inglaterra? A fibra intelectual da juventude britânica não é diferente da alemã, e, se houver apenas um campo justo e nenhum favorecimento, estou convencido de que essa disciplina em breve fará parte também dos programas curriculares ingleses, ocupando seu lugar em todas as escolas públicas, em todas as universidades e em todos os exames clássicos.[2] (§9)

A sensação que tenho nesse início, quando pretendemos instituir um ciclo de conferências sobre a *Ciência da Religião* – prefiro dizer inaugurar discussões preliminares acerca de pontos que deveriam ser abordados antes que possamos começar um estudo verdadeiramente científico das religiões do mundo –, é a mesma

---

2 Desde que isso foi escrito, a Filologia Comparada foi admitida em seu devido lugar na Universidade de Oxford. Os candidatos à graduação com especialização em Literatura Grega ou Latina serão examinados nos elementos da Filologia Comparada como ilustração da língua grega e da latina. No Exame Público final, a Filologia Comparada formará um tópico especial, ao lado da História da Literatura Antiga.

de quando fiz minhas primeiras alegações em favor da Linguística neste mesmo lugar. (§10)

Sei que encontrarei opositores determinados que negarão a própria possibilidade de uma abordagem científica das religiões, pois antes negavam a possibilidade de um tratamento científico das línguas. Prevejo conflitos ainda maiores em relação aos preconceitos familiares e convicções profundamente arraigadas, mas sinto ao mesmo tempo que estou preparado para encontrar esses opositores e tenho tanta fé na honestidade e no amor deles pela verdade que duvido que eles não componham uma audiência paciente e imparcial que profira um veredicto influenciado por nada além das evidências que terei de colocar diante deles. (§11)

Nos dias de hoje, é quase impossível falar de religião sem que isso ofenda os que estejam à direita ou à esquerda. Para alguns, a religião parece ser um assunto muito sagrado para ser tratado cientificamente; para outros, está no nível da alquimia e da astrologia, como um mero tecido de erros ou alucinações, muito abaixo da atenção do homem da ciência. (§12)

Em certo sentido, aceito essas duas visões. A religião é um assunto sagrado e, seja na sua forma mais perfeita, seja na sua forma mais imperfeita,[3] ela tem direito à nossa mais alta reverência. A esse respeito, podemos aprender algo com aqueles a quem estamos tão prontos para ensinar. Cito a "Declaração de Princípios"

---

3   Aqui fizemos a tradução literal da afirmação de Max Müller, que à época vivia em um ambiente de dominação de determinadas religiões e de uma cultura etnocêntrica, que colocava o Cristianismo como a única religião perfeita. Essa afirmação nos dias de hoje seria claramente questionável do ponto de vista da Ciência da Religião. Não se pode falar em termos de estudo da Ciência da Religião em formas mais perfeitas ou imperfeitas (N. do T.).

Introdução à Ciência da Religião

pela qual a igreja fundada por Keshub Chunder Sen[4] professa ser guiada. Depois de declarar que nenhum objeto criado jamais deverá ser adorado, nenhum homem ou ser inferior ou objeto material jamais deverá ser tratado como idêntico a Deus, ou semelhante a Deus, ou como uma encarnação de Deus, e que nenhuma oração ou hino jamais deverá ser feita a ou em nome de alguém, exceto Deus, a declaração continua: (§13)

> Nenhum ser ou objeto criado que tenha sido ou possa ser adorado por qualquer seita a seguir será ridicularizado ou desprezado no decorrer do culto divino a ser realizado aqui. (§14)
> Nenhum livro deve ser reconhecido ou recebido como a infalível Palavra de Deus; ainda assim, nenhum livro que tenha sido ou possa ser posteriormente reconhecido por qualquer seita como infalível deve ser ridicularizado ou desprezado. (§15)
> Nenhuma seita deve ser difamada, ridicularizada ou odiada. (§16)

Pode-se pensar, talvez, que esse vasto sentimento de tolerância religiosa tenha sido tomado emprestado por Keshab Chunder Sen, ou melhor, pelo fundador do Brahma-Samâj, Rammohun Roy, de escritores cristãos. Pode até ser que sim. Mas eles não precisariam ter ido à Europa para encontrar esses princípios verdadeiramente cristãos. Eles poderiam tê-los

---

4   Keshab Chunder Sen, ou ainda Keshub Chandra Sen, foi um filósofo hindu e reformador social. Tentou incorporar a Teologia Cristã no pensamento hindu. Embora não fosse da classe Brahman (varna), a família de Sen era proeminente em Calcutá, onde recebeu uma ótima educação formal. Aos 19 anos, ingressou na Brahmo Samaj (em sânscrito: "Sociedade de Brahma" ou "Sociedade de Deus"), fundada em 1828 pelo reformador religioso e social hindu Ram Mohun Ray, quando se converteu ao Cristianismo (N. do T.).

encontrado inscritos nas próprias rochas da Índia, colocadas ali há mais de dois mil anos por Ashoka,[5] que governou de 259 a 222 a.C. Ashoka, que deixou a antiga religião védica e adotou os princípios essenciais dos ensinamentos de Buda, diz em um de seus decretos: "O rei Piyadasi[6] deseja que todas as seitas habitem em todos os lugares (sem serem molestadas), pois todos elas aprovam a restrição (dos sentidos) e a purificação da alma. 'E novamente': O rei Piyadasi honra todas as seitas, monges e chefes de família; ele os honra pela liberalidade e por vários tipos de favores [...]. Mas existe uma lei fundamental para todas as seitas, a moderação na fala, segundo a qual não se deve exaltar a própria seita ao condenar as outras, e não as depreciar levianamente, mas segundo a qual, pelo contrário, deve-se mostrar sempre a outras seitas a honra devida a elas. Dessa maneira, alguém exalta a própria seita e beneficia outras, enquanto, ao agir de outra forma, prejudica a própria seita e não beneficia outras. Aquele que exalta sua própria seita e desaprova as outras faz isso em devoção à sua própria seita, a fim de torná-la ilustre, mas, ao agir dessa maneira, ele apenas prejudica sua própria seita. Portanto, somente a paz é boa, para que todos possam ouvir e ouvir com satisfação as opiniões dos outros".[7] (§17)

---

5 Ashoka, também escrito Aśoka (falecido em 238 a.C. na Índia), último grande imperador da dinastia Mauryan da Índia. Seu vigoroso patrocínio ao Budismo durante seu reinado (c. 265-238 a.C.; também c. 273-232 a.C.) promoveu a expansão dessa religião por toda a Índia. Após sua bem-sucedida, mas sangrenta, conquista do país Kalinga, na costa leste, Ashoka renunciou à conquista armada e adotou uma política que chamou de "conquista pelo dharma" (N. do T.).

6 Um dos nomes honorários utilizados por Ashoka e que significa em sânscrito "aquele que vê tudo com bondade" (N. do T.).

7 E. Senart, "Les Inscriptions de Piyadasi", 1881, p. 174 (septième edit), p. 249 (douzième edit).

Os estudantes da Ciência da Religião devem, em todas as oportunidades, empenhar-se para não serem superados em imparcialidade por esse rei da antiguidade. De minha parte, posso prometer que ninguém que esteja assistindo a essa conferência, seja ele cristão ou judeu, hindu ou muçulmano,[8] deve ouvir qualquer coisa irreverente a respeito do seu modo de servir a Deus.[9] Mas a verdadeira reverência não consiste em dizer que um assunto que nos é caro é inadequado para uma investigação livre e honesta: longe disso! A verdadeira reverência é demonstrada ao tratar, por mais sagrado e precioso que seja para nós, com a perfeita confiança; sem medo e sem favorecimento, com ternura e amor, por todos os meios, mas, antes de tudo, com uma lealdade inflexível e intransigente à verdade. (§18)

Por outro lado, admito plenamente que a religião ficou presa ao passado e também permanece ainda nos dias de hoje; basta que olhemos para as realidades do mundo em que vivemos para perceber que em alguns casos se equipara com a alquimia e a astrologia. Existem superstições pouco aquém do fetichismo e, o que é pior, existe uma hipocrisia tão ruim quanto a dos augúrios romanos. (§19)

Em termos práticos, seria errado assumir uma posição neutra entre essas visões conflitantes. Onde vemos que a devida

---

8 No original, Max Müller usa a palavra "Mohammedan", que deveria ser traduzida por "maometano", mas entendemos que essa designação seria incorreta, pois sugere que os muçulmanos adoram Muhammad em vez de Deus. Por essa razão, optamos por "muçulmano" em nossa tradução (N. do T.).

9 Minha atenção foi direcionada para um exemplo curioso de atavismo real. Meu bisavô, Basedow, o fundador do *Philanthropinum*, em Dessau, escreveu quase *in verbis* que no serviço divino geral de sua escola nada deveria acontecer por palavra ou ação que não pudesse ser aprovado por todo adorador de Deus, seja cristão, seja judeu, seja mulçumano, seja deísta ("Archiv für Lebensbeschreibung", p. 63, Raumer, Geschichte der Padagogik, II, p. 274).

reverência à religião é violentada, somos obrigados a protestar; onde vemos que a superstição suga as raízes da fé e a hipocrisia envenena as fontes da moralidade, devemos tomar partido. Mas, como estudantes da Ciência da Religião, temos de nos manter em uma atmosfera mais alta e mais serena. Estudamos o erro, como o fisiologista que estuda uma doença, procurando suas causas, traçando sua influência, especulando sobre possíveis remédios para esse ἱεοὸς νοῦσος, mas deixando a aplicação de tais remédios para uma classe diferente de homens, ao cirurgião, ao médico. *Diversos diversa juvant*[10] se aplicam aqui como em qualquer outro lugar, e uma divisão do trabalho, de acordo com as habilidades e gostos peculiares de diferentes indivíduos, sempre produzirá os melhores resultados. O estudante da história das ciências físicas não se irrita com os alquimistas nem discute com os astrólogos: ele simplesmente tenta entrar na visão que eles têm das coisas para descobrir nos erros da alquimia as sementes da química, e vê nas alucinações da astrologia um anseio de alcançar um verdadeiro conhecimento dos corpos celestes. O mesmo deve acontecer com o estudante da Ciência da Religião. Ele quer descobrir o que é a religião, que fundamento ela tem na alma do homem e que leis ela segue em seu crescimento histórico. Para esse propósito, o estudo dos erros é para ele mais instrutivo do que o estudo da religião que ele considera verdadeira, e o augúrio sorridente como um assunto tão interessante quanto o suplicante romano que ocultava seu rosto em oração, para que ele pudesse ficar sozinho com seu Deus. (§20)

Sei que o próprio título "Ciência da Religião" soará aos ouvidos de muitos como uma comparação de todas as religiões do mundo e

---

10 Expressão latina que significa "muitos homens, muitos gostos" (no sentido de "preferências") (N. do T.).

que ninguém poderá reclamar para si uma posição privilegiada e que isso, sem dúvida, pode parecer perigoso e repreensível,[11] já que não se pode ignorar a reverência de ninguém por sua própria religião ou por seu Deus. Permitam-me dizer de pronto que eu mesmo compartilhei dessas dúvidas, mas que tentei superá-las, porque não as aceitaria e não me permitiria render-me ao que considero a verdade ou ao que considero ainda mais querido do que a verdade, o direito de testar a verdade. Nem me arrependo. Eu não diria que na Ciência da Religião tudo é ganho. Não! Nela há perdas, e perdas de muitas coisas que consideramos preciosas. Mas afirmo que, tanto quanto sou capaz de avaliar, isso não implica a perda de nada que seja essencial para a verdadeira religião e que, se atingirmos o equilíbrio com honestidade, o ganho será incomensuravelmente maior que a perda. (§21)

Uma das primeiras perguntas feitas por acadêmicos clássicos quando convidados a considerar o valor da Linguística foi: "O que obteremos com um estudo comparativo das línguas?". Dizia-se que as línguas são procuradas para fins práticos, para fala e leitura, e que, estudando muitas línguas ao mesmo tempo, correríamos o risco de perder o domínio firme que deveríamos ter sobre as poucas coisas que realmente são importantes. Nosso conhecimento, ao se tornar mais amplo, preciso, pensou-se, se tornaria mais raso, e o ganho, se for necessário conhecer a estrutura dos dialetos que nunca produziram nenhuma literatura, certamente seria superado pela perda de estudos práticos e precisos. (§22)

Se isso pôde ser dito a respeito do estudo comparativo de línguas, com que força maior isso será empregado contra um estudo

---

11   "A chamada 'Ciência da Religião' dos dias atuais, com suas tentativas de colocar em competição os livros sagrados da Índia e das Escrituras Sagradas, deve ser profundamente depreciada" (Bispo de Gloucester).

comparativo das religiões! Embora eu não espere que aqueles que estudem os livros religiosos dos brâmanes e budistas, de Confúcio e Lao-Tsé, de Mohammad e Nânak sejam acusados de acalentar secretamente em seu coração as doutrinas daqueles mestres antigos ou de terem perdido a crença em suas próprias convicções religiosas, ainda duvido se a utilidade prática de estudos mais amplos no vasto campo das religiões do mundo virá a ser admitida com maior prontidão por teólogos declarados do que o valor do conhecimento de sânscrito, persa médio, gótico ou celta para um domínio profundo do grego e do latim, e se, para uma apreciação real da natureza, do propósito, das leis, do crescimento e da decadência das línguas, foi admitido ou é mesmo agora admitido por alguns dos nossos mais eminentes mestres e professores. (§23)

As pessoas perguntam: o que podemos ganhar fazendo comparação? Ora, porque todo conhecimento superior é adquirido por comparação e se baseia em comparação. Se se diz que o caráter da pesquisa científica em nossa época é eminentemente comparativo, isso significa que nossas pesquisas de agora se baseiam na mais ampla evidência que pode ser obtida nas mais amplas induções que podem ser apreendidas pela mente humana. (§24)

O que pode ser ganho por meio da comparação? Olhe para o estudo das línguas! Se você voltar há cem anos, examinar os alfarrábios dos escritores mais instruídos sobre questões relacionadas à linguagem e depois abrir um livro escrito por um mero principiante da Filologia Comparada, você verá o que pode ser ganho, o que foi obtido pelo método comparativo. Há poucas centenas de anos a ideia de que o hebraico era a língua original da humanidade era aceita como algo óbvio, até mesmo uma questão de fé, e o único problema era descobrir por qual caminho que o grego, o latim ou qualquer outra língua poderia ter sido desenvolvido a partir do hebraico. Também era geralmente aceita a ideia de que a língua era revelada no sentido escolástico do termo, embora já no quarto século São Gregório, o erudito bispo de Nissa, tenha protestado veementemente contra isso.[12] A estrutura gramatical de uma língua era considerada como o resultado de um acordo por convenção, ou as terminações de substantivos e dos verbos deveriam ter surgido como brotos das raízes e caules da linguagem, e a vaga semelhança entre o som e o significado das palavras foi considerada um critério suficiente para verificar sua origem e relacionamento. De todo esse sonambulismo filológico, dificilmente encontramos traços em obras publicadas desde os dias de Humboldt, Bopp e Grimm. (§25)

Houve alguma perda nisso? Não foi ganho puro? Será que a linguagem excita menos nossa imaginação pelo fato de sabermos que, embora a faculdade de falar seja obra d'Aquele que trabalha em todas as coisas, a invenção de palavras para nomear cada objeto foi deixada ao homem e foi alcançada por meio do trabalho da mente humana? O hebraico é estudado com menos cuidado pelo fato de não se acreditar mais que ele seja uma língua revelada, enviada do céu, e sim uma língua muito próxima do árabe, do siríaco e do babilônio antigo, recebendo luz destas línguas cognatas e, em determinados sentidos, mais primitivas para a explicação de muitas das formas gramaticais hebraicas e para a interpretação exata de muitas das palavras hebraicas obscuras e difíceis? A articulação gramatical do grego e do latim é menos instrutiva porque, em vez de ver nas terminações de substantivos e verbos meros sinais arbitrários para distinguir o plural do singular, ou o futuro do presente, podemos perceber um princípio inteligível na gradual produção formal de elementos materiais da linguagem? E nossas etimologias são menos importantes porque, em

---

12   "Lectures on the Science of Language", I, p. 32.

vez de serem sugeridas por semelhanças superficiais, agora são baseadas em pesquisa histórica e fisiológica honesta? Por fim, nossa própria língua deixou de ocupar seu lugar peculiar? Nosso amor por nossa própria língua nativa foi prejudicado? Será que os homens falam com menos ousadia ou oram com menos fervor na própria língua materna porque conhecem sua verdadeira origem e sua história sem adornos, porque sabem que tudo na língua que vai além dos objetos dos sentidos é e deve ser pura metáfora? Ou alguém deplora o fato de que há em todas as línguas, mesmo nas dos selvagens menos desenvolvidos, ordem e sabedoria, ou seja, algo que irmana o mundo inteiro? (§26)

Por que, então, devemos hesitar em aplicar o método comparativo, que produziu tão grandes resultados em outras esferas do conhecimento, ao estudo da religião? Não nego que isso mudará muitas das opiniões comumente defendidas sobre a origem, o caráter, o crescimento e a decadência das religiões do mundo. Mas, a menos que sustentemos que esse crescimento corajoso em novas pesquisas, que é nosso sagrado dever e nosso orgulho sincero em todos os demais ramos do conhecimento, é perigoso no estudo das religiões, e salvo se nos deixarmos intimidar pelo dito outrora famoso: "O que quer que seja novo em Teologia é falso", essa deve ser a verdadeira razão pela qual um estudo comparativo das religiões não deve mais ser negligenciado ou adiado. (§27)

Quando os estudantes de Filologia Comparada audaciosamente adaptaram o paradoxo de Goethe: "Aquele que sabe apenas uma língua não sabe nenhuma",[13] as pessoas ficaram atônitas

---

13 A frase original de Goethe em alemão é: "Wer fremde Sprachen nicht kennt, weiss nichts von seiner eigenen", em inglês: "He who is ignorant of foreign languages knows no this own", algumas vezes reduzida a: "He who knows but one language knows none" (N. do T.).

a princípio, mas logo começaram a perceber a verdade que estava oculta sob o paradoxo. Poderia Goethe querer dizer que Homero não sabia grego ou que Shakespeare não sabia inglês porque nenhum deles sabia mais do que sua própria língua materna? Não! O que se queria dizer era que nem Homero nem Shakespeare sabiam de fato qual era aquela linguagem com que eles lidavam com tanto poder e perspicácia (*cunning*). Infelizmente, perdeu-se na língua inglesa a origem etimológica das palavras *canny* e *cunning*,[14] que nascem do verbo *to can*. Caso contrário, poderíamos, em duas palavras, expressar o sentido separando os dois tipos de conhecimento dos quais estamos aqui falando. Como dizemos em alemão *können* não é *kennen*, poderíamos dizer em inglês: *to can*, isto é, ser "perspicaz" (*cunning*), não é *to ken*, que é "saber"; e então ficaria claro que ao mesmo tempo que o orador mais eloquente e o poeta mais talentoso, com toda a sua perspicácia de palavras e domínio hábil de expressão, teria pouco a dizer, se lhe fosse perguntado o que realmente é a linguagem? O mesmo se aplica à religião. *Quem conhece apenas uma não conhece nenhuma*. Existem milhares de pessoas cuja fé é tal que poderia mover montanhas e que, ainda assim, se lhes perguntassem o que é realmente a religião, permaneceriam caladas ou falariam mais em símbolos externos do que na natureza interior ou na faculdade da fé. (§28)

É fácil perceber que religião significa pelo menos duas coisas muito distintas. Quando falamos da religião judaica, cristã ou hindu, entendemos um corpo de doutrinas transmitidas pela tradição ou em livros canônicos, o conteúdo de tudo o que constitui a fé dos judeus, cristãos ou hindus. Usando a religião nesse sentido,

---

14   Aqui o autor está fazendo referência à palavra que ficou traduzida como "perspicácia" (em inglês *cunning*) e que termina a frase anterior (N. do T.).

podemos dizer que um homem mudou de religião, ou seja, que adotou o Cristianismo em vez de o corpo bramânico de doutrinas religiosas, assim como um homem pode aprender a falar inglês em vez de hindustâni. (§29)

Mas a religião também é usada em um sentido diferente. Assim como existe uma faculdade de fala, independente de todas as formas históricas da linguagem, há uma faculdade de fé no ser humano, independente de todas as religiões históricas. Se dizemos que é a religião que distingue o ser humano do animal, não estamos falando da religião cristã ou judaica; não estamos falando de nenhuma religião em particular, mas estamos nos referindo a uma faculdade ou disposição mental que, independentemente e apesar dos sentidos e da razão, permite ao ser humano apreender o Infinito sob nomes diferentes e sob diversos "disfarces". Sem essa faculdade, nenhuma religião, nem mesmo a menor adoração a ídolos e símbolos mágicos, seria possível. Se escutarmos atentamente, podemos ouvir em todas as religiões um lamento do espírito, uma luta para conceber o inconcebível, para proferir o indizível, um desejo pelo infinito, um amor de Deus. Se a etimologia que os antigos deram da palavra grega ἄνθρωπος, que significa "ser humano", é verdadeira ou não (eles o derivaram de ὁ ἄνω ἀθρῶν, "aquele que olha para cima"), certo é que, o que faz o ser humano ser o que é, somente o ser humano pode virar o rosto para o céu; certo é que somente ele anseia por algo que nem os sentidos nem a razão podem suprir, ou seja, algo que tanto os sentidos quanto a razão por si mesmos são obrigados a negar. (§30)

Se há uma disciplina filosófica que estuda as condições do conhecimento pelos sentidos (físicos) ou intuitivos, e se há outra disciplina filosófica que estuda as condições do conhecimento racional ou conceitual, claramente haverá lugar para uma terceira disciplina filosófica que deve estudar a existência e as condições dessa terceira faculdade do ser humano, a mente, coordenada com e independente dos sentidos e da razão, a faculdade do Infinito,[15] que está na raiz de todas as religiões. Em alemão podemos distinguir essa terceira faculdade pelo nome de *Vernunft*, em oposição a *Verstand* ("razão") e *Sinn* ("sentido"). Em inglês, não conheço melhor nome para ela do que a faculdade da fé, embora esta deva ser guardada por uma definição cuidadosa, a fim de confiná-la apenas a esses objetos, que não podem ser supridos nem pela evidência dos sentidos nem pela evidência da razão, e cuja existência é, todavia, postulada por algo que não depende nós, ao qual não podemos resistir. Nenhum fato meramente histórico pode enquadrar-se no conhecimento da fé, em nosso sentido da palavra. (§31)

Se olharmos para a história do pensamento moderno, veremos que na escola dominante da filosofia, anterior a Kant, reduziu-se toda a atividade intelectual a uma única faculdade, a dos sentidos, em que "*Nihil in intellectu quod non ante fuerit in sensu*" ["Nada existe no intelecto a não ser o que existe antes nos sentidos"] era o seu lema; e Leibniz respondeu epigramaticamente, mas mais profundamente: "*Nihil – nisi intellectus*" ["Sim, nada além do intelecto"]. Seguiu-se, então, Kant, que, em sua obra *Crítica da razão pura*, escrita noventa anos atrás, mas ainda não ultrapassada, provou que nosso conhecimento requer, além dos dados dos sentidos, a admissão das intuições de espaço e tempo e as categorias, ou, como podemos chamá-las, as leis e necessidades da razão.

---

15   Uso a palavra "Infinito" porque é menos suscetível de ser mal compreendida do que o Absoluto ou o Incondicionado ou o Incognoscível. Sobre a distinção entre o Infinito e o Indefinido, ver Kant, "Critique of Pure Reason", traduzido por Max Müller, II, p. 442.

Satisfeito por ter estabelecido o caráter *a priori* das categorias e as intuições do espaço e do tempo, ou, para usar a própria linguagem técnica dele, satisfeito por ter provado a possibilidade de juízos sintéticos *a priori*, Kant se recusou a ir além e negou contundentemente ao intelecto humano a capacidade de transcender o finito ou a faculdade de se aproximar do Infinito. Ele cerrou os antigos portões através dos quais o ser humano havia contemplado o Infinito, mas, apesar disso, foi levado, em sua *Crítica da razão prática*, a abrir uma porta lateral na qual admite o sentido de dever e, com ele, o sentido do Divino. Isso sempre me pareceu o ponto vulnerável na filosofia de Kant, pois, se a filosofia tem de explicar o que é, e não o que deve ser, não há e não poderá haver descanso até que admitamos que há no homem uma terceira faculdade, que denomino simplesmente de faculdade de apreender o Infinito, não só na religião, mas em todas as coisas; uma capacidade independente dos sentidos e da razão, uma capacidade de certa forma contraditada pelos sentidos e pela razão, mas ainda assim, suponho, um poder muito real, que tem se mantido vivo desde o começo do mundo, sendo que nenhum dos sentidos nem a razão conseguiu superá-lo, enquanto só ele é capaz de superar a razão e os sentidos.[16] (§32)

---

16 Como essa passagem deu origem a estranhos mal-entendidos, cito uma passagem de outra palestra minha, ainda não publicada: "Atualmente, é difícil falar da mente humana em qualquer linguagem técnica, sem ser chamado à ordem por um filósofo ou outro. De acordo com alguns, a mente é una e indivisível, e é apenas o objeto de nossa consciência que dá aos atos da mente as diferentes aparências de sentir, lembrar, imaginar, saber, querer ou acreditar. Segundo outros, a mente, como objeto, não tem existência, e nada deve ser mencionado a não ser os estados de consciência, alguns passivos, outros ativos, outros mistos. Eu mesmo fui incumbido de me aventurar a falar, neste nosso iluminado século XIX, sobre as diferentes faculdades da mente – faculdades que seriam apenas criações imaginárias, filhos ilegítimos da escolástica medieval. Agora

De acordo com os dois significados da palavra "religião", então, a Ciência da Religião é dividida em duas partes: a primeira, que tem de lidar com as formas históricas da religião, é chamada de *Teologia Comparada*; a segunda, que tem de explicar as condições sob as quais a religião, em sua forma mais elevada ou mais baixa, é possível, é chamada de *Teologia Teórica*. (§33)

No momento, teremos de lidar apenas com o primeiro significado; ou seja, meu objetivo será demonstrar que os problemas que ocupam principalmente a Teologia Teórica não devem ser levantados até que todas as evidências que puderem ser obtidas acerca de um estudo comparativo das religiões do mundo tenham sido totalmente coletadas, classificadas e analisadas. Tenho certeza de que chegará o tempo em que tudo o que está escrito sobre Teologia, seja do ponto de vista eclesiástico, seja do filosófico, parecerá tão antiquado, tão estranho, tão inexplicável quanto as obras de Vossius, Hemsterhuys, Valckenaer e Lennep, se colocadas ao lado da *Gramática Comparativa* de Bopp. (§34)

Pode parecer estranho que, enquanto a Teologia Teórica, ou seja, a análise das condições internas e externas sob as quais a fé

---

confesso que esse pedantismo me diverte mais do que me assusta. Faculdade, *facultas*, me parece uma palavra tão boa que, se não existisse, deveria ser inventada para expressar os diferentes modos de ação do que ainda podemos chamar nossa mente. Isso não nos compromete a mais do que se fôssemos falar das *capacidades* ou *habilidades* da mente, e somente aqueles que transformam as forças da natureza em deuses ou demônios ficariam assustados com as faculdades como monstros de olhos verdes sentados nos recessos sombrios do nosso Eu. Dessa forma, portanto, irei manter o nome de faculdade". Sobre a necessidade de admitir uma faculdade para perceber o Infinito, tratei mais plenamente em minhas palestras sobre a Linguística, "Lectures on the Science of Language", II, p. 625-632. O assunto é habilmente discutido por Nicotra Sangiacomo, em "*L'Infinito di Max-Müller*", Catania, 1882.

é possível, tenha ocupado tantos pensadores, o estudo da Teologia Comparada nunca tenha sido levado a sério. Mas a explicação é muito simples. Os materiais sobre os quais somente um estudo comparativo das religiões da humanidade poderia ter sido fundado não eram acessíveis em tempos passados, enquanto nos dias atuais eles vieram à luz em tal profusão que é quase impossível para qualquer indivíduo dominá-los todos. (§35)

É de conhecimento público que o Imperador Akbar (1542-1605)[17] tinha paixão pelo estudo das religiões, que convidou para sua corte judeus, cristãos, muçulmanos, brâmanes e zoroastrianos e que possuía o maior número de livros que ele pudesse ter acesso, traduzidos para seu próprio estudo.[18] No entanto, quão pequena era a coleção de livros sagrados que até mesmo um imperador da Índia poderia possuir não mais do que trezentos anos atrás, se comparado ao que agora pode ser encontrado na biblioteca de qualquer acadêmico com parcos recursos! Temos o texto original dos *Vedas*, que nem os subornos nem as ameaças de Akbar foram capazes de extorquir dos brâmanes. A tradução dos *Vedas* que ele diz ter obtido era uma tradução do chamado *Atharva Veda* e compreendia muito provavelmente apenas os *Upanixades*, tratados místicos e filosóficos, muito interessantes, muito importantes em si mesmos, mas tão distantes das antigas poesias dos *Vedas* como o *Talmude* é do *Antigo Testamento*, como o Sufismo é do *Corão*. Temos o *Zendavesta*, os escritos sagrados dos chamados adoradores do fogo, e possuímos traduções dele muito mais completas e muito mais corretas do que qualquer uma que o Imperador Akbar poderia ter obtido de Ardsher, um sábio zoroastriano que ele convidou

---

17 Ver §398 em notas e ilustrações.
18 "History of India", Elphinstone, ed. Cowell, livro IX, capítulo 3.

Introdução à Ciência da Religião

de Kerman para a Índia.[19] A religião de Buda, certamente em muitos aspectos mais importante do que o Bramanismo ou o Zoroastrismo ou o Islã, nunca é mencionada nas discussões religiosas que tomaram todas as quintas-feiras à noite[20] na corte imperial de Déli. Dizia-se que Abulfazl, o ministro de Akbar, não conseguiu encontrar ninguém para ajudá-lo em suas investigações a respeito do Budismo. Nós possuímos todo o cânone sagrado dos budistas em várias línguas, em páli, birmanês, sânscrito, siamês, tibetano, mongol e chinês, e é de nossa inteira responsabilidade se até agora não há tradução completa, para qualquer língua europeia, desta importante coleção de livros sagrados. As antigas religiões da China novamente, a de Confúcio e de Lao-Tsé, podem agora ser estudadas em excelentes traduções de seus livros sagrados por qualquer pessoa interessada nessa antiga fé da humanidade. (§36)

Mas isso não é tudo. Devemos particularmente a missionários os relatos cuidadosos das crenças religiosas e de culto entre tribos muito inferiores do ponto de vista da escala da civilização do que aos poetas dos hinos védicos ou aos seguidores de Confúcio. Embora a crença dos primitivos africanos e melanésios seja mais recente do ponto de vista do tempo, ela representa uma fase anterior e muito mais primitiva em termos de crescimento, e é, portanto, tão instrutiva para o estudante de religião quanto o estudo de dialetos não cultivados provou ser aos estudantes da linguagem.[21] (§37)

Por fim, e esta acredito ser a vantagem mais importante de que desfrutamos como estudantes da história da religião, aprendemos as regras da erudição crítica. Ninguém se arriscaria, hoje

---

19 Ver "Journal of the Asiatic Society of Bengal", 1868, p. 14.

20 Ver "Aini Akbari", tradução de Blochmann, p. 171, nota 3.

21 Ver Tiele, "De Plaats van de Godsdiensten der Naturvolken in de Godsdienstgeschiedenis", Amsterdã, 1873. E. B. Tylor, Fortnightly Review, 1866, p. 71.

em dia, a citar um livro qualquer, seja sagrado, seja profano, sem ter feito estas perguntas simples mas importantes: quando ele foi escrito? Onde e por quem? O autor foi uma testemunha ocular ou ele apenas relata o que ouviu dos outros? E, se assim for, ele era pelo menos contemporâneo dos eventos a que ele se relaciona, e eles estavam sob o domínio de um sentimento partidário ou qualquer outra influência perturbadora? O livro inteiro foi escrito de uma só vez ou contém partes de uma data anterior? E, se assim for, é possível separar esses documentos anteriores do corpo do livro? (§38)

Um estudo dos documentos originais sobre os quais as principais religiões do mundo professam ser fundadas, imbuído neste espírito, permitiu que alguns de nossos melhores estudiosos vivos distinguissem, em cada religião, entre o que é realmente antigo e o que é comparativamente moderno; enquanto isso, qual era a doutrina dos fundadores e seus discípulos imediatos, quais eram os pensamentos posteriores e, geralmente, as corruptelas das eras vindouras. Um estudo sobre esses desenvolvimentos e futuras corrupções, ou, talvez, melhorias, não estará isento de seus próprios encantos peculiares e cheio de lições práticas; contudo, como é essencial que conheçamos as formas mais antigas de todas as línguas antes de procedermos a quaisquer comparações, é indispensável que tenhamos uma concepção clara da forma mais primitiva de cada religião antes de determinarmos o seu próprio valor e de compará-las com outras formas de fé religiosa. Muitos muçulmanos ortodoxos, por exemplo, relacionarão os milagres realizados por Mohammad; mas, no *Corão*, ele diz claramente que é um homem como outro qualquer. Despreza a possibilidade de fazer milagres e apela para as grandes obras de Allah, o nascer e pôr do sol, a chuva que frutifica a terra, as plantas que crescem e as almas vivas que nascem no mundo – quem sabe de onde? – como os verdadeiros sinais e maravilhas aos olhos de um verdadeiro crente. "Sou apenas um arauto", diz ele; "Eu não posso lhe mostrar um sinal – um milagre – exceto o que você vê todos os dias e noites. Os sinais estão com Deus."[22] (§39)

As lendas budistas estão repletas de míseros milagres atribuídos a Buda e a seus discípulos, milagres que em maravilhas certamente superam os milagres de qualquer outra religião. No entanto, em seu próprio cânone sagrado, um dito de Buda é registrado proibindo seus discípulos de fazer milagres, ainda que desafiados pelas multidões que exijam um sinal de que eles possam acreditar. E qual é o milagre que Buda manda seus discípulos realizarem? "Esconda suas boas ações", diz ele, "e confesse diante do mundo os pecados que você cometeu." Esse é o verdadeiro milagre de Buda. (§40)

O Hinduísmo moderno se baseia no sistema de castas como sobre uma rocha que nenhum argumento pode abalar: mas nos *Vedas*, a mais alta autoridade da crença religiosa dos hindus, não há menções acerca do complicado sistema de castas, tal como o encontramos em Manu: em qualquer lugar onde as classes comuns dos indianos ou de qualquer outra sociedade são aludidas (sacerdotes, guerreiros, cidadãos e os escravos), todos são representados como tendo se originado a partir de Brahman, a fonte de todo ser. (§41)

Seria demais dizer que a análise crítica das autoridades para um estudo de cada religião já foi completamente realizada. Há ainda muito trabalho por fazer. Mas já houve um trabalho inicial, que foi muito bem-sucedido, e os resultados assim trazidos à luz

---

22 Stanley Lane-Poole, "The Speeches and Table-talk of the Prophet Mohammad", 1882, Introd. p. xxxvi e xli.

servirão como uma garantia saudável a todos que estão engajados nos estudos de religião. Assim, se estudarmos a religião primitiva dos *Vedas*, teremos de distinguir com mais cuidado não apenas entre os hinos do *Rig Veda*, de um lado, e os hinos reunidos no *Sama Veda*, *Yajur Veda* e *Atharva Veda*, do outro, e os críticos desse tema distinguiriam com igual cuidado os hinos mais antigos e mais modernos do *Rig Veda*, tanto quanto até mesmo as mais débeis indicações de linguagem, de gramática ou de métrica permitem que eles o façam. (§42)

Para que possamos obter uma visão clara dos ímpetos e motivações do fundador do culto de Ahura Mazda, devemos principalmente, se não inteiramente, depender daquelas partes do *Zendavesta* que estão escritas em gata, um dialeto mais primitivo do que aquele do restante do código sagrado dos zoroastrianos. (§43)

Para fazer justiça a Buda, não devemos misturar as porções práticas do *Tripitaka*, o Dharma, com as porções metafísicas, o *Abhidharma*. Ambas, é verdade, pertencem ao cânone sagrado dos budistas, mas suas fontes originais têm origem em latitudes muito diferentes do pensamento religioso. (§44)

Temos na história do Budismo uma excelente oportunidade para observar o processo de surgimento de um cânone de livros sagrados. Vemos aqui, como em outros lugares, que durante a vida do mestre não se desejou fazer nenhum registro de eventos, nenhum código sagrado contendo os seus ditos. Sua presença era suficiente, e pensamentos sobre o futuro e, mais particularmente, de grandeza futura raramente passavam pelas mentes daqueles que o seguiam. Foi somente depois que Buda deixou o mundo que seus discípulos tentaram recordar os ensinamentos e as realizações de seu falecido amigo e mestre. Naquela época, tudo que parecesse redundar para a glória de Buda, por mais extraordinário e incrível

Introdução à Ciência da Religião

que fosse, era avidamente bem-vindo, enquanto testemunhas que se aventuravam a criticar ou rejeitar declarações sem apoio ou a desvirtuar de alguma forma o caráter sagrado de Buda não tinham nenhuma chance de ser ouvidos.[23] E quando, apesar de tudo isso, surgiram as diferenças de opinião, elas não foram trazidas à prova por uma cuidadosa ponderação de evidências, mas os nomes de "incrédulo" e "herético" (nāstika, pāshanda) foram rapidamente criados na Índia, assim como em outros lugares, e se alternaram em disputas entre diversos partidos, com avanços e retrocessos, até que, finalmente, quando os doutores discordaram, a ajuda do poder secular teve de ser invocada, e reis e imperadores convocaram conselhos para a supressão do cisma, para o estabelecimento de um credo ortodoxo e para a conclusão de um cânone sagrado. Conhecemos o rei Asoka, contemporâneo de Seleuco, enviando sua missiva real aos anciãos reunidos e dizendo-lhes o que fazer e o que evitar, advertindo-os também em seu próprio nome do caráter apócrifo ou herético de certos livros, que, conforme pensava, não deveriam ser admitidos no cânone sagrado.[24] (§45)

---

23 Mahāvansa, p. 12, Nānnehi tatha vatthabbam iti ("não é permitido que outros sacerdotes estejam presentes").

24 A seguir, a tradução do professor Kern da Segunda Inscrição Bairat Rock, contendo a transcrição que Asoka dirigiu ao Conselho de Magadha: "O rei Priyadarsin de Magadha cumprimenta a Assembleia (dos Clérigos) e deseja-lhes bem-estar e felicidade. Sabem, senhores, quão grande é a nossa reverência e afeto pela Tríade chamada *Buda* (o Mestre), *Fé* e *Assembleia*. Tudo o que nosso Senhor Buda falou, meus senhores, é bem falado. Portanto, senhores, devem de fato ser considerados como tendo autoridade indiscutível, para que a verdadeira fé dure muito. Assim, meus senhores, honro em primeiro lugar estas obras religiosas: – Resumo da Disciplina, Os Poderes Sobrenaturais do Mestre (ou dos Mestres), Os Terrores do Futuro, A Canção do Eremita, O Sutra do Ascetismo, A Questão de Upatishya e a Advertência de Râhula sobre a Falsidade, proferida

Aqui aprendemos uma lição, que é confirmada pelo estudo de outras religiões, de que os livros canônicos, embora forneçam na maioria dos casos as informações mais antigas e mais autênticas ao alcance do estudante da religião, não são implicitamente confiáveis, isto é, eles devem ser submetidos a uma crítica mais investigativa e a testes mais rigorosos do que qualquer outro livro histórico. Para esse propósito, a Linguística provou ser, em muitos casos, um auxiliar muito valioso. Não é fácil imitar a linguagem antiga para enganar o olho experiente de um gramático, mesmo que fosse possível imitar o pensamento antigo que não traria sua origem moderna ao historiador. Um livro forjado, como o *Ezour Veda*,[25] que enganou até mesmo Voltaire, e foi publicado por ele como "O presente mais precioso pelo qual o Ocidente estava em dívida com o Oriente", dificilmente poderia se impor a qualquer especialista em sânscrito dos dias de hoje. Este "presente mais precioso do Oriente ao Ocidente" é o livro mais tolo que pode ser lido por um estudante de religião, e tudo o que pode ser dito em sua

---

por nosso Senhor Buda. Essas obras religiosas, senhores, desejo que os monges e monjas, para o avanço de seu bom nome, estudem e delas se lembrem ininterruptamente, como também os leigos do sexo masculino e feminino. Para esse fim, senhores, faço com que isso seja escrito e tornado evidente meu desejo". Ver "Indian Antiquary", V, p. 257; Cunningham, "Corpus Inscript. Indic.", p. 132; Oldenberg, "Vinaya-pitaka", I, Introd., p. xl.

25   *Ezour Veda* é um manuscrito entregue a Voltaire em 1760 por Louis-Laurent de Federbe, Chevalier de Maudave. O texto era em francês e dizia ser uma tradução de um original sânscrito. Voltaire ficou entusiasmado com o trabalho, copiou-o e divulgou-o. Foi publicado pela primeira vez em 1778. A veracidade desses escritos foi questionada pela primeira vez em 1782, e sua falsidade foi confirmada em 1822. Em vez de um trabalho original em sânscrito, o *Ezour Veda* provou ser um texto em francês, escrito por jesuítas franceses e destinado a ser traduzido para o sânscrito com o objetivo de converter hindus ao Cristianismo (N. do T.).

defesa é que o escritor original nunca teve o objetivo de forjar uma falsificação, pois não tinha em mente que fosse destinado ao propósito para o qual Voltaire o usou. (§46)

Posso acrescentar que um livro que ultimamente atraiu atenção considerável, *La Bible dans l'Inde* ["A Bíblia na Índia"], de M. Jacolliot, pertence à mesma classe de livros. Embora as passagens dos livros sagrados dos brâmanes não sejam dadas no original, mas apenas em uma tradução francesa muito poética, nenhum erudito em sânscrito hesitaria por um momento em dizer que são falsificações e que M. Jacolliot, o presidente do Tribunal de Justiça em Chandernagore, foi enganado pelo seu professor nativo. Encontramos muitas coisas infantis e tolas nesse livro, mas, quando lemos a seguinte linha como um extrato dos *Vedas*:

"*La femme c'est l'âme de l'humanité*"
["A mulher é a alma da humanidade"],

não é difícil ver que isso é a "loucura" do século XIX, e não a da infância da raça humana. As conclusões e teorias de M. Jacolliot são as que se podem esperar de seus materiais.[26] (§47)

Com toda uma série de documentos genuínos para o estudo da história das religiões da humanidade que veio à tona ultimamente ao redor do mundo e com o grande número de recursos no estudo das línguas orientais que ofereceram a possibilidade de um grande aprofundamento, o estudo comparativo das religiões tornou-se uma necessidade. Se retrocedêssemos nesse propósito, outras nações e outros credos assumiriam o trabalho. Recentemente, uma palestra foi proferida em Calcutá pelo ministro da Âdi-Samâj

---

26 Ver "Selected Essays", II, p. 468s.

(ou seja, a Velha Igreja), "Sobre a superioridade do Hinduísmo em relação a todas as demais religiões existentes". O palestrante afirmou que o Hinduísmo era superior a todas as outras religiões "porque seu nome não era derivado do nome de nenhum ser humano; porque não reconhece nenhum mediador entre Deus e a humanidade; porque o hindu adora a Deus, no sentido devocional mais intenso como a alma da alma; porque o hindu é o único que pode adorar a Deus em todos os momentos, no trabalho e no lazer, e em tudo; porque, enquanto outros textos sagrados impõem a prática da piedade e da virtude em prol da felicidade eterna, somente as Escrituras do Hinduísmo sustentam que Deus deve ser adorado apenas por ser Deus e que a virtude deve ser praticada por causa de si mesma; porque o Hinduísmo ensina a benevolência universal, enquanto outras religiões simplesmente se referem ao ser humano; porque o Hinduísmo não é sectário (acreditando que todas as crenças são boas se os homens que as mantêm sejam bons), não é proselitista e é eminentemente tolerante, devotado a uma total abstração da mente com relação ao tempo e aos sentidos, e à concentração dela no divino; de uma antiguidade que remonta à infância da raça humana e, influenciando assim desde então em todos os aspectos da vida, dos maiores assuntos do Estado até os menores detalhes da vida doméstica".[27] (§48)

Uma Ciência da Religião baseada em uma comparação imparcial e verdadeiramente científica das mais importantes religiões da humanidade é agora apenas uma questão de tempo. Isso tem sido clamado por aqueles cuja voz não pode ser desconsiderada. Embora esse título seja ainda apenas uma promessa e não algo ainda concreto, tornou-se mais ou menos familiar na Alemanha,

---

27 Ver "Times", 27 de outubro de 1872.

na França e nos Estados Unidos; seus grandes problemas atraíram os olhos de muitos pesquisadores, e seus resultados foram antecipados com medo ou com deleite. Torna-se, portanto, dever daqueles que dedicaram sua vida ao estudo das principais religiões do mundo em seus documentos originais e que valorizam a religião e a reverenciam sob qualquer forma que possa se apresentar, tomar posse desse novo território em nome da verdadeira ciência e, assim, proteger os recintos sagrados dela dos ataques daqueles que pensam que têm o direito de falar sobre as religiões antigas da espécie humana, sejam elas dos brâmanes, dos zoroastrianos ou dos budistas, ou aquelas de judeus e cristãos, sem nunca sequer ter se dado ao trabalho de aprender as línguas em que seus livros sagrados foram escritos. O que deveríamos pensar dos filósofos que escrevem sobre a religião de Homero sem saber grego ou sobre a religião de Moisés sem saber hebraico? (§49)

Não me surpreendo com o fato de que o Sr. Matthew Arnold[28] fale com desdém da obra *La Science des Religions* ["A Ciência das Religiões"] e concordo plenamente com ele que afirmações tais como as que ele cita tirariam o fôlego de um homem de letras. Mas essas declarações são apoiadas pela autoridade de algum acadêmico? Quem pôde ler os *Vedas* ou o *Antigo Testamento* e o *Novo Testamento* no original já sustentou que "a sagrada teoria dos arianos passou pela Palestina vinda da Pérsia e da Índia e apossou-se do fundador do Cristianismo e de seus maiores apóstolos, São Paulo e São João, tornando-os mais perfeitos e retornando cada vez mais ao seu verdadeiro caráter de uma 'metafísica transcendente', como os doutores da Igreja Cristã o desenvolveram?". Teriam Colebrooke, Lassen ou Bournouf alguma vez sugerido "que nós, cristãos arianos, temos a

---

28 "Literature and Dogma", p. 117.

satisfação de pensar que a religião de Cristo não chegou até nós dos semitas e que é nos hinos dos *Vedas*, e não na *Bíblia*, que procuraremos a fonte primordial de qualquer religião; que a teoria de Cristo é a teoria do védico Agni, ou *fogo*; que a Encarnação representa a solenidade védica da produção do fogo, símbolo de todo tipo de *fogo*, de todo movimento, vida e pensamento; que a Trindade do Pai, Filho e Espírito Santo é a Trindade Védica do Sol, Fogo e Vento; e Deus é, em definitivo, uma unidade cósmica". O Sr. Arnold cita de fato o nome de Bournouf, mas ele deveria saber que Eugène Bournouf não deixou filho nem sucessor. (§50)

Aqueles que usariam um estudo comparativo das religiões como um meio de atacar o Cristianismo exaltando as outras religiões da humanidade são, ao meu modo de ver, tão perigosos quanto aqueles que tentam degradar outras religiões para exaltar o Cristianismo. A ciência não quer seguidores. Não escondo que para mim o verdadeiro Cristianismo, quero dizer, a religião de Cristo, pareça cada vez maior, e quanto mais a conhecemos, mais apreciamos os tesouros da verdade escondidos nas religiões desprezadas do mundo. Mas ninguém pode honestamente chegar a essa convicção, a não ser que use o mesmo critério para todas as religiões. Seria fatal para qualquer religião reivindicar um tratamento excepcional, sobretudo para o Cristianismo. O Cristianismo não gozou de privilégios ou clamou por imunidades quando audaciosamente enfrentou as mais antigas e mais poderosas religiões do mundo. Mesmo nos dias de hoje não deseja ou recebe a misericórdia daqueles a quem nossos missionários tenham de encontrar cara a cara em todas as partes do mundo. A menos que o Cristianismo tenha deixado de ser o que era, seus defensores não devem intimidar-se diante dessa nova prova de força, mas devem incentivar, em vez de depreciar, o estudo da Teologia Comparada. (§51)

Introdução à Ciência da Religião

Gostaria de chamar a atenção de que, bem no começo, nenhuma outra religião, com exceção, talvez, do Budismo primevo, tenha favorecido a ideia de uma comparação imparcial das principais religiões do mundo jamais, ou seja, tenha tolerado nossa ciência. Quase toda religião parece adotar a linguagem do fariseu, e não do publicano. Somente o Cristianismo, como a religião da humanidade, sem nenhuma casta ou povo escolhido, nos ensinou a estudar a história do ser humano, como a nossa, a descobrir os traços de uma sabedoria e amor divinos no desenvolvimento de todas as raças do mundo, a reconhecer, se possível, mesmo nas formas mais baixas e cruéis da crença religiosa, não o trabalho do diabo, mas o algo que indique uma orientação divina, algo que nos faz perceber, o que diz São Pedro, "que Deus não faz acepção de pessoas, mas que em toda nação aquele que o teme e pratica a justiça é aceito por ele" (Atos dos Apóstolos 10,34-35). (§52)

Em nenhuma religião houve um solo tão bem preparado para o cultivo da Teologia Comparada como no nosso. A posição que o Cristianismo assumiu desde o princípio em relação ao Judaísmo serviu como a primeira lição em Teologia Comparada e dirigiu a atenção até mesmo dos indoutos para uma comparação de duas religiões, diferindo em sua concepção de divindade, em sua estima em relação à humanidade, em sua motivação para a moralidade e em sua esperança de imortalidade, mas com tanto em comum para ser compartilhado que há poucos salmos e orações no *Antigo Testamento* nos quais um cristão não possa se unir de bom coração mesmo agora e há poucas regras de moralidade às quais ele não devesse obedecer mesmo agora. Se uma vez aprendemos a ver na religião exclusiva dos judeus uma preparação do que viria a ser a religião universal da humanidade, sentiremos muito menos dificuldade em reconhecer nos labirintos de outras religiões um propósito oculto; uma peregrinação no deserto, talvez, mas também a preparação para a terra prometida. (§53)

Um estudo dessas duas religiões, a judaica e a cristã, da forma que tem sido feito há muito tempo por alguns de nossos mais instruídos teólogos, simultaneamente com o estudo da mitologia grega e romana, serviu, de fato, como uma preparação muito útil para investigações mais amplas. Mesmo os erros que foram cometidos por estudiosos anteriores mostraram-se úteis para aqueles que os seguiram; e, uma vez corrigidos, não é provável que ocorram novamente. A opinião, por exemplo, de que as religiões pagãs eram meras corruptelas da religião do *Antigo Testamento*, outrora apoiada por homens de elevada posição e grande erudição, está agora tão completamente superada, assim como estão superadas as tentativas de explicar o grego e o latim como corruptelas do hebraico.[29] (§54)

A hipótese de que havia uma revelação sobrenatural primeva concedida aos pais da raça humana e de que as sementes da verdade que chamam nossa atenção ao explorar os templos de ídolos pagãos são os fragmentos dispersos daquela herança sagrada – as sementes que caíram na beira do caminho ou em lugares pedregosos – encontraria poucos adeptos nos dias de hoje; de fato, não mais do que a hipótese de que havia no começo uma linguagem

---

29 Tertuliano, Apolog. XLVII: "Unde haec, oro vos, philosophis aut poetis tam consimilia? Nonnisi de nostris sacramentis: si de nostris sacramentis, ut de prioribus, ergo fideliora sunt nostra magisque credenda, quorum imagines quoque fidem inveniunt" ["De onde, vos imploro, os filósofos ou os poetas encontram coisas tão semelhantes? Apenas de nossos sacramentos: se de nossos sacramentos, assim como dos antigos, então os nossos são mais fiéis e dignos de crença, cujas imagens também encontram fé"]. Ver Hardwick, "Christandother Masters", I, p. 17.

primeva completa e perfeita, fragmentada em tempos posteriores nas inúmeras línguas do mundo. (§55)

Também foram estabelecidos alguns outros princípios dentro dessa esfera limitada de comparação entre o Judaísmo e Cristianismo com as religiões da Grécia e de Roma, que serão extremamente úteis para nos guiar em nossas próprias pesquisas. Ficou provado, por exemplo, que a língua da antiguidade não é como a língua de nossos tempos, que a língua do Oriente não é como a do Ocidente e que, a menos que aceitemos isso, interpretaremos mal os enunciados dos mestres e poetas mais antigos da humanidade. As mesmas palavras não significam a mesma coisa no anglo-saxão e no inglês, no latim e no francês: muito menos podemos esperar que as palavras de qualquer língua moderna sejam as equivalentes de uma antiga língua semítica, como o hebraico do *Antigo Testamento*. (§56)

Ainda não se chegou no *Antigo Testamento* a um estágio de abstração em que palavras e pensamentos antigos possam caminhar juntos, como, por exemplo, os poderes ativos, quer naturais, quer sobrenaturais, possam ser representados apenas de maneira pessoal e em forma mais ou menos humana. Quando falamos de uma tentação de dentro ou de fora, era mais natural para os antigos falar de um tentador, seja na forma humana, seja na animal; quando falamos da sempre presente ajuda de Deus, eles chamam o Senhor de rocha, fortaleza, broquel e torre alta. Eles até falam da "rocha que os gerou" (Deuteronômio 32,18), embora em um sentido muito diferente daquele em que Homero fala da rocha de onde surgiu o homem. O que para nós é uma mensagem celestial, uma dádiva de Deus, para eles era um mensageiro alado; o que chamamos de orientação divina, eles interpretam como um pilar de uma nuvem para guiá-los pelo caminho e uma coluna de luz para lhes dar luz; um refúgio da tempestade e uma sombra diante do calor. O que realmente se quer dizer é, sem dúvida, o mesmo, e a culpa é nossa, não deles, se deliberadamente interpretarmos mal a linguagem dos profetas antigos, se persistirmos em entender suas palavras apenas no aspecto exterior e material e esquecermos que, antes da linguagem, sancionou-se uma distinção entre o concreto e o abstrato, entre o puramente espiritual em oposição ao grosseiramente material. A intenção dos oradores compreendia esses dois aspectos, tanto o material quanto o espiritual, de uma maneira que se tornou muito estranha para nós, embora viva na linguagem de todo verdadeiro poeta. A menos que aceitemos essa paralaxe mental, todas as nossas leituras dos céus dos antigos serão e deverão ser errôneas. Aliás, acredito que possa ser provado que mais da metade das dificuldades na história do pensamento religioso deve sua origem a essa interpretação equivocada da língua antiga pela língua moderna, do pensamento antigo pelo pensamento moderno, principalmente quando a palavra torna-se mais sagrada que o espírito. (§57)

Muito do que nos parece, e pareceu aos melhores antigos, irracional e irrelevante nas mitologias da Índia, da Grécia e da Itália pode, assim, ser removido, e muitas das fábulas infantis podem, assim, ser relidas em seu sentido infantil original, o que foi comprovado por pesquisas de Mitologia Comparada. A fase da linguagem que, a nosso ver, inevitavelmente dá origem a esses mal-entendidos é anterior aos primeiros documentos literários. Esse trabalho feito nas línguas arianas é anterior à época dos *Vedas* e de Homero, embora sua influência continue a ser sentida até muito mais tarde. (§58)

Seria plausível que as línguas semíticas e, mais particularmente, o hebraico tenham escapado, como por um milagre, da influência de um processo que é inerente à própria natureza e ao crescimento da linguagem e que, de fato, pode ser justamente chamada uma doença infantil, contra a qual não cabe nenhuma precaução? (§59)

De fato, sustento que as línguas semíticas, por razões que expliquei em uma ocasião anterior, sofreram menos com a mitologia do que as línguas arianas, mas basta que leiamos os primeiros capítulos do *Gênesis* para nos convencermos de que nunca entenderemos perfeitamente essa língua antiga, a menos que levemos em consideração a influência da língua antiga no pensamento de sua época. Se fizermos a leitura, por exemplo, de que, depois da criação do primeiro homem, uma de suas costelas foi retirada e de que essa costela foi transformada em mulher, todo estudante de língua antiga perceberá imediatamente que esse relato não deve ser tomado em seu sentido literal. Não é necessário insistir no fato de que, no primeiro capítulo do *Gênesis*, há um relato muito menos surpreendente da criação do homem e da mulher. O que poderia ser mais simples e, portanto, mais verdadeiro do que: "Criou Deus, pois, o homem à sua própria imagem, à imagem de Deus o criou; homem e mulher os criou. E Deus os abençoou e lhes disse: 'Sede fecundos, multiplicai-vos, enchei a terra e sujeitai-a'" (Gênesis 1,27-28). A questão então é: como, após esse relato da criação do homem e da mulher, poderia haver um segundo, que conta a criação do homem, seu estado de solidão no jardim do Éden e a remoção de uma de suas costelas para ser transformada em sua auxiliar? (Gênesis 2,18-25). (§60)

Aqueles que estão familiarizados com a essência do hebraico antigo dificilmente hesitam quanto à intenção original de tais tradições. Precisamos nos atentar para o fato de que, quando em nossa língua moderna falamos da essência de algo, o hebreus falam do "osso" (עֶצֶם) de algo, os árabes, do olho de uma "coisa". Trata-se de uma expressão idiomática bem conhecida, que não deixa de ter analogias em outras línguas: "osso" parecia ser uma expressão reveladora do que deveríamos chamar de essência mais interior, e "olho" para o que deveríamos chamar de alma ou a intimidade de uma coisa. Nos antigos hinos dos *Vedas*, também um poeta pergunta: "Quem viu o primogênito, quando aquele que não tinha *ossos*, isto é, sem forma, suportou aquele que tinha *ossos*?", isto é, quando aquilo que era assumidamente sem forma – ou, poderia ser, quando aquilo que não tinha essência – passou a ter uma? E ele continua perguntando: "Onde estava a vida, o sangue, a alma do mundo? Quem foi enviado para perguntar isso a alguém que o conhecia?". Na antiga língua dos *Vedas*, "osso", "sangue" e "respiração" querem dizer mais do que aquilo que deveríamos chamar de significado material; mas, com o passar do tempo, o *âtman* em sânscrito, que significa originalmente "respiração", se reduziu a um mero pronome e passou a significar a individualidade. O mesmo se aplica ao hebraico ʿetzem, que originalmente significava "osso", mas que posteriormente passou a ser usado como um mero adjetivo pronominal, no sentido de "si mesmo" ou "igual". (§61)

Somente após essas explicações iniciais é que podemos entender na fala e no pensamento moderno o pensamento de Adão, pois ele deve ter dito a Eva: "Tu és o mesmo que eu sou", e tal ideia na estrutura do pensamento hebraico antigo poderia se expressar como: "Tu és osso de meu osso, e carne de minha carne". Basta essa expressão ser repetida por algumas poucas gerações, e então uma interpretação literal, podemos dizer material e enganosa, logo surgirá, e as pessoas acreditarão que a primeira mulher foi formada a partir do osso do primeiro homem, ou de uma costela, pela simples razão, digamos, de não haver outro osso que fizesse menos falta. Tal mal-entendido, uma vez estabelecido, manteve seu lugar por causa de seu estranhamento, pois certo gosto pelo ininteligível surge muito cedo e ameaça destruir entre as nações antigas o poder de apreciar qualquer coisa que seja simples, natural e saudável. Só dessa forma pode-se explicar o fato de o relato da criação da mulher ter tido seu lugar no segundo capítulo, embora em clara oposição ao que tinha sido dito no primeiro capítulo de *Gênesis*.[30] (§62)

Nem sempre é possível resolver esses enigmas antigos, tampouco estarão sempre certas as interpretações tentadas por vários estudiosos. O único princípio que defendo é que mal-entendidos dessa ordem são inevitáveis em línguas antigas e que devemos estar preparados para nos deparar com eles tanto nas religiões semíticas como nas nações arianas. (§63)

Tomemos outra religião semítica, a religião antiga da Babilônia, conforme descrita nos fragmentos de Beroso. As semelhanças entre essa religião e a religião dos judeus não devem ser confundidas, mas tal é o contraste entre a simplicidade da linguagem bíblica e a extravagância selvagem das teogonias da Babilônia, que é necessária alguma coragem para conjecturar os contornos originais por trás dos traços distorcidos de uma caricatura pavorosa.[31] (§64)

Não temos nenhum motivo para duvidar da precisão de Beroso ao descrever a religião dos babilônios, pelo menos durante o tempo em que ele viveu. Ele era babilônio de nascimento, sacerdote do templo de Bel, contemporâneo de Alexandre, o Grande. Ele escreveu a *História dos caldeus* em grego, evidentemente pretendendo

---

30 Ver "Selected Essays", II, p. 456.
31 Bunsen, "Egypt", IV, p. 364.

que fosse lida pelos conquistadores gregos, e afirma em seu primeiro livro que o compôs a partir de registros astronômicos e cronológicos que foram preservados na Babilônia e que compreenderam um período de 200 mil anos (150 mil, de acordo com o Sincelo). A história de Beroso está perdida. Extratos dela foram feitos por Alexandre, o Polímata, no primeiro século antes de nossa era, mas sua obra também está perdida. No entanto, ela ainda existia à época em que Eusébio (270-340) escreveu sua obra *Crônica* e foi usada por ele para descrever a história antiga da Babilônia. Mas a *Crônica* de Eusébio também está perdida, pelo menos em grego, e é apenas em uma tradução armênia de Eusébio que foram preservadas muitas das passagens que se referem à história da Babilônia, como a que foi originalmente descrita por Beroso. Essa tradução armênia foi publicada em 1818 e teve sua importância apontada pela primeira vez por Niebuhr.[32] Como possuímos grandes extratos de Eusébio preservados por Jorge Sincelo, isto é, o *concellaneus*, ou companheiro de cela, o vice-patriarca de Constantinopla, que escreveu uma cronografia por volta de 800 d.C., é possível comparar em vários lugares o texto grego original com o armênio e, assim, estabelecer a confiabilidade da tradução armênia. (§65)

Beroso assim descreve as tradições babilônicas da criação:[33] (§66)

> Houve um tempo em que tudo era escuridão e água, e nelas foram geradas criaturas monstruosas, tendo formas misturadas; os homens nasceram com duas, e alguns com quatro asas, com duas

---

32 Eusebii Pamphili Caesariensis Episcopi Chronicon Bipartitum, nunc primum ex Armeniaco textu in Latinum conversum, opera P. Jo. B. Aucher; Venetiis, 1818.

33 Eusebii Chronicon, I, p. 22. "Fragmenta Historicorum", II, p. 497.

faces, com um corpo, mas duas cabeças, de um homem e de uma mulher, e com as marcas da natureza masculina e feminina; e outros homens com pernas e chifres de cabra, ou com pés de cavalo e com os quartos de cavalo, mas com a parte anterior humana, sendo, de fato, como Centauros. Também foram produzidos touros com cabeças humanas e cães com quatro troncos, com cauda de peixe brotando de suas partes posteriores; e cavalos com cabeças de cão, homens e outras criaturas com cabeça e corpo de cavalo, mas cauda de peixe; e outras criaturas com a forma de todos os tipos de feras. Além disso, peixes, répteis, cobras e muitos outros seres maravilhosos que se diferem na aparência, cujas imagens podem ser vistas no templo de Bel. À frente de tudo, estava uma mulher chamada *Omorka*[34] (*Marcaja* em armênio), que dizem ser *Thalatth*[35] em caldaico e traduzida em grego por *Thalassa* (ou "mar"). Quando todos esses estavam juntos, *Bel* veio e cortou a mulher em duas: de uma metade fez a terra, e, da outra, o céu, e destruiu todas as criaturas que estavam nela. Mas esse relato é para ser entendido de forma alegórica. Pois, quando tudo ainda estava úmido e as criaturas nasceram nele, então o deus (*Bel*) cortou sua

---

34 De acordo com Lenormant ("Deluge", p. 30), Betit Um-Uruk. No armênio moderno, diz-se que Am-argã significa "mãe-terra". O Prof. Dietrich explicou a palavra como homer-kai, "a questão do ovo" (ver Bunsen, "Egypt", IV, p. 150).

35 O Sr. Sayce escreve para mim: "Talvez Lenormant esteja certo ao corrigir Θαλάτθ (quando comparado com o Ταυθέ ou Ταυθή de Damazio) em Θαυάτθ, isto é, o assírio *Tihamtu* ou *Tamtu*, 'o mar', em hebraico תְּהוֹם. Nesse caso, a correspondência da narrativa babilônica com Gênesis 1,2 será ainda maior". Bunsen explica Talâdeth a partir do hebraico *yalad*, com o sentido de "botar ovos" (Bunsen, "Egypt", IV, p. 150). Dr. Haupt ("Die Sumerische-akkadische Sprache", p. 276) pontua que o *m* no sumério-acádio se transformou em v e que essa mesma mudança pode ser observada também no assírio. Então o assírio *Tâmdu*, "mar" (= tahmatu, ou ti 'âmdu, ti'âmtu, stat. constr. t' âmat; ver o hebraico *tehom*), é representado como Ταυθέ por Damáscio ("Questiones de primis principiis", ed. Kopp., p. 384), e Damkina, a esposa de Êa, como Δαύκη.

própria cabeça, e os deuses misturaram o sangue que dela fluía com a terra e formaram os homens; portanto, os homens são racionais e participam da inteligência divina. (§67)

E Bel, a quem eles denominam como sendo Zeus (e os armênios como sendo Aramazd), cortou a escuridão em duas partes e separou a terra e o céu, ordenando o mundo. Os animais que não podiam suportar o poder da luz pereceram. E, quando Bel viu o deserto e a terra fértil, ordenou que um dos deuses cortasse sua cabeça e misturasse a terra com o sangue que fluía dela para formar os homens e os animais que pudessem suportar o ar. E Bel estabeleceu também as estrelas, o sol, a lua e os cinco planetas. (§68)

À primeira vista, nada pode ser mais sem sentido e confuso do que essa versão babilônica da gênese da terra e do homem; no entanto, se a examinarmos com mais cuidado, podemos distinguir os seguintes elementos:

1. No começo havia trevas e água.
   No hebraico: A escuridão estava sobre a face do abismo.
2. O céu foi separado da terra.
   No hebraico: Haja firmamento no meio das águas, e que ele separe as águas das águas [...]. E Deus chamou o firmamento de céu [...]; e Deus chamou a porção seca de terra.
3. As estrelas foram feitas, o sol e a lua e os cinco planetas.
   No hebraico: E Deus fez duas grandes luzes; a luz maior para governar o dia, e a luz menor para governar a noite. Ele também fez as estrelas.
4. Animais de vários tipos foram criados.
5. Os homens foram criados. (§69)

Introdução à Ciência da Religião

É na criação de animais, em particular, que a imaginação extravagante dos babilônios encontra seu escopo mais amplo. Dizem que as imagens dessas criaturas devem ter sido vistas no templo de Bel, e, como sua descrição certamente concorda com algumas das figuras de deuses e heróis que agora podem ser vistas no Museu Britânico, não é improvável que a história babilônica da criação desses monstros possa ter surgido da contemplação dos antigos ídolos nos templos da Babilônia. Mas isso ainda deixaria inexplicada a concepção original de tais monstros. (§70)

O ponto mais importante, porém, é que os babilônios representavam o homem como participante da inteligência divina. A linguagem simbólica na qual eles expressam essa ideia é sem dúvida horrível e repugnante, mas lembremos que também o símbolo hebraico "que Deus soprou nas narinas do homem o fôlego da vida" é, afinal, mais uma tentativa fraca de expressar a mesma ideia – uma ideia tão apaixonada que nenhuma linguagem poderia expressá-la sem perdas ou prejuízos. (§71)

Para que se possa alcançar com alguma esperança de sucesso o significado original das tradições antigas, é absolutamente necessário que estejamos familiarizados com o espírito da língua em que essas tradições originaram-se. As línguas, por exemplo, que não denotam gênero gramatical estarão livres de muitas histórias mitológicas que no sânscrito, no grego e no latim são inevitáveis. Dr. Bleek, incansável estudante de línguas africanas,[36] frequentemente se dedicava a essa questão. No prefácio de sua *Gramática comparativa das línguas sul-africanas*, publicada em 1862, afirma: (§72)

> Pode-se dizer que as formas de uma língua constituem em algum grau o esqueleto da mente humana no qual os pensamentos são expressos [...]. O quanto, por exemplo, os mais elevados

---

36 Ver §467 em notas e ilustrações (N. do T.).

produtos da mente humana, as ideias religiosas e as concepções das nações altamente civilizadas podem ser dependentes da maneira de falar foi demonstrado nos ensaios sobre *Mitologia Comparada* de Max Müller (Oxford Essays, 1856).[37] Isso se tornará ainda mais evidente em nossas pesquisas africanas. A causa primária do culto ancestral de uma raça (cafres, negros e polinésios) e do culto a estrelas, ou daquelas formas de religião que surgiram da veneração dos corpos celestes, do outro (nações hotentotes, norte-africanas, semíticas e arianas), se constituiu pela própria estrutura de suas línguas. As nações que falam línguas que distinguem o sexo destacam-se por uma alta concepção poética, mediante a qual a atuação humana é transferida para outros seres, e até para seres inanimados, permitindo a personificação desses seres e dando origem a quase todas as lendas mitológicas. Essa capacidade não é desenvolvida na mente cafre porque não é sugerida pela forma de sua língua, na qual os substantivos de pessoas não são (como nas línguas que distinguem o sexo) usados junto com os de seres inanimados nas mesmas classes ou gêneros, mas estão em classes separadas, sem nenhuma distinção gramatical de sexo.[38] (§73)

---

37 "Chips from a German Workshop", II, p. 1-146.

38 Ver também seu Prefácio ao segundo volume da Gramática Comparativa, publicado em 1869. O Sr. E. B. Tylor tem algumas observações valiosas sobre o mesmo assunto, em seu artigo sobre Religião dos Selvagens, na Fortnightly Review, 1866, p. 80. Visto de um ponto de vista superior, não é, claro, a linguagem, como tal, que domina a mente, mas o pensamento e a linguagem são apenas duas manifestações da mesma energia, determinando-se mutuamente. Não percebendo isso, é preciso refugiar-se, como Tylor, no antigo antropomorfismo como fonte aparente de toda mitologia. Mas isso nos dá apenas uma explicação tautológica, não genética da mitologia. Há uma diferença importante entre os afetos inevitáveis e evitáveis do gênio da linguagem. A fonte mais profunda da mitologia reside na primeira e deve ser cuidadosamente distinguida das doenças esporádicas posteriores da linguagem.

Introdução à Ciência da Religião

Por conseguinte, apesar de não possuir conhecimento da língua zulu, atrevo-me a interpretar uma narrativa da criação que surgiu no pensamento e na linguagem desse povo, e o faço com grande hesitação, apenas para demonstrar, pelo menos como um exemplo, que as religiões dos selvagens também terão de se submeter a seguir o mesmo tratamento que aplicamos às tradições sagradas das nações semíticas e arianas. Eu não me surpreenderia, pois, se a tentativa de interpretação a que me proponho fosse considerada insustentável por alguém que tenha estudado os dialetos zulus, e estarei muito mais disposto a renunciar à minha interpretação do que a perder a convicção de que o fundamento sólido para o estudo das religiões dos selvagens é o estudo de suas línguas. (§74)

A antiga controvérsia sobre a existência de tribos de seres humanos inteiramente desprovidos de sentimentos religiosos ou não é a melhor demonstração de quão impossível será chegar à correta compreensão desses sentimentos sem o conhecimento preciso e erudito de suas línguas. Aqueles que, por alguma razão ou outra, sustentam que os sentimentos religiosos não são essenciais à natureza humana encontram pouca dificuldade em coletar declarações de viajantes e missionários em apoio à sua teoria. Aqueles que têm a opinião oposta não encontram mais dificuldade em refutar tais afirmações.[39] Agora, o verdadeiro ponto a ser resolvido antes de adotar uma ou outra opinião é: que tipo de autoridade pode ser reivindicada por aqueles cujas opiniões citamos? Eles realmente conheciam a língua ou a conheciam apenas o suficiente para conversar sobre assuntos cotidianos ou tinham o entendimento para

---

39 Ver Schelling, Werke, I, p. 72; e a réplica do Sr. E. B. Tyler a Sir John Lubbock, "Primitive Culture", I, p. 381.

entrar em uma conversa amigável e sem reservas sobre tópicos a respeito dos quais até mesmo pessoas altamente instruídas estariam sujeitas a mal-entendidos? Na verdade, queremos informantes, como Dr. Callawaye e Dr. Bleek, homens que são estudiosos e filósofos. Os selvagens são tímidos e silenciosos na presença de homens brancos e têm uma relutância supersticiosa até mesmo em mencionar os nomes de seus deuses e de seus heróis. Não faz muitos anos, supunha-se, com base em informações que pareciam ser bem fundamentadas, que os zulus não tinham ideias religiosas; atualmente, nossos próprios bispos foram silenciados por suas investigações teológicas. (§75)

O capitão Gardiner, em sua narrativa de uma viagem ao território zulu realizada em 1835, nos traz o seguinte diálogo:

> Você tem algum conhecimento a respeito do poder pelo qual o mundo foi feito? Quando você vê o sol nascendo e se pondo e as árvores crescendo, você sabe quem os criou e quem os governa?
>
> **Tpai, um zulu** (depois de uma pequena pausa, aparentemente pensando profundamente): "Não! Nós os vemos, mas não podemos dizer como eles vêm. Supomos que eles venham deles mesmos".
>
> A: "A quem você atribui seu sucesso ou fracasso na guerra?".
>
> **Tpai:** "Quando não somos bem-sucedidos e não conseguimos gado, pensamos que nosso pai (*Itongo*) não olhou para nós".
>
> A: "Você acha que o espírito de seu ancestral (*Amatongo*) fez o mundo?".
>
> **Tpai:** "Não!".
>
> A: "Onde você acha que o espírito do homem vai depois que sai do corpo?".
>
> **Tpai:** "Não podemos dizer".
>
> A: "Você acha que o espírito vive para sempre?".

Tpai: "Isso não podemos dizer. Acreditamos que o espírito de nossos antepassados nos olha quando vamos à guerra. Mas não pensamos nisso em nenhum outro momento".

A: "Você admite que não pode controlar o sol ou a lua, ou mesmo fazer o cabelo de sua cabeça crescer. Você não tem ideia de nenhum poder capaz de fazer isso?".

Tpai: "Não! Não sabemos de nada. Sabemos que não podemos fazer essas coisas e supomos que elas surjam por si mesmas". (§76)

Pode parecer difícil encontrar uma sombra de escuridão mais espessa que a retratada nesse diálogo. Mas agora vamos ouvir o relato do Rev. Dr. Callaway,[40] que, depois de ter residido por muito tempo entre vários clãs dos zulus, de ter adquirido um conhecimento íntimo de sua língua e, o que é ainda mais importante, de ganhar a confiança deles, conseguiu extrair algo de idosos e idosas deles. Primeiro de tudo, eles acreditam na existência de um ancestral de cada família e clã em particular, e também em um ancestral comum a toda a raça humana. Esse ancestral é geralmente chamado de Unkulunkulu, que significa "o trisavô".[41] Quando

---

40 Dr. Callaway, "Unkulunkulu", p. 54.

41 Dr. Callaway, "Unkulunkulu", p. 48. Unkulunkulu, a palavra pela qual Deus é traduzido em zulu, é derivada, de acordo com Bleek, da reduplicação de uma forma (nasalizada) da nona classe da raiz adjetiva -kulu ("ótimo", "grande", "velho", "u-ku-kula", "crescer" etc.) e parece significar origi nalmente um tataravô ou o primeiro ancestral de uma família ou tribo, embora a forma não nasalizada *u-kulukulu* seja atualmente mais comum nessa significação. Em seguida, foi aplicada por metáfora àquele ser de quem tudo foi derivado, que, de acordo com a tradição zulu, criou todos os homens, animais e outras coisas a quem a vida e a morte são devidas etc. Em inhambane, a palavra para "Deus", derivada da mesma raiz, é *Muluṅgulu*; em ki-hiáu, ki-kamba e kinika, é *Muluṅgu*; em ki-suáheli, *Mlungu*; em Makua, *Mulingo* ou *Mulúko*; em sofala, *Muruṅgu*; em tette, *Murungo* ou *Morungo*; no dialeto ku-suáheli de Mombas, *Múṅgu*; no ki-pokómo,

pressionados em relação ao pai desse trisavô, a resposta geral dos zulus parece ser de que ele "se ramificou a partir do junco" ou de que ele "veio de uma cama de juncos". (§77)

Aqui, não posso deixar de suspeitar que a linguagem tenha entrado em ação engendrando mitologia. A palavra *parvan*, em sânscrito, significa originariamente um "nó" ou uma "junta de cana" (ou junco), que passa a ter o significado de um "elo", um "membro", e que é transferido para uma família, expressando os diferentes brotos e rebentos que surgem do caule original. O nome do "caule" ou da "raça" e da "linhagem" em sânscrito é *vamsa*, que originalmente significa "junco" ou "cana de bambu". Na língua zulu, uma cana é chamada de *uthlanga*, estritamente falando, uma cana capaz de lançar ramificações.[42] Assim, metaforicamente, significa uma fonte do ser. Um pai é o *uthlanga* de seus filhos, que deveriam se ramificar dele. Quaisquer que sejam as noções que hoje os ignorantes entre os nativos possam ter sobre o significado dessa tradição, parece que admitem, de forma geral, mesmo entre zulus, que originalmente não se pretendia ensinar que os homens brotavam realmente de um junco.[43] "Não se pode duvidar", escreve Callaway, "que apenas a palavra tenha chegado às pessoas, enquanto o significado foi perdido". (§78)

A interpretação que me atrevo a propor para esse mito zulu é a seguinte: os zulus podem ter dito originalmente que todos eram

---

Muṅgo; em otyi-hereró, o *Mukuru* (Bleek, "Comparative Grammar", §§ 389-394). Em hereró, *tate Mukuru* é nosso pai *Mukuru* (Kolbe, "English-Herero Dictionary", o verbete "God").

42 Dr. Callaway, "Unkulunkulu", p. 2, nota.

43 Em hereró, *tua memua i Mukuru* significa "fomos criados", ou seja, retirados da *omumborombonga* ("árvore da criação") à moda hereró por *Mukuru* (Kolbe, "English-Herero Dictionary", verbete "God").

ramificações de uma cana, usando cana no mesmo sentido em que é usada em sânscrito, e, portanto, significando não mais que todos eram filhos de um pai, mas membros de uma raça. Como a palavra *Uthlanga*, que passou a significar "raça", também reteve seu significado original, isto é, "cana", as pessoas não acostumadas à linguagem e ao pensamento metafóricos logo diriam que os homens vieram de uma cana ou foram originados em uma cama de junco, enquanto outros usariam Uthlanga como nome próprio e o tornariam o ancestral da raça humana. Entre algumas tribos zulus, descobrimos que, embora Unkulunkulu tenha sido o primeiro homem, Uthlanga é representada como a primeira mulher.[44] Entre outras tribos onde Unkulunkulu foi o primeiro homem, Uthlanga se tornou a primeira mulher. (§79)

Toda nação, todo clã, toda família requer, mais cedo ou mais tarde, um ancestral. Mesmo em tempos relativamente modernos, os britânicos ou os habitantes da Grã-Bretanha estavam convencidos de que não era bom não ter um ancestral, e Geoffrey de Monmouth lhes garantiu que podiam reivindicar serem descendentes de Brutus. Do mesmo modo, os helenos, ou os antigos habitantes de Hellas, reivindicaram serem descendentes de Heleno. O nome dos "helenos", originalmente restrito à tribo que vivia na Tessália,[45] tornou-se com o tempo o nome de toda a nação,[46] e, portanto, era natural que *Éolo*, o ancestral dos eólios, que *Doro*, o ancestral dos dóricos, e que *Xuto*, pai de Aqueu e de Íon, deveriam ser representados como filhos de Heleno. Até agora, tudo é inteligível, se

---

44 Dr. Callaway, "Unkulunkulu", p. 58. Segundo o Popol Vuh, a primeira mulher foi criada a partir da medula de uma cana; consultar "Selected Essays", II, p. 394.

45 Hom. II. 2, 684.

46 Thucyd. I. 3.

apenas lembrarmos que essa é a linguagem técnica do escritório heráldico da Grécia antiga. (§80)

Mas logo surgiu a questão: quem era o pai de Heleno, o ancestral dos gregos, ou, de acordo com o horizonte intelectual dos antigos gregos, de toda a raça humana? Se ele era o ancestral de toda a raça humana ou o primeiro homem, ele só poderia ser filho de Zeus, o deus supremo, e assim descobrimos que Heleno é chamado de "filho de Zeus" por algumas autoridades. Outros, no entanto, dão outra interpretação. Havia na Grécia, como em muitos países, a tradição de um dilúvio geral pelo qual todos os seres vivos haviam sido destruídos, exceto alguns que escaparam em um barco e que, depois que o dilúvio cessou, repovoaram a terra. A pessoa assim salva, de acordo com as tradições gregas, foi chamada de *Deucalião*, governante de Tessália e filho de Prometeu, que disse a ele que construísse um barco e o provesse de suprimentos; e, quando o dilúvio chegou, ele e sua esposa, Pirra, foram as únicas pessoas que sobreviveram. (§81)

Então veremos que, para os gregos, havia realmente dois ancestrais da raça humana (Heleno e Deucalião), e, para superar essa dificuldade, nada restava além de fazer de Heleno o filho de Deucalião. Tudo isso é perfeitamente natural e inteligível, se não só aprendermos falar, mas também a pensar a linguagem do mundo antigo. (§82)

A narrativa continua explicando como Deucalião tornou-se o pai de todas as pessoas na terra, e que ele e sua esposa, Pirra, foram instruídos a jogar pedras (ou os ossos da terra) para trás deles, e que essas pedras se tornariam homens e mulheres. Agora, aqui temos claramente um mito ou um milagre – um milagre também, sem nenhuma justificativa, pois, se Pirra era a esposa de Deucalião, por que Heleno não deveria ser filho deles? Tudo se esclarece à medida que analisarmos a língua em que é ambientada a história. A palavra *pirra* significa "vermelho" e era originalmente o nome que se dava para a terra. Como os helenos afirmavam ser indígenas ou autóctones, nascidos da terra em que viviam, Pirra, a terra vermelha, era naturalmente chamada de "mãe" e, sendo mãe dos helenos, dessa forma ela precisava ser esposa de Deucalião, o pai dos helenos. Originalmente, todavia, Deucalião, como *Manu* na Índia, era representado como aquele que escapara sozinho do dilúvio, surgindo daí um problema: como, sem esposa, ele poderia ter se tornado o pai do povo? Foi nesse embaraço, sem dúvida, que o mito surgiu das pedras jogadas para trás dele, sendo que essas pedras se tornaram a nova população da terra. A palavra grega para "povo" era λαός, e, para "pedras", λᾶες; portanto, o que teria sido mais natural, quando as crianças perguntavam de onde veio o λαός ("povo") de Deucalião, do que dizer que ele veio das λᾶες, ou seja, das pedras?[47] (§83)

Eu poderia dar muitos outros exemplos do mesmo tipo, mostrando que mesmo as tradições antigas mais sem sentido tinham de fato um significado, e todos eles mostrando o que é ainda mais importante: que essas tradições, muitas delas em seu estado atual absurdas e repulsivas, podem recuperar um caráter simples, inteligível e até bonito, se as despojarmos de sua crosta que a linguagem, em sua inevitável decadência, formou ao redor delas. (§84)

Nunca perdemos, sempre ganhamos, quando descobrimos a intenção mais antiga das tradições sagradas, em vez de ficarmos

---

47 Os indígenas norte-americanos disseram a Roger Williams que "eles tinham isso de seus pais, que *Kautantowwit* fez um homem e uma mulher de pedra, e que, não gostando, ele os partiu em pedaços e fez outro homem e mulher de uma árvore, que eram a fonte de toda a humanidade" ("Publications of Narra- gansett Club", I, p. 158).

satisfeitos com seu aspecto posterior e com suas modernas interpretações errôneas. O que perderemos se, ao lermos a história de Hefesto abrindo, com seu machado, a cabeça de Zeus, e Atena saindo dela completamente armada, percebemos por trás dessa imagem selvagem Zeus como o céu brilhante, sua testa como o Oriente, Hefesto como o sol que ainda não nasceu e Atena como o alvorecer, a filha do céu, saindo de um manancial de luz?

- Γλαυκῶπις: com olhos como de uma coruja (e como eles são bonitos);
- Παρθένος: pura como uma virgem;
- Χρύσεα: o dourado;
- Ἀκρία: iluminando o topo das montanhas, e seu próprio glorioso Partenon em sua cidade favorita de Atenas;
- Παλλάς: girando os eixos da luz;
- Ἀλέα: o calor genial da manhã;
- Πρόμαχος: o principal campeão na batalha entre a noite e o dia;
- Πάνοπλος: com armadura completa, em sua panóplia de luz, afastando a escuridão da noite e despertando os homens para uma vida brilhante, para pensamentos brilhantes, para empreendimentos brilhantes. (§85)

Os deuses gregos seriam menores a nossos olhos se, em vez de acreditarem que Apolo e Ártemis tivessem assassinado os doze filhos de Níobe, eles tivessem percebido que Níobe era, em um período anterior da linguagem, o nome da neve e do inverno, e que a intenção do poeta não era apenas dizer que as divindades vernais, Apolo e Ártemis, deviam matar todos os anos com seus dardos os filhos brilhantes e belos, mas amaldiçoados, da neve? Isso não é algo que valha a pena conhecer, mesmo depois do transcurso de quatro ou cinco mil anos? Será que não vale a pena saber que – antes da separação da raça ariana, antes da existência do sânscrito, do grego ou do latim, antes que os deuses dos *Vedas* tivessem sido adorados e antes que houvesse um santuário de Zeus entre os carvalhos sagrados de Dodona – uma divindade suprema havia sido encontrada e sido nomeada, que tinha sido invocada pelos ancestrais de nossa raça e que essa invocação foi feita por um nome que nunca foi superado por outro nome? Dyaus, Zeus, Júpiter, Tyr, todos significam originalmente "luz" e "brilho", um conceito que por um lado se materializou como "céu", "manhã" e "dia", enquanto, por outro, se transformou em um nome dos seres brilhantes e celestiais, os Devas, como uma das primeiras expressões do Divino. (§86)

Não, se um exame crítico da língua antiga de nossa própria religião não produzir resultados piores do que aqueles derivados de uma cuidadosa interpretação da linguagem petrificada da Índia e da Grécia antigas, não precisamos temer, pois seremos ganhadores, não perdedores. A antiga religião, assim como uma velha e preciosa medalha, surgirá em toda a sua pureza e brilho depois que a ferrugem dos tempos tiver sido removida. E a imagem que ela revela será a imagem do Pai, o Pai de todas as nações sobre a terra; e a inscrição, quando pudermos lê-la novamente, estará não apenas na Judeia, mas nas línguas de todas as raças do mundo, a Palavra de Deus revelada, onde somente ela poderá ser revelada, revelada no coração da humanidade. (§87)

Segunda conferência

26 de fevereiro de 1870.

Não há falta de materiais para o estudante da Ciência da Religião. É verdade que, em termos comparativos, o número de línguas com as quais o filólogo comparativista tem de lidar é maior que o número de religiões. Em um estudo comparativo de línguas, no entanto, encontramos a maioria dos nossos materiais prontos para uso; existem gramáticas e dicionários, ao passo que é difícil dizer onde encontraríamos gramáticas e dicionários das principais religiões do mundo. Não os encontraremos nem nos catecismos ou nos artigos de fé, nem mesmo nos chamados credos[1] ou confissões de fé, pois, se eles não nos dão uma deturpação das doutrinas que dizem sintetizar, dão-nos sempre uma visão sombria e nunca a alma e a substância de uma religião. Mas quão raro é encontrarmos tais ajudas! (§88)

Entre as nações orientais, não é incomum encontrar religiões que se baseiem em um livro e outras que não produziram tais documentos escritos. As primeiras são consideradas mais respeitáveis e, embora possam conter doutrinas falsas, são vistas

---

1 "O que são credos? Esqueletos, abstrações frias, expressões metafísicas de dogmas ininteligíveis; e devo considerá-los as exposições da verdade pura, viva e infinita que veio de Jesus. Eu poderia, com igual propriedade, ouvir e receber as palavras da infância como expressões de sabedoria. Credos são para as Escrituras, como luzes de velas são para o sol" (Dr. Channing, "On Creeds").

como uma espécie de aristocracia em meio à multidão comum e indefinida de religiões sem livros ou iletradas.[2] (§89)

Para o estudante de religião, os livros canônicos são, sem dúvida, da maior importância, mas ele nunca deve esquecer que esses também não passam apenas de uma imagem refletida da real doutrina do fundador de uma nova religião, uma imagem sempre turva e distorcida pelos meios através dos quais teve de passar. E quão poucas são as religiões que possuem um cânone sagrado! Quão pequena é a aristocracia das verdadeiras religiões do livro na história do mundo! (§90)

Vejamos as duas raças que foram as principais protagonistas do grande drama que chamamos de história do mundo, os *arianos* e os *semitas*, e descobriremos que apenas dois grupos de cada raça poderiam reivindicar a posse de um código sagrado. Entre os *arianos*: os *hindus* e os *persas*; entre os *semitas*: os *hebreus* e os *árabes*. Na família ariana, os hindus e, na família semítica, os hebreus produziram, cada um dos grupos, duas religiões do livro; aos hindus coube a origem do Bramanismo e do Budismo; aos hebreus, o Mosaísmo[3] e o Cristianismo. Entretanto, é importante observar que, em cada família, a terceira religião-livro dificilmente poderia reivindicar uma origem independente, mas é apenas uma repetição mais fraca da primeira. O Zoroastrismo tem suas fontes no mesmo estrato que alimentou o fluxo mais profundo e amplo da religião védica; o Islã nasce, no que diz respeito às suas doutrinas mais vitais, do antigo

---

2   Mesmo antes de Mohammad, as pessoas que possuíam um livro (*ahl i kitáb*) eram, em árabe, distinguidas dos *imimiyun*, dos pagãos. O nome *ahl i kitáb* foi, no entanto, adequadamente restrito a judeus, cristãos e mulçumanos; ver §398 em notas e ilustrações.

3   O termo se refere às transmissões de Deus ao povo de Israel por intermediação de Moisés (N. do T.).

manancial da religião de Abraão, o adorador e amigo do único Deus verdadeiro. (§91)

Se você tiver em mente o esboço simples a seguir, verá de relance o fluxo em que o pensamento religioso das nações arianas e semíticas tem navegado por séculos – pelo menos para aqueles que possuem os livros sagrados e canônicos. (§92)

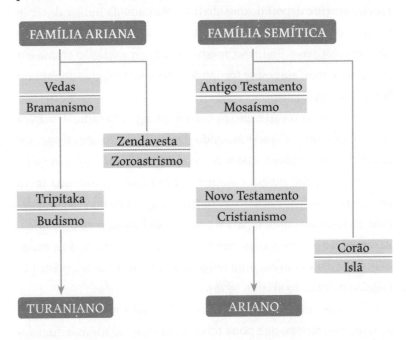

Enquanto o Budismo é a descendência direta e, ao mesmo tempo, o antagonista do Bramanismo, o Zoroastrismo é um desvio do curso reto da antiga fé védica, embora também contenha um protesto contra algumas das doutrinas dos primeiros adoradores da religião dos deuses védicos. O mesmo, ou quase o mesmo relacionamento, une as três principais religiões do grupo semítico, apenas que, cronologicamente, o Islã é posterior ao Cristianismo, enquanto o Zoroastrismo é anterior ao Budismo. (§93)

Veja, como podemos observar, que a coincidência nas ramificações paralelas nesses dois ramos religiosos não é de modo algum acidental. (§94)

O Budismo marca uma reação contra o antigo Bramanismo da Índia, apesar de ser seu descendente. Ele perdeu seu vigor após um tempo no solo de onde havia saído e assumiu sua real importância somente depois de ter sido transplantado da Índia e de ter se enraizado entre as nações turanianas no centro do continente asiático. Dessa forma, o Budismo, mesmo sendo uma religião ariana em seu nascimento, acabou se tornando a principal religião do mundo turaniano.[4] (§95)

A mesma transferência ocorreu no segundo ramo. Uma vez que o Cristianismo, mesmo sendo descendente do Mosaísmo, foi rejeitado pelos judeus, assim como o Budismo foi rejeitado pelos brâmanes, ele falhou em cumprir seu propósito como uma mera reforma da antiga fé judaica e, somente depois de ter sido transferido do terreno semítico para o ariano, dos judeus para os gentios, desenvolveu sua real natureza e assumiu sua importância mundial. Tendo nascido em uma religião semita, tornou-se a principal religião do mundo ariano. (§96)

Existe apenas uma outra nação, fora do âmbito das famílias arianas e semíticas, que pode reivindicar uma ou mesmo duas religiões do livro como suas. A China é mãe de duas religiões, cada uma fundada sobre um código sagrado – a religião de Confúcio (Kung-Fu-Tze, ou seja, Kung, "o Mestre") e a religião de Lao-Tsé,

---

4 Turaniano diz respeito ao grupo hipotético de família de línguas e dialetos que compreende todas as línguas da Europa e da Ásia que não são semíticas ou arianas, exceituados também os idiomas presentes na China, o japonês e seus dialetos. Diz-se de grupos de povos da Rússia meridional e do Turquestão de etnia branca, mas com traços mongólicos; turânio, turânico (N. do T.).

a primeira repousando sobre os *Cinco Reis* e os *Quatro Shu*, a última, no *Tao-te-king*. (§97)

Com essas oito religiões, a biblioteca dos livros sagrados de toda a raça humana está completa, e um estudo preciso desses oito códigos, escritos em sânscrito, páli e persa médio, em hebraico, grego e árabe, por último em chinês, pode por si só não parecer uma tarefa grande demais para um único estudioso. No entanto, comecemos de casa, observando a enorme literatura dedicada à interpretação do *Antigo Testamento* e o número de livros publicados todos os anos sobre pontos controversos na doutrina ou na história dos Evangelhos, e então você poderá formar uma ideia do que seria uma biblioteca teológica que devesse conter os materiais necessários para uma interpretação precisa e acadêmica dos oito códigos sagrados. O *Tao-te-king*, o livro canônico dos seguidores de Lao-Tsé, contém apenas 5.320 palavras, mas os comentários escritos para explicar seu significado são infindáveis.[5] Mesmo em uma religião tão moderna e, pelo menos no começo, tão iletrada como a de Mohammad, as fontes que devem ser consultadas para a história da fé durante os primeiros séculos de seu crescimento são tão abundantes que poucos críticos ou estudiosos poderiam dominá-las em sua plenitude.[6] (§98)

Se voltarmos nossos olhos para as religiões arianas, os escritos sagrados dos brâmanes, na mais restrita aceitação da palavra, podem

---

5   Julien, "Tao-te-king", p. XXXV; ver infra, p. 62.

6   "As fontes que usei são tão numerosas, e o conhecimento dos muçulmanos em seu tempo tem sido tão diferente do nosso, que os materiais que coletei sobre as fontes formam uma pasta bastante volumosa. De fato, é necessário escrever a história literária islâmica dos dois primeiros séculos, a fim de permitir que o leitor use o material crítico coletado aqui. Pretendo publicar os resultados de minha pesquisa como um trabalho separado, de acordo com a biografia do Profeta" (Sprenger, "Das Leben des Mohammed", I, p. 9).

Introdução à Ciência da Religião

parecer fáceis de entender. Os hinos do *Rig Veda*, que são a verdadeira bíblia da antiga fé dos *Rishis* védicos, são apenas 1.028 em número, consistindo em cerca de 10.580 versos.[7] Entretanto, o comentário sobre esses hinos, dos quais publiquei seis volumes em formato "quarto" de bom tamanho, é estimado em 100 mil linhas consistindo em 32 sílabas cada, ou seja, em 3,2 milhões de sílabas.[8] Além disso, existem os três *Vedas* menores (o *Yajur Veda*, o *Sama Veda*, o *Atharva Veda*), que, embora de menor importância para as doutrinas religiosas, são indispensáveis para uma correta apreciação do sistema sacrificial e cerimonial dos fiéis dos antigos deuses védicos. (§99)

Para cada um desses quatro *Vedas*, existem as coleções chamadas de *Brâmanas*, que são tratados escolásticos de um tempo posterior, mas ainda assim escritos em sânscrito arcaico e reconhecidos por todos os hindus ortodoxos como parte de sua literatura revelada. Seu volume é muito maior do que o dos antigos livros de hinos védicos. (§100)

E tudo isso constitui o texto apenas para os inúmeros tratados, ensaios, manuais, glossários etc., formando uma cadeia ininterrupta de literatura teológica que se estende por mais de três mil anos, recebendo novos anéis até os dias de hoje. Além disso, existem os inevitáveis parasitas da literatura teológica, os escritos controversos de diferentes escolas de pensamento e fé, todos afirmando serem ortodoxos, mas diferindo entre si como o dia da noite; e, por fim, as composições de escritores que afirmam divergir das opiniões da maioria, declarando-se inimigos da fé e do sacerdócio bramânico, cujas acusações e insinuações são argumentos destruidores e agressivos envenenados de invectivas que afirmam

---

7   Max Müller, "History of Ancient Sanskrit Literature", p. 220.

8   Ver quadro §477 em notas e ilustrações.

não temer comparações, como as armas da guerra teológica em qualquer outro país. (§101)

Também não podemos excluir os livros das leis sagradas nem os antigos poemas épicos (o *Mahâbhârata* e o *Râmâyana*), nem a literatura mais moderna, porém sagrada, da Índia (os *Purânas* e os *Tantras*), se quisermos ter uma ideia da crença religiosa de milhões de seres humanos, os quais, apesar de reconhecerem os *Vedas* como sua autoridade suprema em matéria de fé, ainda não conseguem entender uma única linha desses livros, e em sua vida cotidiana dependem inteiramente do alimento espiritual dos ensinamentos a eles transmitidos por esses livros mais recentes e populares. (§102)

E, mesmo assim, nossos olhos não teriam atingido muitos dos recantos sagrados em que a mente hindu se refugiou, seja para meditar sobre os grandes problemas da vida, seja para se libertar das tentações e grilhões da existência mundana por penitências e mortificações da mais requintada crueldade. A Índia sempre esteve repleta de seitas religiosas e, até onde podemos observar na história daquele país maravilhoso, sua vida religiosa foi dividida em inúmeros centros, os quais exigiam toda a engenhosidade e perseverança de uma casta sacerdotal para mantê-las unidas com uma aparência de uniformidade dogmática. Algumas dessas seitas quase poderiam reivindicar o título de religiões independentes, como, por exemplo, a outrora famosa seita dos *sikhs*, que possuía seu próprio código sagrado e seu próprio sacerdócio, e que ameaçou por um tempo tornar-se um grande rival do Bramanismo e do Islã na Índia. Circunstâncias políticas deram à seita de Nânak seu destaque histórico e uma fama mais duradoura. Para o estudante de religião, esta é apenas uma dentre muitas seitas que se originaram nos séculos XV e XVI, e tentou substituir as corruptelas

Introdução à Ciência da Religião 79

do Hinduísmo e do Islã por um culto mais puro e espiritual. O *Granth*, isto é, o Volume, o livro sagrado dos *sikhs*, embora tedioso como um todo, contém aqui e ali tesouros de pensamento realmente profundos e poéticos: e em breve poderemos esperar uma tradução completa por Dr. Trumpp.[9] Mas existem outras coleções de poesia religiosa mais antigas e mais originais do que as estrofes de Nânak; além disso, muitos dos versos mais bonitos do *Granth* foram emprestados dessas autoridades anteriores, particularmente de *Kabir*, o aluno de *Râmânand*. Aqui há o suficiente para ocupar os estudantes da religião: uma flora intelectual de maior variedade e profusão do que a flora natural daquele país tão fértil. (§103)

E ainda não dissemos nenhuma palavra da segunda religião-livro da Índia – a religião de Buda, originalmente apenas uma dentre inúmeras seitas, mas possuindo uma vitalidade que fez com que seus ramos atingisse a maior parte da população que habita o globo. Quem pode dizer – não falo apenas de estudiosos europeus, mas dos membros mais instruídos das fraternidades budistas – que leu todos os livros canônicos da comunidade Budista, para não falar de seus comentários ou tratados posteriores? (§104)

De acordo com uma tradição preservada pelas escolas budistas do sul e do norte, o cânone sagrado compreendia originalmente 80 mil ou 84 mil textos, mas a maioria deles foi perdida, de modo que restaram apenas 6 mil.[10] Segundo uma declaração no *Saddharmâlankâra*, o texto e os comentários do cânone budista contêm juntos 29.368.000 de letras, enquanto a tradução da *Bíblia*

---

9   Esta tradução foi publicada, desde então, "The Adi Granth, or the Holy Scriptures of the Sikhs", feita a partir do original *Gurmukhi* por Dr. E. Trumpp, Londres, 1877.

10   Ver Burnouf, "Introduction à l'histoire du Buddhisms indien", p. 37; "Selected Essays", II, p. 170.

para o inglês contém 3.567.180 letras, sendo as vogais contadas aqui como separadas das consoantes. (§105)

Atualmente, existem dois cânones sagrados dos escritos budistas, o do sul, em páli, e o do norte, em sânscrito. Calcula-se que o cânone budista em páli seja pelo menos duas vezes maior que a *Bíblia*, embora em uma tradução em inglês provavelmente seja quatro vezes maior.[11] Spence Hardy afirmou que o número de estrofes eram de 275.250 para o cânone páli e 361.550 para seus comentários, e por estrofe ele quis dizer uma linha de 32 sílabas. (§106)

O cânone budista em sânscrito consiste no que é chamado de *"Nove Dharmas"*.[12] Em sua tradução tibetana, esse cânone é dividido em duas coleções, o Kanjur e Tanjur, compreendendo cerca de 325 volumes, cada um pesando na edição Pekin entre 1,8 a 2,2 quilos. (§107)

Além desses dois cânones, há outro ramo paralelo, o cânone dos gainas. Os gainas remontam à origem de sua religião até Mahâvîra, que se acreditava, no entanto, ter sido precedida por 23 Tîrthakara, sendo Pârsva o 23º (250 antes de Mahâvîra). Mahâvîra é chamado também de Gñâtaputra[13] ou Gñâtriputra ou Gñâtiputra tanto pelos gainas quanto pelos bauddhas (Natâputta em páli, Nâyaputta em gaina prácrito), e as duas seitas relatam que ele morreu em Pâpâ. A data de sua morte, conforme dada pelos gainas, é 527 a.C., o que o tornaria mais antigo que Buda. A verdadeira relação, no entanto, dos gainas com os bauddhas, ou seguidores de Sâkyamuni, ainda precisa ser determinada. Seus livros sagrados são escritos em um dialeto prácrito, chamado comumente

---

11 "Selected Essays", II, p. 179.

12 Ibid., p. 183.

13 Ver Bühler, "Indian Antiquary", VII, p. 143; H. Jacobi, "On Mahâvîra and his predecessors", Indian Antiquary, IX, 158, também seu prefácio ao Kalpasûtra de Bhadrabâhu, 1879.

de Ardhamâgadhî, enquanto o dialeto das escrituras páli é chamado de Mâgadhî. De acordo com o Siddhânta-dharma-sâra, essas escrituras de gaina são coletivamente chamadas de Sûtras ou Siddhântas, e classificadas, em primeiro lugar, sob duas seções de Kalpa-sûtra e Âgama, cinco obras sob a primeira, e quarenta e cinco sob a última seção; e, em segundo lugar, sob oito seções diferentes, a saber: (1) onze Aṅgas; (2) doze Upâṅgas; (3) quatro Mûla-sûtras; (4) cinco Kalpa-sûtras; (5) seis Khedas; (6) dez Payannas; (7) Nandi-sûtra; (8) Anuyogadvâra-sûtra. A extensão total desses cinquenta trabalhos, juntamente com seus comentários, é, segundo a crença de gaina, de 600 mil slokas [versículos].[14] Na forma em que os possuímos agora, os Gainas Sûtras não são anteriores ao século V d.C.[15] (§108)

Em abrangência menor, encontramos a literatura sagrada da terceira religião-livro ariana, o chamado *Zendavesta*. Mas, aqui, a própria escassez de textos antigos aumenta a dificuldade de interpretações bem-sucedidas e a ausência de comentários nativos lançou quase todo o ônus de decifrá-lo sobre os talentosos e pacientes acadêmicos europeus. (§109)

Se, por fim, nos voltarmos para a China, descobriremos que a religião de Confúcio é fundada sobre os livros dos *Cinco Reis* e dos *Quatro Shu*, obras de considerável extensão e cercadas de comentários volumosos, sem que mesmo os estudiosos mais instruídos tenham se aventurado a entender a profundidade de seu cânone sagrado.[16] (§110)

---

14 Rajendralala Mitra, "Notices of Sanskrit MSS", III, p. 67.

15 "Indian Antiquary", IX, p. 161.

16 James Legge, D. D., "The Chinese Classics, with a Translation, Notes, Prolegomena, and Indexes", 7 vols. Ver também "Sacred Books of the East", III, XVI.

Reporta-se que Lao-Tsé, contemporâneo, ou melhor, mais velho que Confúcio, escreveu um grande número de livros:[17] nada menos que 930 sobre diferentes questões de fé, moralidade e culto, e 70 sobre magia. Seu trabalho principal, no entanto, o *Tao-te-king*, que representa a verdadeira escritura de seus seguidores, o Taosse, consiste apenas em cerca de 5 mil palavras[18] e ocupa não mais do que trinta páginas. Mas aqui novamente descobrimos que, por essa mesma razão, o texto é ininteligível sem muitos comentários, de modo que M. Julien teve de consultar mais de sessenta comentadores para fins de sua tradução, o mais antigo de 163 a.C. (§111)

Existe uma terceira religião estabelecida na China, de nome Fo; mas Fo é apenas a corruptela chinesa de Buda e, embora a religião de Buda, transferida da Índia para a China, tenha assumido um caráter peculiar e tenha produzido uma enorme literatura própria, o Budismo chinês não pode ser chamado de religião independente. Devemos distinguir entre o Budismo do Ceilão, Birmânia e Sião,[19] por um lado, e o do Nepal, Tibete, Mongólia, China, Coreia e Japão, por outro. Na China, no entanto, embora a forma predominante de Budismo seja a do cânone sânscrito, comumente chamado de cânone do norte, alguns dos livros pertencentes ao páli ou ao cânone do sul foram traduzidos e reverenciados por certas escolas. (§112)

Mas, mesmo depois de coletarmos essa enorme biblioteca dos livros sagrados do mundo, com seus comentários indispensáveis,

---

17 Stanislas Julien, "Tao-te-king", p. XXVII.

18 Ibid., p. XXXI.XXXV. Os textos variam de 5.610, 5.630, 5.688 a 5.722 palavras. O texto publicado por Stanislas Julien consiste em 5.320 palavras. Uma nova tradução do *Tao-te-king* foi publicada em Leipzig por Dr. Victor von Strauss, 1870.

19 *Ceilão* corresponde hoje à República Democrática Socialista do Sri Lanka; *Birmânia* e *Sião* são hoje, respectivamente, Mianmar e Tailândia (N. do T.).

não temos de maneira alguma os materiais necessários para estudar o crescimento e o declínio das convicções religiosas da humanidade em geral. A maior parte da humanidade – hoje, e alguns dos mais bravos defensores nas lutas religiosas e intelectuais do mundo – ainda não seria representada em nossa biblioteca teológica. Pense apenas nos gregos e romanos! Pense nas nações teutônicas, celtas e eslavas! Onde poderemos obter uma visão do que chamaríamos de suas reais convicções religiosas, anterior ao período relativamente recente em que seus templos antigos foram destruídos para abrir espaço para novas catedrais, onde seus carvalhos sagrados foram derrubados para serem transformados em cruzes, plantadas ao longo de cada passagem da montanha e caminho da floresta? Homero e Hesíodo não nos disseram qual foi a religião, a verdadeira religião do coração dos gregos, nem seus próprios poemas foram considerados sagrados ou mesmo oficiais e obrigatórios pelos intelectuais mais elevados entre os gregos. Em Roma, não temos sequer uma *Ilíada* ou *Odisseia*; e, quando nos interrogamos sobre o culto religioso das tribos teutônicas, celtas ou eslavas, os próprios nomes de muitas das divindades nas quais eles acreditavam foram esquecidos e perdidos para sempre, e os sinais dispersos de sua fé devem ser escolhidos e montados como as pequenas pedras de um mosaico quebrado que formava o pavimento dos templos em ruínas de Roma. (§113)

As mesmas lacunas e a mesma falta de autoridades representativas que testemunhamos entre os arianos, encontraremos mais uma vez entre as nações semíticas, assim que saímos do círculo de suas religiões do livro. Nem os babilônios, nem os assírios, nem os fenícios, nem os cartagineses, nem os árabes, antes de sua conversão ao Islã, possuíam livros canônicos, e o conhecimento de sua religião deve ser reunido a partir de monumentos, inscrições, tradições, nomes próprios, provérbios, maldições e outras fontes dispersas, o que exige o maior cuidado antes que possam ser peneirados adequadamente e montados com sucesso.[20] (§114)

Mas agora vamos adiante. Os dois leitos nos quais a corrente de pensamento ariano e semítico corre há séculos, do sudeste ao noroeste, dos rios Indo ao Tâmisa, do Eufrates ao Jordão e ao Mediterrâneo, cobrem apenas uma estreita faixa de terra em comparação à vastidão de nosso globo. À medida que ampliamos nossa visão, nosso horizonte expande-se por todos os lados, e, onde quer que haja vestígios de vida humana, também existirão vestígios de religião. Ao longo das margens do antigo Nilo, ainda vemos as pirâmides que continuam de pé, e as ruínas de templos e labirintos, suas paredes cobertas de inscrições hieroglíficas e estranhas imagens de deuses e deusas. Em rolos de papiro que resistiram ao tempo, temos fragmentos que podem até, em certo sentido, ser chamados de livros sagrados dos egípcios. No entanto, embora muito já tenha sido decifrado nos registros antigos dessa raça misteriosa, a principal fonte da religião do Egito e a intenção original de seu culto cerimonial estão longe de estarem até o momento totalmente compreendidos por nós. (§115)

À medida que seguimos a corrente sagrada até suas fontes distantes, todo o continente africano abre-se diante de nós, e onde

---

20 O professor Nöldeke apontou que não apenas as grandes religiões, mas meras seitas também estão às vezes de posse dos livros sagrados. É o que acontece com os mandeanos (representando a nacionalidade aramaica), os drusos, os iazidis, os nosairitas e, talvez, mais algumas seitas semipagãs sob uma roupagem muçulmana. Até mesmo alguns dos escritos maniqueístas, dos quais existem fragmentos, poderiam ser adicionados a essa classe e lançariam muita luz sobre o crescimento independente do gnosticismo, o qual nunca pode ser totalmente explicado como uma mera mistura de ideias cristãs e iranianas.

Introdução à Ciência da Religião

quer que vejamos *kraals*,[21] dependendo do que pode ser visto naquele momento, e que ainda hoje pode ser visto, há fumaça de sacrifícios subindo da terra para o céu. As relíquias da antiga fé africana estão desaparecendo rapidamente; mas o que foi preservado é de grande interesse para o estudante de religião, com seu estranho culto a cobras e ancestrais, sua vaga esperança de uma vida futura e sua reminiscência não totalmente desbotada de um Deus Supremo, o Pai tanto do homem negro quanto do branco.[22] (§116)

Da costa leste africana, nossos olhos são levados através do mar, onde, de Madagascar ao Havaí, ilha após ilha destacam-se muitos pilares de uma ponte afundada que outrora se estendia pelo oceano Índico e pelo Pacífico. Em todos os lugares, seja entre os papuas escuros ou os malaios amarelos ou ainda os polinésios morenos espalhados nessas ilhas, mesmo entre os mais baixos dos baixos na escala da humanidade, existem, se quisermos ouvir, sussurros sobre seres divinos, imaginações de uma vida futura, orações e sacrifícios que, mesmo em sua forma mais degradada e aviltante, testemunham a fé antiga e inatingível de que em todo lugar existe um Deus para ouvir nossas orações, bastando que o invoquemos para que aceite nossas ofertas, sejam elas oferecidas

---

21   *Kraall* é uma palavra *afrikaans* para um cercado de gado ou para outras criações dentro de uma aldeia circundada por uma paliçada, muro ou qualquer outra proteção em forma circular. Essa palavra derivou do "curral" português, semelhante ao espanhol "corral", mas frequentemente atribuída a uma origem africana. O termo refere-se a essas aldeias características dos povos de língua nguni da África do Sul. Apesar de o termo *kraal* ser usado pelos colonizadores para denominar toda a aldeia, seu verdadeiro significado resume-se apenas ao cercado de animais (N. do T.).

22   Dr. Callaway, "Unkulunkulu", p. 45: "É como se tivéssemos nascido de Uthlanga; nós não sabemos onde fomos feitos. Nós, homens negros, temos a mesma origem que vocês, homens brancos".

como remissão de um pecado ou como sinal de um coração agradecido. (§117)

Ainda mais a leste, o duplo continente da América torna-se visível e, apesar do vandalismo anticristão de seus primeiros descobridores e conquistadores, também lá encontramos materiais para o estudo de uma fé antiga e, ao que parece, independente. Infelizmente, as tradições religiosas e mitológicas coletadas pelos primeiros europeus que conheceram os nativos da América remontam a um tempo mais recente do que a época em que foram escritas e parecem, em vários casos, refletir tanto os pensamentos dos ouvintes espanhóis como os dos narradores nativos. Os curiosos manuscritos hieroglíficos do México e da Guatemala ainda nos disseram muito pouco, e os relatos escritos pelos nativos em sua língua originária devem ser usados com muita cautela. Ainda a antiga religião dos astecas do México e dos incas do Peru está cheia de problemas interessantes. À medida que avançamos em direção ao norte, com seus habitantes de pele vermelha, nossas informações tornam-se ainda mais escassas e, depois do que aconteceu alguns anos atrás, é provável que nenhum *Livre des Sauvages*[23] venha em nosso auxílio novamente. No entanto, existem tipos de fé religiosa selvagens e nativas entre as tribos dos peles-vermelhas que precisam ainda hoje ser estudadas, pois, apesar do gradual desaparecimento de sua língua e de sua religião, talvez ainda seja possível encontrar, antes que seja tarde demais, vestígios das migrações pré-históricas de homens do continente asiático primitivo para o americano, através dos degraus da ponte aleúte

---

23 Max Müller faz referência aqui a um curioso livro descoberto em 1860 pelo padre francês Emamnuel Domenech. Essa controvérsia sobre esse livro é discutida no livro de Domenech *La verité sur le Livre des savages* (N. do T.).

no norte ou mais ao sul, flutuando com ventos favoráveis de ilha em ilha, até que uma canoa resistente atracasse ou naufragasse na costa americana, para nunca mais voltar para a casa asiática de onde havia partido. (§118)

E, quando em nossa pesquisa religiosa finalmente voltamos ao continente asiático, também encontramos nele, embora quase toda a sua área esteja ocupada por uma ou outra das oito religiões do livro (pelo Mosaísmo, Cristianismo e Islã, pelo Bramanismo, Budismo e Zoroastrismo, e, na China, pelas religiões de Confúcio e Lao-Tsé), formas mais primitivas de culto que, embora estejam parcialmente submersas, em alguns lugares permanecem emersas. Refiro-me ao Xamanismo da raça mongol e à bela mitologia semi-homérica das tribos finlandesas e estonianas. (§119)

E, depois de ter demonstrado esse panorama mundial diante de seus olhos, vocês compartilharão, penso eu, do sentimento de consternação com que o estudante da Ciência da Religião olha à sua volta e pergunta-se por onde começar e como proceder. Que existam materiais em abundância, capazes de tratamento científico, ninguém se atreveria a negar. Mas como eles devem ser mantidos juntos? Como devemos descobrir o que todas essas religiões têm em comum? Como elas diferem entre si? Como elas crescem e como elas declinam? O que são e o que significam? (§120)

Vamos tomar o antigo ditado *Divide et impera* ["dividir para reinar"], que em uma tradução livre seria "classifique e entenda", e acredito que devemos, então, pegar o velho fio de Ariadne, que levou os estudantes de muitas ciências através de labirintos mais escuros até o labirinto das religiões do mundo. Toda ciência real baseia-se na classificação e, somente se não conseguirmos classificar os vários dialetos da fé, teremos de confessar que a Ciência da Religião é realmente uma impossibilidade. Se o terreno diante de nós já foi devidamente examinado e cuidadosamente dividido, cada acadêmico poderá, então, cultivar sua própria gleba, sem desperdiçar suas energias e sem perder de vista os propósitos gerais aos quais todas as pesquisas especiais devem ser subservientes. (§121)

Como, então, o vasto domínio da religião deve ser dividido? Como as religiões devem ser classificadas ou, antes, devemos perguntar: como foram classificadas antes? A classificação mais simples e adotada em quase todos os países é a entre a religião *verdadeira* e a *falsa*. É muito semelhante às primeiras classificações de línguas entre a própria língua e a do resto do mundo; como diriam os gregos, entre a língua dos gregos e a dos bárbaros; ou, como diriam os judeus, entre a língua dos judeus e a dos gentios; ou, como diriam os hindus, entre a língua dos arianos e a dos mlecchas; ou ainda, como diriam os chineses, entre a língua do Império Médio e a dos bárbaros do exterior. Não preciso dizer por que esse tipo de classificação é inútil para fins científicos. (§122)

Existe outra classificação, aparentemente de caráter mais científico, mas que, se examinada mais de perto, é igualmente inútil para o estudante de religião. Refiro-me à divisão bem conhecida entre a religião *revelada* e a *natural*. (§123)

Primeiro tenho de dizer algumas palavras sobre o significado associado à religião natural. Essa palavra é constantemente usada em diferentes situações. E é aplicada por vários escritores a certas formas históricas de religião, que são consideradas como não repousando sobre a autoridade da revelação, em qualquer sentido em que essa palavra possa posteriormente ser interpretada. Dessa forma, o Budismo seria uma religião natural aos olhos dos brâmanes, o Bramanismo seria uma religião natural aos olhos dos muçulmanos. Para nós, todas as religiões, exceto o Cristianismo e, embora em menor grau, o Mosaísmo, seriam classificadas como meramente naturais; e, embora "natural" não implique "falso", ainda assim implicaria claramente a ausência de qualquer aprovação além do sentido da verdade ou da voz da consciência que está dentro de nós. (§124)

Mas a religião natural também é usada em um sentido muito diferente, particularmente pelos filósofos do século XVIII. Quando as pessoas começaram a sujeitar as principais religiões históricas a uma análise crítica, descobriram que, depois de remover o que era peculiar a cada uma, restavam certos princípios de que todas compartilhavam. Estes deveriam ser os princípios da religião natural. (§125)

Mais uma vez, quando tudo o que parecia sobrenatural, milagroso e irracional foi removido das páginas do *Novo Testamento*, restava uma espécie de esqueleto da religião, e isso também foi tratado sob o nome de religião natural. (§126)

Durante o século XVIII, os filósofos que se opunham à disseminação do ceticismo e da infidelidade pensavam que esse tipo de religião natural ou, como também era chamada, religião racional poderia servir como um quebra-mar contra a incredulidade absoluta; mas seus esforços não levaram a nenhum resultado. Quando Diderot disse que todas as religiões reveladas eram heresias da religião natural, ele entendia por religião natural um corpo de verdades implantadas na natureza humana a ser descoberto apenas pelos olhos da razão e independente de quaisquer influências históricas ou locais de cada religião em seu caráter peculiar e em seu aspecto individual. A existência de uma divindade, a natureza de seus atributos, como onipotência, onisciência, onipresença, eternidade, autoexistência, espiritualidade e, também, a bondade da divindade e, com ela, a admissão de uma distinção absoluta entre o bem e o mal, entre a virtude e o vício, tudo isso e, segundo alguns escritores, a unidade e a personalidade também da Deidade, foram incluídos no domínio da religião natural. O tratamento científico dessa chamada religião natural recebeu o nome de Teologia Natural, um título que ficou famoso no início de nosso século pelo muito elogiado e muito utilizado trabalho de Paley.[24] (§127)

A religião natural corresponde na Ciência da Religião ao que na Linguística costumava ser chamado de *Grammaire générale*: uma coleção de regras fundamentais que deveriam ser autoevidentes e indispensáveis em todas as gramáticas, mas que, por estranho que pareça, nunca existem em sua pureza e perfeição em qualquer língua que seja ou que já tenha sido falada por seres humanos. É o mesmo com a religião. Nunca houve nenhuma religião real formada exclusivamente pelos princípios puros e simples da religião natural, embora tenham existido certos filósofos que se convenceram de que sua religião era inteiramente racional, o que é, de fato, um Deísmo puro e simples. (§128)

Se, portanto, falarmos de uma classificação de todas as religiões históricas como sendo reveladas ou naturais, o que se entende por "natural" é simplesmente a negação do revelado, e, se tentamos realizar a classificação na prática, deveremos encontrar o mesmo resultado de antes. Deveríamos ter, de um lado, apenas o Cristianismo, ou, segundo alguns teólogos, o Cristianismo e o Judaísmo, e, do outro, todas as demais religiões do mundo. (§129)

---

24 William Paley (1743-1805) foi um teólogo anglicano e filósofo moral inglês do século XVIII que se tornou um professor influente na Universidade de Cambridge. Sua principal obra, *The Principles of Moral and Political Philosophy* (1785), desempenhou um papel fundamental na disseminação das ideias utilitaristas na Inglaterra (N. do T.).

Essa classificação, portanto, qualquer que seja seu valor prático, é totalmente inútil para fins científicos. Um estudo mais extenso mostra-nos muito rapidamente que a alegação de revelação é estabelecida pelos fundadores ou, se não por eles, pelos últimos pregadores e defensores da maioria das religiões; e, portanto, seria recusado por todos, exceto por nós mesmos, como uma característica distintiva do Cristianismo e do Judaísmo. Veremos, de fato, que as reivindicações de uma autoridade revelada são muito mais fortes e elaboradas pelos fiéis dos *Vedas* do que pelos teólogos apologetas entre judeus e cristãos. Mesmo Buda, originalmente o mais humano e autossuficiente dos fundadores de uma religião, é representado em escritos polêmicos posteriores, em um estranho tipo de inconsistência, como possuidor da verdade revelada.[25] Ele mesmo não podia, como Numa,[26] Zoroastro ou Mohammad,[27] reivindicar comunicação com espíritos superiores; menos ainda, como os poetas dos *Vedas*, poderia falar de inspirações divinas e declarações dadas por Deus: pois, segundo ele, não havia entre os espíritos maior ou mais sábio que ele, e os deuses dos *Vedas* haviam se tornado seus servos e adoradores. O próprio Buda apela apenas para o que deveríamos chamar de luz interior.[28] Quando ele entregou pela primeira vez as quatro doutrinas fundamentais de seu sistema, disse: "Mendicantes, para alcançar essas doutrinas anteriormente desconhecidas, foram desenvolvidos dentro de mim o olho, o conhecimento,

---

25   Max Müller, "History of Ancient Sanskrit Literature", p. 83.

26   Numa Pompilius foi o lendário segundo rei de Roma (715-672 a.C.). Muitas das instituições religiosas e políticas mais importantes de Roma são atribuídas a ele (N. do T.).

27   Sprenger, "Mohammad", II, 426.

28   Gogerly, "The Evidences and Doctrines of Christian Religion" (Colombo, 1862, Parte I).

a sabedoria, a percepção clara e a luz". Ele foi chamado de Sarvagña ou onisciente por seus primeiros alunos, mas quando, posteriormente, verificou-se que em várias ocasiões Buda falara a língua de sua época e compartilhara os erros de seus contemporâneos no que diz respeito à forma da terra e ao movimento dos corpos celestes, uma importante concessão foi feita pelos teólogos budistas. Eles limitaram o significado da palavra "onisciente" aplicada a Buda a um conhecimento das principais doutrinas de seu sistema, e, quanto a elas, mas somente quanto a elas, declararam que ele era infalível. Pode parecer uma visão tardia e quase moderna, mas, de uma forma ou de outra, oferece certamente grande mérito aos teólogos budistas. Todavia, no livro canônico *Milinda Prasna*, vemos que a mesma ideia já estava surgindo na mente do grande Nâgasena. Ao ser perguntado pelo rei Milinda se Buda é onisciente, ele responde: "Sim, Grande Rei, o abençoado Buda é onisciente. Mas Buda nem sempre exerce sua onisciência. Pela meditação, ele sabe todas as coisas; meditando, ele sabe tudo o que deseja saber". Nessa resposta, evidentemente, é feita uma distinção entre assuntos que podem ser conhecidos pelo sentido e pela razão, e assuntos que podem ser conhecidos apenas pela meditação. Dentro do domínio dos sentidos e da razão, Nâgasena não reivindica onisciência ou infalibilidade para Buda, mas reivindica onisciência e infalibilidade em tudo o que deve ser percebido apenas pela meditação ou, como devemos dizer, em questões de fé. (§130)

Terei de explicar a seguir os extraordinários artifícios pelos quais os brâmanes esforçaram-se para eliminar todos os elementos humanos dos hinos dos *Vedas* e para estabelecer não apenas o caráter revelado, mas também o caráter pré-histórico ou mesmo pré-mundano de suas escrituras. Nenhum escritor apologético jamais levou a teoria da revelação a extremos maiores. (§131)

No estágio atual de nossas investigações, tudo o que desejo salientar é que, quando os fundadores ou defensores de quase todas as religiões do mundo apelam a algum tipo de revelação em apoio à verdade de suas doutrinas, isso pode não responder a nenhum propósito útil, se tentássemos quaisquer classificações em tal campo de disputas. Se a reivindicação de uma revelação natural ou sobrenatural, apresentada por quase todas as religiões, é bem fundamentada ou não, não é neste momento a questão. É da competência da Teologia Teórica explicar o verdadeiro significado da revelação, pois poucas palavras foram usadas tão vagamente e em tantos sentidos diferentes. A seu domínio, cabe não só explicar como os raios da verdade divina foram interceptados por esse véu, mas, o que é um problema muito mais difícil, explicar como poderia haver um véu entre a verdade e aquele que procurava a verdade, entre o coração adorador e o objeto da mais alta adoração, entre o Pai e seus filhos. (§132)

Nossa tarefa é diferente na Teologia Comparada: precisamos simplesmente lidar com fatos tal como os encontramos. Se as pessoas consideram sua religião revelada, para elas é uma religião revelada e deve ser tratada como tal por todo historiador imparcial. (§133)

Mas a classificação das religiões em reveladas e naturais parece ser um princípio ainda mais deficiente quando o olhamos de outro ponto de vista. Mesmo se admitíssemos que todas as religiões, com exceção do Cristianismo e do Mosaísmo, derivaram apenas das faculdades da mente, que, segundo Paley, seriam suficientes por si mesmas para dar vida aos princípios fundamentais do que explicamos anteriormente como religião natural, a classificação do Cristianismo e do Judaísmo, por um lado, como revelados, e das outras religiões como naturais ainda seria deficiente, pela simples razão de que nenhuma religião, embora fundada na revelação, jamais pode ser totalmente separada da religião natural. Os princípios da religião natural, embora nunca constituam uma religião histórica real, fornecem o único terreno sobre o qual até as religiões reveladas podem ficar de pé, o único solo em que podem enraizar-se e do qual podem receber alimento e vida. Se retirássemos esse solo, ou se supuséssemos que ele também fosse suprido pela revelação, não apenas deveríamos contrariar a letra e o espírito do *Antigo Testamento* e do *Novo Testamento*, mas degradaríamos a religião revelada, transformando-a em uma mera fórmula para ser aceita por um destinatário incapaz de questionar, pesar e apreciar a verdade dela; teríamos realmente a semente, mas teríamos jogado fora o solo agradável em que somente as sementes da verdade revelada podem viver e crescer. (§134)

O Cristianismo, dirigindo-se não apenas aos judeus, mas também aos gentios, não apenas aos ignorantes, mas também aos cultos, não apenas aos crentes, mas, em primeiro lugar, aos incrédulos, pressupôs que há neles todos os elementos da religião natural e, com eles, a capacidade de escolher entre verdade e mentira. Apenas por isso Paulo podia dizer: "Submetei à prova todas as coisas, o que for bom conservai" (1 Tessalonicenses 5,21). (§135)

O mesmo se aplica ao *Antigo Testamento*. Nele, também, a crença em uma Deidade e em alguns de seus imprescritíveis atributos é algo dado como certo, e os profetas que chamam os judeus rebeldes de volta à adoração a Iahweh apelam a eles como qualificados para testar a verdade por meio do poder que está dentro deles, escolhendo entre Iahweh e os deuses dos gentios, entre verdades e mentiras. Assim, Josué reuniu todas as tribos de Israel em Siquém e chamou os anciãos de Israel, seus chefes, seus juízes e seus oficiais, e eles se apresentaram diante de Deus: (§136)

Introdução à Ciência da Religião

Josué disse a todo o povo: "Assim diz o Senhor, Deus de Israel: 'Do outro lado do rio habitaram outrora vossos pais – Taré, pai de Abraão e de Nacor – e eles serviram a outros deuses'" (Josué 24,2). (§137)

E então, depois de lembrá-los de tudo o que Deus fez por eles, ele conclui dizendo: (§138)

Portanto, temei ao Senhor e servi-o com integridade e sinceridade! Lançai fora os deuses aos quais serviram vossos pais do outro lado do rio e no Egito, e servi ao Senhor! (Josué 24,14). (§139) Contudo, se não vos parece bem servir ao Senhor, *escolhei* hoje a quem quereis servir: se aos deuses aos quais serviram vossos pais no outro lado do rio ou aos deuses dos amorreus, em cuja terra habitais! Eu e minha casa serviremos ao Senhor. (§140)

A fim de escolher entre diferentes deuses e diferentes formas de fé, o homem precisa possuir a faculdade de escolher os instrumentos de teste da verdade e da mentira, revelados ou não: ele deve saber que certos princípios fundamentais não podem estar ausentes em nenhuma religião verdadeira e que existem doutrinas contra as quais sua consciência racional ou moral se revolta como incompatível com a verdade. Em resumo, deve haver o fundamento da religião, deve haver a rocha sólida, antes que seja possível erguer um altar, um templo ou uma igreja; e, se chamamos esse fundamento de "religião natural", fica claro que nenhuma religião revelada pode ser pensada sem que se apoie mais ou menos firmemente na religião natural. (§141)

Essas dificuldades foram sentidas de forma diferente por alguns de nossos teólogos mais instruídos, que tentaram várias classificações de religiões a partir de seu próprio ponto de vista. Portanto, novas definições de "religião natural" foram propostas para evitar a sobreposição das duas definições: a de religião natural e a de revelada.[29] A religião natural, por exemplo, foi explicada como a religião da natureza antes da revelação, como se supõe que tenha existido entre os patriarcas, ou ainda exista entre povos primitivos que ainda não foram iluminados pelo Cristianismo ou degradados pela idolatria. (§142)

De acordo com essa visão, deveríamos ter de distinguir não duas, mas três classes de religião: a primitiva ou natural, a degradada ou idólatra e a revelada. Mas, como apontado anteriormente, a primeira, a chamada "religião primitiva ou natural", existe nas mentes dos filósofos modernos, e não nos antigos poetas e profetas. A história nunca nos fala de nenhuma raça com quem o simples sentimento de reverência por poderes superiores não estivesse oculto sob disfarces mitológicos. Nem seria possível, mesmo assim, separar as três classes de religião por linhas de demarcação nítidas e definidas, porque tanto as religiões degradadas ou idólatras quanto as religiões purificadas ou reveladas incluiriam necessariamente em si os elementos da religião natural. (§143)

Também não podemos desmerecer as dificuldades desse estágio classificatório de nossa ciência se, no lugar dessa religião natural simples, admitirmos, com outros teólogos e filósofos, uma revelação primordial universal. Essa revelação primitiva universal é apenas outro nome para a religião natural, e não está baseada em nenhuma autoridade, a não ser nas especulações dos filósofos. A mesma classe de filósofos, considerando que a linguagem era uma conquista maravilhosa demais para a mente humana, insistiu

---

29 Ver, do professor Jowett, "Essay on Natural Religion", p. 458.

Introdução à Ciência da Religião 97

na necessidade de admitir uma linguagem primitiva universal, revelada diretamente por Deus aos homens, ou melhor, aos seres mudos; enquanto os mais atenciosos e mais reverentes entre os Padres da Igreja e entre os fundadores da filosofia moderna também apontaram para o que era mais consoante com o trabalho geral de um Criador onisciente e todo-poderoso que deveria ter investido a natureza humana com as condições essenciais da fala, em vez de apresentar aos seres mudos gramáticas e dicionários prontos. Uma criança é menos maravilhosa do que um homem? Uma bolota menos maravilhosa do que um carvalho? Uma célula, que tem si a potencialidade de tudo que virá a ser, é menos maravilhosa do que todas as criaturas em movimento que têm vida? O mesmo se aplica à religião. Uma religião primitiva universal revelada diretamente por Deus ao homem, ou melhor, a uma multidão de ateus, pode, para nossa sabedoria humana, parecer a melhor solução para todas as dificuldades, mas uma sabedoria superior nos fala de fora das realidades da história e nos ensina, se quisermos aprender, que "procuramos a Deus e talvez, como que tateando, podemos encontrá-lo, embora ele não esteja longe de cada um de nós" (Atos dos Apóstolos 17,27). (§144)

Sobre a hipótese de uma revelação universal primordial e sobre todas as suas dificuldades criadas por nós mesmos, teremos de falar novamente. Por enquanto será suficiente se tivermos demonstrado que o problema de uma classificação científica das religiões não está mais próximo de sua solução por meio de uma suposição adicional de outra classe puramente hipotética de religiões. (§145)

Outra classificação aparentemente mais científica é a entre a religião *nacional* e a *individual*, a primeira compreendendo religiões cujos fundadores não conhecemos, bem como não as conheciam aqueles que acreditavam nelas, e a segunda compreendendo sistemas religiosos que levam o nome daqueles por quem elas devem ter sido originalmente concebidas ou estabelecidas. À primeira classe, falando apenas das religiões com as quais estamos mais familiarizados, pertenceriam a dos antigos brâmanes, a dos gregos, a dos romanos, a dos teutões, a dos eslavos e a dos celtas; à última, a de Moisés, a de Zoroastro, a de Buda, a de Confúcio, a de Lao-Tsé, a de Cristo e a de Mohammad. (§146)

Todavia, ainda que essa divisão seja facilmente aplicada de uma maneira geral e útil para certos propósitos, não nos serve se tentamos aplicá-la com um espírito mais crítico. É bem verdade que nem um brâmane, nem um grego, nem um romano saberiam o que responder quando perguntados sobre quem foi o fundador de sua religião ou sobre quem primeiro declarou a existência de Indra, Zeus ou Júpiter; mas o estudante da antiguidade ainda poderia descobrir, nas várias formas que o culto ariano antigo assumiu na Índia, na Grécia e na Itália, a influência de mentes ou escolas individuais. Por outro lado, se perguntássemos aos fundadores das chamadas religiões individuais se sua doutrina era nova ou se proclamavam um novo Deus, quase sempre receberíamos uma resposta negativa. Confúcio enfaticamente afirmaria que ele foi um transmissor, não um criador; Buda se deleitaria em se apresentar como um mero elo de uma longa cadeia de professores esclarecidos; Cristo declararia que veio cumprir, e não destruir, a Lei ou os Profetas; e até Mohammad insistiu em rastrear sua fé de volta a Ibrâhym, ou seja, Abraão, amigo de Deus, a quem chamou de muçulmano, e não de judeu ou cristão (*Corão* III. 60), e que, segundo ele, fundou o templo em Meca.[30] É quase impossível determinar

---

30   Sprenger, "Mohammad", III, p. 49, 489.

o quanto é peculiar ao suposto fundador de uma religião, quanto ele recebeu de seus antecessores e quanto foi acrescentado por seus discípulos; antes, é perfeitamente verdade que nenhuma religião jamais se enraizou e viveu sem ter encontrado um solo apropriado do qual extraiu sua verdadeira força e apoio. Se essas religiões individuais encontraram esse solo, tiveram a tendência de se transformar em religiões *universais*, enquanto os credos nacionais permaneceram mais exclusivos e, em muitos casos, até se opuseram a toda propaganda missionária.[31] (§147)

Ainda não terminamos. Uma classificação muito importante e, para certos propósitos, muito útil tem sido a entre a religião *politeísta*, a *dualista* e a *monoteísta*. Se a religião apoia-se principalmente na crença em um Poder Superior, a natureza desse Poder parece fornecer uma feição mais característica por meio da qual são classificadas as religiões do mundo. Também não nego que, para certos fins, essa classificação tenha se mostrado útil: tudo o que sustento é que deveríamos, portanto, classificar as religiões mais heterogêneas em outros aspectos, embora concordando com o número de suas divindades. Além disso, certamente seria necessário adicionar duas outras classes – a *henoteísta* e a *ateísta*. As religiões henoteístas diferem das politeístas porque, embora reconheçam a existência de várias divindades, ou nomes de divindades, elas representam cada divindade como independente de todo o resto, como a única divindade presente na mente do adorador no momento de seu culto e oração. Esse caráter é mais proeminente na religião dos poetas védicos. Embora muitos deuses sejam invocados em hinos diferentes, às vezes também no mesmo hino,

---

31 Ver "Hibbert Lectures", pelo professor Kuenen, 1882. "National Religions and Universal Religions".

ainda assim não há uma regra de precedência estabelecida entre eles; e, de acordo com os aspectos variados da natureza e os desejos variados do coração humano, às vezes é Indra, o deus do céu azul, às vezes Agni, o deus do fogo, às vezes Varuna, o antigo deus do firmamento, que é louvado como supremo, sem nenhum traço de rivalidade ou ideia de subordinação. Essa fase peculiar da religião, esse culto a deuses únicos, forma provavelmente em toda parte o primeiro estágio do crescimento do politeísmo e, portanto, merece um nome diferenciado.[32] (§148)

Quanto às religiões ateístas, elas podem parecer perfeitamente impossíveis; no entanto, não se pode contestar o fato de que a religião de Buda foi, desde o início, puramente ateísta. A ideia da divindade, depois de ter sido degradada por infinitos absurdos mitológicos que atingiram e repeliram o coração de Buda, foi, pelo menos por um tempo, totalmente expulsa do santuário da mente humana, e a mais alta moralidade que já foi ensinada antes do surgimento do cristianismo foi ensinada por homens para os quais os deuses haviam se tornado meros fantasmas, sem nenhum altar, nem mesmo um altar para o Deus Desconhecido. (§149)

Será o objetivo de minha próxima conferência mostrar que a única classificação científica e verdadeiramente genética das religiões é a mesma que a classificação das línguas e que, particularmente no início da história do intelecto humano, existe uma relação mais íntima entre língua, religião e nacionalidade – um relacionamento bastante independente desses elementos, assim como o sangue, o crânio ou os cabelos, os quais foram usados pelos etnólogos para tentar classificar a raça humana. (§150)

---

32 Max Müller, "History of Ancient Sanskrit Literature", segunda edição, p. 532; "Hibbert Lectures", p. 286.

Terceira conferência

5 de março de 1870.

Se abordássemos as religiões da humanidade sem preconceitos ou predileções, naquele estado de espírito em que o amante da verdade ou o homem da ciência deveria abordar todos os assuntos, acredito que não deveríamos demorar muito para reconhecer as linhas naturais de demarcação que dividem todo o mundo religioso em vários grandes continentes. Estou falando, é claro, apenas de religiões antigas ou do período mais antigo da história do pensamento religioso. Naquele período primitivo que poderia ser chamado, se não de "pré-histórico", pelo menos apenas de "étnico", porque o que sabemos dele consiste apenas nos movimentos gerais das nações, e não nos atos de indivíduos, grupos ou estados, naquele período primitivo, digo que as nações receberam os nomes de suas línguas; e, em nossos melhores trabalhos sobre a história antiga da humanidade, um mapa de línguas agora substitui um mapa de nações. Mas, durante o mesmo período primitivo, as nações poderiam ser chamadas de religiões com o mesmo direito, pois existia naquele momento a mesma – ou, quem sabe, até uma mais íntima – relação entre religião e nacionalidade, como existia entre língua e nacionalidade. (§151)

Para explicar claramente meu entendimento, terei de me referir, o mais breve possível, às especulações de alguns filósofos alemães sobre a verdadeira relação entre língua, religião e nacionalidade – especulações que até agora receberam menos atenção por parte dos etnólogos modernos do que a mim me parece que mereçam. (§152)

Foi Schelling, um dos maiores pensadores da Alemanha, quem fez a pergunta pela primeira vez. Do que é constituído um *éthnos*? Qual é a verdadeira origem de um povo? Como os seres humanos tornaram-se um povo? E, embora as respostas dadas pelo velho filósofo em suas palestras tenham me parecido surpreendentes quando as ouvi em Berlim em 1845, elas foram sendo confirmadas cada vez mais pelas pesquisas subsequentes sobre a história da língua e da religião. (§153)

Dizer que o homem é um animal gregário e que, como enxames de abelhas ou manadas de elefantes selvagens, os homens se unem instintivamente e assim formam um povo é dizer muito pouco. Isso poderia explicar a aglomeração de um grande rebanho de seres humanos, mas nunca explicaria a formação de povos que possuem a consciência de sua individualidade nacional. (§154)

Tampouco devemos avançar muito em direção a uma solução de nosso problema se nos disserem que os homens se dividem em povos, como as abelhas se dividem em enxames, seguindo rainhas diferentes, devido à lealdade a governos diferentes. A fidelidade ao mesmo governo, particularmente nos tempos antigos, é o resultado, e não a causa, da nacionalidade; nos tempos históricos, tamanha era a confusão produzida por influências estranhas, por força bruta ou por ambição dinástica que o desenvolvimento natural dos povos acabou sendo totalmente interrompido, e frequentemente encontramos tanto um mesmo povo dividido por governos diferentes quanto diferentes povos unidos sob um mesmo governante. (§155)

Nossa pergunta, quanto ao que é um povo, tem de ser considerada em referência aos tempos mais antigos. Como os homens converteram-se em povo antes que houvesse reis ou líderes de homens? Foi através da comunidade de sangue? Duvido. A comunidade de sangue produz famílias, clãs, possivelmente raças, mas

Introdução à Ciência da Religião 103

não produz aquele sentimento superior e puramente moral que une os homens e faz deles um povo. (§156)

É a língua e a religião que formam um povo, mas a religião é um agente ainda mais poderoso que a língua. As línguas de muitos dos habitantes aborígines da América do Norte são apenas variedades dialetais de um tipo, mas aqueles que falavam esses dialetos parecem nunca ter se fundido em um povo. Eles permaneceram meros clãs ou tribos errantes, e até mesmo sua rivalidade contra invasores estrangeiros não despertou o senso de coesão e unidade nacional entre eles, porque não possuíam um senso maior de unidade que os motivasse ou que fosse fortalecido por adorar o mesmo deus ou deuses. Os gregos,[1] pelo contrário, apesar de falarem seus distintamente marcados, e duvido que mutuamente inteligíveis, dialetos – o eólico, o dórico e o jônico –, sentiam-se o tempo todo um grande povo helênico, mesmo quando governados por tiranos diferentes ou divididos em numerosas repúblicas. O que foi, então, que preservou o profundo sentimento, essa unidade ideal que constitui um povo em seus corações, apesar dos dialetos, apesar das dinastias, apesar dos feudos das tribos e dos ciúmes dos estados? Era a religião primitiva deles, era uma lembrança sombria da lealdade comum que eles deviam desde tempos imemoriais ao grande pai dos deuses e dos homens; era a crença deles no antigo Zeus de Dodona, o Zeus Pan-helênico. (§157)

---

1   Heródoto, VIII, 144 – αὖτις δὲ τὸ Ἑλληνικόν, ἐὸν ὅμαιμόν τε καὶ ὁμόγλωσσον, καὶ θεῶν ἱδρύματά τε κοινὰ καὶ θυσίαι ἤθεά τε ὁμότροπα, τῶν προδότας γενέσθαι Ἀθηναίους οὐκ ἂν εὖ ἔχοι ["sendo os helenos do mesmo sangue, falando a mesma língua, tendo os mesmos deuses, os mesmos templos, oferecendo os mesmos sacrifícios, seguindo os mesmos usos e costumes, não seria vergonhoso para os atenienses traí-los?]. Ver "Edinb. Review",1874, p. 433.

Talvez a confirmação mais significativa dessa visão de que a religião, mais do que a língua, fornece o alicerce para o desenvolvimento de um sentimento de nacionalidade pode ser encontrada na história dos judeus, o povo escolhido de Deus. A língua dos judeus era diferente da dos fenícios, dos moabitas e de outras tribos vizinhas muito menos do que os dialetos gregos diferenciavam-se entre si. Mas a adoração a Iahweh fez dos judeus um povo peculiar, o povo de Iahweh, separado por seu Deus, embora não por sua língua, do povo de Camos (os moabitas[2]) e dos adoradores de Baal e Astarote. Foi a fé deles em Iahweh que transformou as tribos errantes de Israel em uma nação. (§158)

"Um povo", como diz Schelling, "existe apenas quando se define em relação à sua mitologia. Essa mitologia, portanto, não pode ter sua origem após uma separação nacional, depois que um povo se tornou um povo; nem poderia se dar se ainda estivesse contido como uma parte invisível em toda a humanidade; mas sua origem deve ser referenciada àquele mesmo período de transição antes que tenha assumido sua existência definitiva e quando está prestes a se separar e se constituir. O mesmo se aplica à língua de um povo; esta se define ao mesmo tempo que este se torna definido."[3] (§159)

Hegel, o grande rival de Schelling, chegou à mesma conclusão. Em sua *Filosofia da História* ele diz: "A ideia de Deus constitui o fundamento geral de um povo. Qualquer que seja sua forma de religião, a mesma será a forma de seu estado e de sua constituição: ela brota da religião, tanto que o estado ateniense e o romano foram

---

2   Números 21,29; Jeremias 48,7: "E Camos irá para o exílio, seus sacerdotes juntamente com seus ministros".

3   "Vorlesungen über Philosophie der Mythologie", I, p. 107s.

possíveis apenas com o paganismo peculiar desses povos, e tanto que mesmo agora um estado católico romano tem um modo diferente de ser de um estado protestante. O modo de ser de um povo é individual e definido, e torna-se consciente de sua individualidade em diferentes esferas: no caráter de sua vida moral, em sua constituição política, em sua arte, religião e ciência".[4] (§160)

Mas essa não é uma ideia apenas dos filósofos. Os historiadores e, mais particularmente, os estudantes da história do direito chegaram à mesma conclusão. Embora para muitos deles a lei pareça naturalmente a base da sociedade e o vínculo que une uma nação, aqueles que olham abaixo da superfície perceberam rapidamente que a própria lei, pelo menos a lei antiga, deriva sua autoridade, sua força vital, da religião. Sir H. Maine sem dúvida está certo quando, no caso das chamadas *Leis de Manu*, rejeita a ideia da divindade ditando todo um código ou corpo de lei como uma ideia de origem incontestavelmente moderna. Além disso, a crença de que o legislador gozava de uma intimidade mais próxima com a divindade do que os mortais comuns permeia as tradições antigas de muitas nações. Assim, Diodoro Sículo (*Biblioteca Histórica*, livro I., capítulo 94) nos diz que os egípcios acreditavam que as leis deles haviam sido comunicadas a Mnévis por Hermes;

---

4 Embora essas palavras de Hegel tenham sido publicadas muito antes das palestras de Schelling, elas me parecem beber do espírito de Schelling em vez de Hegel, e é justo, portanto, afirmar que as palestras de Schelling, embora não publicadas, foram impressas e circularam entre amigos vinte anos antes de serem entregues em Berlim. A questão da prioridade pode parecer de pouca importância em questões como essas, mas há muita verdade na observação de Schelling de que a filosofia não avança tanto ao dar respostas a problemas difíceis, mas mais ao introduzir novos problemas e ao fazer perguntas que ninguém mais pensaria em fazer.

os cretenses sustentavam que Minos recebia as leis dele de Zeus; os lacedemonianos, que Licurgo recebia as leis dele de Apolo. Segundo os arianos, seu legislador, Zoroastro, havia recebido as leis dele do Espírito de Deus; de acordo com os gatas, Zalmoxis recebeu as leis dele da deusa Héstia; e, de acordo com os judeus, Moisés recebeu as leis dele do deus Iao.[5] (§161)

Ninguém demonstrou de forma mais evidente do que *Sir* H. Maine que, nos tempos antigos, a religião como influência divina estava subjacente e sustentava todas as relações da vida e todas as instituições sociais. "Uma presidência sobrenatural", escreve ele, "deve consagrar e manter juntas todas as instituições primordiais daqueles tempos primitivos: o estado, a raça e a família" (p. 6).[6] "O grupo elementar é a família; a agregação de famílias forma a *gens* ou a casa. A agregação de casas faz a tribo. A agregação de tribos constitui a nação" (p. 128). Então a família é mantida unida pelos *sacra* familiares (p. 191), assim como a *gens*, a tribo e a nação; e estranhos só podiam ser admitidos nessas irmandades sendo admitidos em seus *sacra* (p. 131).[7] Posteriormente, a lei rompe com

---

5   *Iao* é uma uma vocalização grega do tetragrama hebraico יהוה (N. do T.).

6   As páginas indicadas pelo autor neste parágrafo referem-se à obra de *Sir* H. Maine *Ancient law: its connection with the early history of society. And its relation to modern ideas*. Londres: John Murray, 1878 (N. do T.).

7   Uma opinião muito diferente é a de Varrão. *Varro propterea se prius de rebus humanis, de divinis autem postea scripsisse testatur, quod prius extiterint civitates, deinde ab eis haec instituta sint ... sicut prior est, inquit, pictor quam tabula picta, prior faber quam aedificium ita priores sunt civitates quam ea quae a civitatibus instituta sunt* ["O próprio Varrão testifica haver escrito primeiro sobre as coisas humanas e depois sobre as divinas precisamente porque primeiro existiram as cidades que depois instituíram as coisas religiosas [...]. Assim 'como o pintor precede o quadro, e o arquiteto o edifício, assim também as cidades precedem o instituído por elas'"] (Agostinho, "Cidade de Deus", 6. 4).

Introdução à Ciência da Religião   107

a religião (p. 193), mas mesmo assim ainda restam muitos vestígios para mostrar que a lareira era o primeiro altar, o pai o primeiro ancião, sua esposa e filhos e os escravos da primeira comunidade reunida em volta do fogo sagrado – a Héstia, a deusa da casa e, no fim das contas, a deusa do povo. Até os dias atuais, o casamento, um dos mais importantes atos civis, o próprio fundamento da vida civilizada, conservou algo do caráter religioso que possuía desde o início da história. (§162)

Vejamos agora o que, de fato, era a religião naqueles tempos primitivos de que estamos falando: não me refiro à religião como um poder silencioso, trabalhando no coração do homem; refiro-me à religião em sua aparência externa, à religião como algo explícito, tangível e definido, que pode ser descrito e comunicado a outras pessoas. Descobriremos que a religião nesse sentido está dentro de uma abrangência muito pequena; algumas palavras, conhecidas como nomes de divindades; alguns epítetos que foram elevados de seu significado material a um estágio mais alto e mais espiritual Refiro-me às palavras que originalmente expressavam a força corporal, o brilho ou a pureza, e que gradualmente passaram a significar grandeza, bondade e santidade; por fim, alguns termos mais ou menos técnicos que expressam ideias como "sacrifício", "altar", "oração", possivelmente "virtude" e "pecado", "corpo" e "espírito" – é isso que constitui a estrutura externa das religiões incipientes da antiguidade. Se olharmos para essas simples manifestações da religião, veremos ao mesmo tempo por que a religião, durante as primeiras eras das quais estamos falando, pode ser sincera e verdadeiramente chamada de um dialeto sagrado da fala humana. Como, em todos os casos, a religião primitiva e a língua primitiva estão intimamente ligadas, a religião depende, para sua expressão externa, inteiramente dos recursos mais ou menos adequados da língua. (§163)

E, se essa dependência da religião primitiva em relação à língua já foi claramente entendida, segue-se, como é óbvio, que qualquer classificação que tenha sido considerada mais útil na Linguística deve ser igualmente útil na Ciência da Religião. Se existe uma verdadeira relação genética das línguas, a mesma relação deve unir as religiões do mundo, pelo menos as religiões mais antigas. (§164)

Antes de prosseguirmos, portanto, considerando a classificação adequada das religiões, será necessário dizer algumas palavras sobre o estado atual de nosso conhecimento em relação à genética das línguas. (§165)

Se nos restringirmos ao continente asiático com sua importante península da Europa, descobriremos que, no vasto deserto da fala humana, formaram-se três, e apenas três, oásis, nos quais, antes do início de toda a história, a língua tornou-se permanente e tradicional e assumiu de fato uma nova característica, uma característica totalmente diferente da característica original da fala flutuante e constantemente variável dos seres humanos. Esses três oásis de língua são conhecidos pelo nome de *turaniano*, *semítico* e *ariano*. Nesses três centros, mais particularmente no *ariano* e no *semítico*, a linguagem deixou de ser natural; seu crescimento foi interrompido e tornou-se permanente, sólido, petrificado ou, se você preferir, tornou-se um discurso histórico. Sempre afirmei que essa centralização e preservação tradicional da linguagem só poderia ter sido o resultado de influências políticas e religiosas, e agora pretendo mostrar que realmente temos evidências claras de três assentamentos independentes da religião, o *turaniano*, o *semítico* e o *ariano*, concomitantemente com os três grandes assentamentos da língua. (§166)

Partindo do pressuposto de que o chinês seja o mais antigo representante do discurso turaniano, encontramos na China uma

Introdução à Ciência da Religião   109

antiga religião pálida e não poética, uma religião que quase nos atreveríamos a chamar de monossilábica, consistindo no culto a uma série de espíritos únicos, representando o céu, o sol, as tempestades e os raios, as montanhas e os rios, um ao lado do outro, sem atração mútua, sem um princípio superior para uni-los. Além disso, também encontramos na China o culto a espíritos ancestrais, os espíritos dos que partiram, que, supõe-se, têm algum conhecimento dos assuntos humanos e possuem poderes peculiares que exercem para o bem ou para o mal. Esse culto duplo ao espírito humano e ao natural constitui a antiga religião popular da China e tem-se mantido até os dias atuais, pelo menos nas classes mais baixas da sociedade, embora se destaque acima dele um tipo mais elevado de fé metade religioso, metade filosófico; uma crença em dois Poderes superiores que, na linguagem da filosofia, podem significar *Forma* e *Matéria*, na linguagem da ética, *Bem* e *Mal*, mas que, na linguagem original da religião e mitologia, são representados como *Céu* e *Terra*. (§167)

É verdade que conhecemos a antiga religião popular da China apenas a partir das obras de Confúcio ou de fontes ainda mais modernas. Mas Confúcio, embora seja chamado fundador de uma nova religião, era realmente apenas o novo pregador de uma religião antiga. Ele era enfaticamente um transmissor, não um criador.[8] Ele diz de si mesmo: "Apenas continuo; não sou capaz de criar coisas novas. Acredito nos antigos e, portanto, os amo".[9] (§168)

Em segundo lugar, encontramos o culto antigo das raças semíticas, claramente marcado por vários nomes da divindade, que

---

8   Ver Dr. Legge, "Life of Confucius", p. 96.
9   Lün-yü (§ I. a); Schott, "Chinesische Literatur", p. 7.

aparecem nas religiões politeístas dos babilônios, fenícios e cartagineses, bem como nos credos monoteístas dos judeus, cristãos e muçulmanos. É quase impossível caracterizar a religião de povos tão diferentes um do outro na linguagem, na literatura e na civilização em geral, tão diferentes também entre si mesmos em diferentes períodos de sua história; mas, se eu ousasse caracterizar o culto de todas as nações semíticas por meio de uma palavra, diria que era preeminentemente uma adoração a *Deus na história*, a Deus como afetando os destinos de indivíduos e raças e nações, e não a Deus como empunhando os poderes da natureza. Os nomes das divindades semíticas são principalmente palavras que expressam qualidades morais; eles têm significados como o Forte, o Exaltado, o Senhor, o Rei; e crescem, mas raramente, em personalidades divinas, definidas em sua aparência externa ou facilmente reconhecidas por características fortemente marcadas com um caráter dramático real. Portanto, muitos dos deuses semitas antigos tendem a correr juntos, e a transição da adoração a deuses singulares para a adoração a um único Deus não exigiu grande esforço. No deserto monótono, mais particularmente a adoração a deuses singulares dirigia-se quase que imperceptivelmente para a adoração a um único Deus. Se eu acrescentasse, como uma marca distintiva, que as religiões semíticas excluíam o gênero feminino em seus nomes da divindade ou que todas as suas divindades femininas eram apenas representantes das energias ativas dos deuses mais velhos e sem sexo, isso seria verdade apenas para algumas, não para todas; e exigiria quase tantas limitações quanto a afirmação de E. Renan de que as religiões semíticas eram instintivamente monoteístas.[10] (§169)

---

10   Ver meu ensaio sobre "Semitic Monotheism", em "Chips from a German Workshop", I, 342-380.

Por fim, encontramos os antigos cultos da raça ariana levados aos cantos mais distantes da terra por seus filhos aventureiros e facilmente reconhecidos, seja nos vales da Índia, seja nas florestas da Alemanha, pelos nomes comuns da divindade, todos originalmente possuidores de grandes poderes naturais. Seu culto não é, como se costuma dizer, um culto à natureza. Mas, se tivesse de ser caracterizado por uma palavra, atrever-me-ia a chamá-lo de adoração a *Deus na natureza*, a Deus como surgindo por trás do lindo véu da natureza, em vez de escondido por trás do véu do santuário do coração humano. Os deuses do panteão ariano assumem uma individualidade tão fortemente marcada e permanente que, para eles, uma transição para o monoteísmo exigiria uma luta poderosa e raramente entraria em vigor sem revoluções iconoclastas ou desespero filosófico. (§170)

Essas três classes de religião não devem ser confundidas, tampouco as três classes de linguagem: a turaniana, a semítica e a ariana. Elas são marcos de três eventos da história mais antiga do mundo, eventos esses que determinaram todo o destino da raça humana e dos quais nós mesmos ainda sentimos as consequências em nossa linguagem, pensamentos e religião. (§171)

Mas o caos que essas três guias da linguagem, do pensamento e da religião, a saber, os turanianos, os semitas e os arianos, deixaram para trás não foi total. O fluxo da linguagem dos quais esses três canais haviam se separado continuava; o fogo sagrado da religião da qual esses três altares foram acesos não se extinguiu, embora esteja oculto na fumaça e nas cinzas. Havia linguagem e religião em todo o mundo, mas era uma linguagem e uma religião naturais e de crescimento selvagem; não houve história, não houve um rastro histórico, e, portanto, era impossível aplicar um tratamento científico peculiar que pudesse ser aplicado ao estudo das línguas e das religiões das nações chinesa, semítica e ariana. (§172)

As pessoas se perguntam por que os estudantes de línguas não conseguiram estabelecer mais de três famílias de língua – ou melhor, duas, pois a turaniana dificilmente pode ser chamada de família, no sentido estrito da palavra, até que seja totalmente provado que o chinês forma o centro dos dois ramos turanianos, o turaniano do norte, de um lado, e o turaniano do sul, do outro, que o chinês[11] forma, de fato, a primeira mancha dessa massa de fala instável, que, em uma fase posterior, tornou-se mais fixa e tradicional – no norte, *o tungúsico, o mongol, o tártaro e o fínico*, e no sul, *o taico, o malaio, o bhotiya e o drávida*. (§173)

A razão pela qual os estudiosos descobriram não mais do que essas duas ou três grandes famílias de linguagem é muito simples. Não havia mais e não podemos fazer mais. Famílias de línguas são formações muito peculiares; elas são, e devem ser, a exceção, não a regra, no crescimento da linguagem. Sempre houve a possibilidade, mas nunca houve, tanto quanto eu possa julgar, nenhuma necessidade de a fala humana deixar seu estágio primitivo de crescimento selvagem e de decadência selvagem. Se não fosse pelo que considero um ato puramente espontâneo por parte dos ancestrais das raças semíticas, arianas e turanianas, todas as línguas poderiam ter permanecido efêmeras, respondendo aos propósitos de toda geração que vem e vai, lutando, ora ganhando, ora perdendo, às vezes adquirindo certa permanência, mas depois de um período rompendo-se novamente e sendo levada como blocos de gelo pelas águas que correm por debaixo da superfície. Nossa própria ideia de língua teria sido algo totalmente diferente do que é agora. (§174)

---

11   Ver minha obra "*Lecture on the Stratification of Language*", p, 4.

Com que finalidade estamos fazendo isso? (§175)

Nossa primeira ideia sobre o que a língua deveria ser vem daquelas línguas excepcionais, que foram detidas em seu crescimento natural por influências sociais, religiosas, políticas ou, de qualquer forma, por influências estranhas, e então olhamos para trás e nos perguntamos por que todas as línguas não são como esses dois ou três excepcionais veículos de fala. Também podemos nos perguntar por que todos os animais não são domesticados ou por que, além da anêmona do jardim, deve haver infinitas variedades da mesma flor que crescem selvagens no prado e na floresta. (§176)

Na classe turaniana, na qual a concentração original nunca foi tão poderosa quanto na família ariana e na semita, ainda podemos vislumbrar o crescimento natural da linguagem, embora confinado dentro de certos limites. Os diferentes assentamentos dessa grande massa flutuante de fala homogênea não mostram marcas definidas de relacionamento como o hebraico e o árabe, o grego e o sânscrito, mas apenas coincidências esporádicas e semelhanças estruturais gerais que podem ser explicadas pela admissão de uma concentração primitiva, seguida por um novo período de crescimento independente. Seria cegueira voluntária não reconhecer as características definidas e os aspectos que permeiam as línguas turanianas do norte: seria impossível explicar as coincidências entre húngaro, lapão, estoniano e finlandês, exceto supondo que houvesse uma concentração muito precoce de discursos a partir dos quais esses dialetos ramificaram-se. Vemos isso com menos clareza no grupo sul-turaniano, embora eu tenha de confessar que minha surpresa até aqui sempre foi, não que devam ser tão poucas, mas que devam existir até mesmo essas poucas relíquias, atestando uma antiga comunidade dessas correntes divergentes de linguagem. O ponto em que as línguas turanianas do sul e as turanianas do norte encontram-se é tão antigo quanto o chinês; que o chinês está na raiz do manchu e do mongol, assim como do siamês e do tibetano, tornou-se cada vez mais perceptível através das pesquisas do Sr. Edkins e de outros estudiosos do chinês. (§177)

Admito prontamente que não há pressa em se pronunciar definitivamente sobre esses problemas, e estou bem ciente do que pode ser dito contra essas amplas generalizações que afetam a "origem das espécies" na linguagem. Meu principal objetivo ao publicar há mais de vinte anos minha Carta a Bunsen *On the Turanian Languages* ["Sobre as línguas turanianas"], na qual essas opiniões foram apresentadas pela primeira vez, era neutralizar o perigoso ceticismo dogmático que naquela época ameaçava interromper toda liberdade de pesquisa e todo progresso na Linguística. Nenhum método foi então considerado legítimo para uma análise comparativa das línguas, exceto o que foi, sem dúvida, o único método legítimo no tratamento, por exemplo, das línguas românicas, mas não foi, portanto, o único método possível para o tratamento científico de todas as outras línguas. Nenhuma prova de relacionamento foi então admitida, mesmo para idiomas fora do pálio da família ariana e da semítica, exceto aquelas que foram consideradas aplicáveis para estabelecer o relacionamento entre os vários membros dessas duas grandes famílias de linguagem. Meu objetivo era mostrar que, durante uma fase anterior do desenvolvimento da linguagem, essas provas nunca deveriam ter sido exigidas, porque, pela natureza do caso, elas não poderiam existir, embora sua ausência não nos justificasse de forma alguma negar a possibilidade de um relacionamento mais distante. Atualmente, uma mudança completa ocorreu na Linguística, bem como em outros ramos da ciência natural. Devido principalmente à influência das ideias que Darwin trouxe novamente ao primeiro plano de toda a filosofia natural, os estudantes estão agora direcionando sua atenção para o geral, em vez de para o especial. Todo tipo de mudança, sob o nome de desenvolvimento, parece agora concebível e admissível, e, quando todas as raças de homens são remontadas a uma fonte comum, e, mesmo além do nível da humanidade, não há mais nenhuma dificuldade quanto à possibilidade de uma relação entre qualquer uma das chamadas línguas turanianas, ou melhor, de um começo comum para todas as variedades da fala humana. Essa fase do pensamento, em sua forma extrema, sem dúvida passará como a anterior, mas essas oscilações devem nos ensinar pelo menos esta lição: que nenhuma autoridade ditatorial jamais deve parar o progresso da ciência e que nada é tão perigoso quanto uma crença em nossa própria infalibilidade. (§178)

Se nos afastarmos do continente asiático, o lar original das línguas arianas, semitas e turanianas, descobriremos que também na África um estudo comparativo de dialetos provou claramente uma concentração de línguas africanas, cujos resultados pode ser visto nos dialetos uniformes do *banto* (cafre, twsana, damara, herero, angola, congo, suaíli etc.), falados do Equador ao Keiskamma [rio bem ao sul da África do Sul].[12] Ao norte desse corpo de língua banto ou cafre, temos um assentamento independente do discurso semítico nos dialetos berbere e gala; ao sul, temos apenas as línguas hotentote e bosquímano, que agora são declaradas por Dr. Th. Hahn como sendo muito próximas uma da outra. Se existe alguma relação linguística real entre essas línguas no sul da África e o núbio, e até o egípcio antigo, e se essas línguas

---

12 "Comparative Grammar of the South African Languages", p. 2. Ver também o "Report Concerning his Researches into the Bushman Language", de Dr. Bleek, publicado em 1873.

foram separadas umas das outras pela intrusão das tribos cafre, é um problema cuja solução deve ficar para o futuro. O certo é que o egípcio antigo representa para nós uma concentração de trabalho intelectual primitiva e independente no país do Nilo, independente, até onde sabemos atualmente, da antiga concentração ariana e semita de linguagem e religião. (§179)

Embora as línguas faladas no continente africano nos permitam perceber de maneira geral a articulação original da população primitiva da África – pois há uma continuidade na linguagem que nada pode destruir –, pouco sabemos ou somos capazes de saber sobre o crescimento e a decadência da religião africana. Em muitos lugares, o Islã e o Cristianismo varreram todas as lembranças dos deuses antigos; e, mesmo quando foram feitas tentativas por missionários ou viajantes de descrever o estado religioso dos zulus ou dos hotentotes, eles só conseguiam ver as formas mais recentes da fé africana, e essas eram muitas vezes retratadas em seu caráter grotesco e fútil. É aqui que a teoria de um fetichismo primitivo causou mais danos ao cegar os olhos, mesmo de observadores precisos, quanto a qualquer coisa que possa estar além do crescimento da adoração do fetiche. (§180)

A única religião africana da qual possuímos registros literários antigos é a religião do Egito, que tem sido um enigma para nós, assim como foi para os gregos e romanos. Por fim, porém, a luz começa a aparecer nas câmaras mais escuras dos antigos templos do Egito e nos recantos mais profundos do coração humano, de onde brotam a crença e a adoração dos deuses antigos. À primeira vista, nada parece mais confuso, desconcertante e pouco promissor do que a religião do Egito, exibindo ao mesmo tempo um culto rasteiro a animais; em outro, os voos mais altos de uma sabedoria misteriosa. Dificilmente se pode dizer que, mesmo agora, depois de decifrada a língua antiga do Egito, esse estranho contraste tenha sido totalmente explicado. Ainda assim, ninguém pode se erguer das excelentes "Palestras Hibbert" de M. Le Page Renouf sem se sentir convencido de que há razão na religião do Egito e, também, de que o crescimento de ideias religiosas é surpreendentemente semelhante ao crescimento de ideias religiosas entre as nações arianas. (§181)

A religião dos egípcios não era, desde o início, uma simples adoração a feras. A zoolatria egípcia pertencia a um período de decadência e baseava-se em símbolos derivados da mitologia. A mitologia egípcia, como a ariana, lidou originalmente com os fenômenos da natureza que são manifestamente consequências de leis, como o nascer e o pôr do sol, a lua e as estrelas; e o reconhecimento da lei e da ordem existentes em todo o universo realça todo o sistema da religião egípcia. Como a *Rita*[13] em sânscrito, o Maât egípcio, derivado de impressões meramente sensoriais, tornou-se posteriormente o nome para a ordem moral e para a retidão. (§182)

Mas, além dos vários poderes reconhecidos em sua mitologia, a maioria dos quais já foi rastreada até uma origem solar, os egípcios desde o princípio também falaram do Poder Único, pelo qual todo o governo físico e moral do universo é dirigido, de quem cada indivíduo depende e a quem deve responder. E, por fim, prestaram

---

13 *Rita*, em sânscrito Ṛta ("verdade" ou "ordem"), na religião e na filosofia indianas, significa a ordem cósmica mencionada nos *Vedas*, as antigas escrituras sagradas da Índia. À medida que o Hinduísmo desenvolveu-se a partir da antiga religião védica, o conceito de *rita* levou às doutrinas de *dharma* (dever) e *karma* (efeitos acumulados de boas e más ações). *Rita* é a ordem física do universo, a ordem do sacrifício e a lei moral do mundo. Por causa da *rita*, o sol e a lua seguem suas viagens diárias pelo céu, e as estações prosseguem em movimento regular (N. do T.).

homenagem aos que partiram, porque a morte era considerada o começo de uma nova vida, uma vida que nunca terminará. (§183)

Com tudo isso, a mitologia, como uma doença inevitável da linguagem, foi terrivelmente agravada no Egito pelo desenvolvimento inicial da arte e pelas formas que ela assumiu. O poder que os egípcios reconheceram sem nenhum complemento mitológico, a quem nenhum templo foi erguido (tampouco quando havia na Índia um santuário dedicado a Parabrahman, o Altíssimo Brahman), "que não foi esculpido em pedra", "cujo santuário nunca foi encontrado com figuras pintadas", "que não tinha ministros nem ofertas" e "cuja morada era desconhecida", praticamente deve ter sido esquecido pelos adoradores dos magníficos templos de Mênfis, Heliópolis, Abidos, Tebas ou Dendera, onde outras divindades receberam a homenagem de oração, louvor e sacrifício. São, no entanto, perceptíveis esforços, tanto no Egito como na Índia, para captar a noção da unidade de Deus. O "autoexistente, ou autotransformador Um, o Um, o Um de Um, o Um sem um segundo" (como em sânscrito, *svayambhû, Ekam advitîyam*), "o Iniciador do transformar-se, a partir do primeiro, que fez todas as coisas, mas que não foi feito", são expressões constantemente encontradas nos textos religiosos e aplicadas a este ou àquele deus (henoteisticamente), cada um, por sua vez, sendo considerado como o Deus Supremo dos deuses, o Construtor e Criador de todas as coisas. Assim, Rá, originalmente o sol, procedente de Nu, "o pai dos deuses", e ele mesmo o pai de Shu (ar) e Tefnut (orvalho), era adorado como a suprema divindade celeste. Osíris, o mais velho dos cinco filhos de Seb (terra) e Nut (céu), "maior que seu pai, mais poderoso que sua mãe", o marido de Ísis, pai de Hórus, era outra representação do sol, concebido principalmente em seu caráter de conquistador das trevas (Set). Rá, lemos, "é a alma de Osíris, e Osíris é a alma de Rá". Hórus novamente é

Introdução à Ciência da Religião

um nome do sol, originalmente do sol da manhã, "cujos olhos são restaurados ao amanhecer do dia". Tot representa a lua, "o medidor da terra", "o distribuidor do tempo" e, por fim, o inventor das letras e das artes. Corretamente M. Le Page Renouf observa: "Os estudiosos sânscritos que não conhecem uma palavra de egípcio e os egiptólogos que não conhecem uma palavra de sânscrito darão nomes diferentes a essas personagens. Mas quem estuda Mitologia Comparada dificilmente hesitará em atribuir seu nome real a cada um deles, seja ariano, seja egípcio". (§184)

Podemos resumir isso nas palavras de Mariette: "No cume do panteão egípcio paira um Deus único, imortal, incriado, invisível e escondido nas profundezas inacessíveis de sua própria essência. Ele é o criador do céu e da terra; ele fez tudo o que existe, e nada foi feito sem ele. Este é o Deus cujo conhecimento estava reservado para os iniciados, nos santuários. Mas a mente egípcia não podia ou não permaneceria nessa altitude sublime. Considerou o mundo, sua formação, os princípios que o governam, o homem e seu destino terrestre, como um imenso drama no qual o Ser único é o único ator. Tudo procede dele e tudo volta para ele. Mas ele tem agentes que são os próprios atributos personificados dele, que se tornam divindades em formas visíveis, limitadas nas atividades deles, mas participando dos próprios poderes e qualidades dele".[14] (§185)

Se passamos da África para a América, encontramos no norte inúmeras línguas como testemunhas de antigas migrações, mas de antigas religiões quase nada temos. No sul, temos conhecimento de

---

14 Neste relato da religião egípcia, segui principalmente as "Hibbert Lectures" de M. Le Page Renouf de 1879, "Lectures on the Origin and Growth of Religion, as illustrated by the Religion of Ancient Egypt"; também De Rougé, "Sur la Religion des anciens Égyptiens", em "Annales de Philosophie Chrétienne", novembro de 1869.

dois centros linguísticos e políticos no México e no Peru, onde encontramos tradições curiosas, embora nem sempre confiáveis, de um sistema antigo e bem estabelecido de fé e adoração religiosa. (§186)

Por fim, é possível reconstruir uma língua polinésia original a partir daquilo que é comum aos dialetos das ilhas que chegam da América à África (Madagascar), e fragmentos de uma religião polinésia original também são gradualmente trazidos à luz, o que recompensaria amplamente os trabalhos de um novo Humboldt.[15] (§187)

A Ciência da Religião tem a seguinte vantagem sobre a Linguística, se é que pode ser chamada de vantagem: enquanto a Linguística em vários casos possui material suficiente para suscitar problemas da mais alta importância, mas não suficiente para a solução satisfatória deles, a Ciência da Religião não tem materiais que justificariam sequer uma mera hipótese. Em muitas partes do mundo onde dialetos, ainda que degenerados, nos permitem ter um vislumbre parcial de um passado distante, os antigos templos desapareceram completamente, e os próprios nomes das divindades antigas foram notoriamente esquecidos. Não sabemos nada, e devemos estar satisfeitos com o fato de não sabermos nada, e o verdadeiro estudioso deixa o campo que se mostra mais atraente para os tagarelas em teorias preconcebidas. (§188)

Mas, mesmo que fosse diferente, acho que os estudantes de religião fariam bem em seguir o exemplo dos estudantes de línguas, empenhando seu primeiro esforço de aprendizagem em um estudo comparativo das religiões arianas e semíticas. E, se for possível,

---

15 Wilhelm von Humboldt (1767-1835) foi um filósofo, diplomata e reformador educacional alemão que contribuiu decisivamente para o desenvolvimento dos estudos linguísticos da sua época (N. do T.).

provar que as religiões das nações arianas estão unidas pelos mesmos laços de um relacionamento real, que nos permitiram tratar suas línguas como tantas variedades do mesmo tipo, e, se o mesmo fato pode ser estabelecido com referência ao mundo semítico, o campo assim aberto é vasto o suficiente e sua cuidadosa limpeza e cultivo ocuparão várias gerações de estudiosos. E esse relacionamento original, acredito, pode ser provado. Os nomes das principais divindades, e também palavras expressivas dos elementos mais essenciais da religião, como *oração*, *sacrifício*, *altar*, *espírito*, *lei* e *fé*, foram preservados entre as nações arianas e semíticas, e essas relíquias admitem apenas uma explicação. Depois disso, um estudo comparativo das religiões turanianas pode ser abordado com maior esperança de sucesso, pois não resta dúvida, creio eu, de que houve não apenas uma religião ariana primitiva e uma religião semita primitiva, mas também uma religião turaniana primitiva, antes que cada uma dessas raças primitivas se dividisse e se separasse em linguagem, culto e sentimento nacional. (§189)

Comecemos com nossos próprios ancestrais, os arianos. Em uma conferência que proferi neste local alguns anos atrás, desenhei um esboço de como deveria ter sido a vida dos arianos antes de sua primeira separação, ou seja, antes da época em que o sânscrito era falado na Índia ou o grego na Ásia Menor e na Europa. O contorno desse esboço e as cores com que ele foi preenchido foram simplesmente retirados da linguagem. Argumentamos que seria possível, se pegássemos todas as palavras que existem da mesma forma em francês, italiano e espanhol, para mostrar quais palavras e, portanto, quais coisas devem ter sido conhecidas pelas pessoas que ainda não falavam francês, italiano e espanhol, mas que falavam a língua que precedia essas línguas novilatinas. Acontece que conhecemos essa língua: era o latim; mas, se não soubéssemos uma palavra do latim ou um único capítulo da história romana, ainda poderíamos, usando as evidências das palavras comuns a todas as línguas novilatinas, desenhar algum tipo de imagem dos principais pensamentos e ocupações que essas pessoas, que viveram na Itália mil anos pelo menos antes da época de Carlos Magno, devem ter tido. Poderíamos facilmente provar que essas pessoas tiveram *reis* e *leis*, *templos* e *palácios*, *navios* e *carruagens*, *estradas* e *pontes*, bem como quase todos os ingredientes de uma vida altamente civilizada. Poderíamos provar isso, como eu disse, simplesmente tomando o nome de todas essas coisas como elas ocorrem em francês, espanhol e italiano e mostrando que, como o espanhol não as emprestou do francês, ou o italiano do espanhol, elas devem ter existido no estrato anterior da linguagem a partir do qual essas três línguas novilatinas modernas se originaram. (§190)

Exatamente o mesmo tipo de argumentação nos permitiu montar uma espécie de retrato em mosaico da civilização mais antiga do povo ariano antes do tempo de sua separação. Como encontramos em grego, latim e sânscrito, também em eslavônio, celta e teutônico, a mesma palavra para *casa*, estamos plenamente justificados em concluir que antes que qualquer uma dessas línguas tivesse assumido uma existência separada, pelo menos mil anos antes de Agamenon e antes de Manu, os ancestrais das raças arianas não eram mais moradores de tendas, mas construtores de casas permanentes.[16] Como encontramos a mesma palavra para "cidade" em sânscrito e grego,[17] podemos concluir com igual certeza que, se não cidades, em nosso sentido da palavra,

---

16   Sânscrito *dama*, grego δόμος, latim *domus*, gótico *timrjan* ("construir"), eslavônico *dom*; sânscrito *vesa*, grego οἶκος, latim *vicus*, gótico *veih-s*.

17   Sânscrito *pur*, *purî* ou *puri*, grego πόλις; sânscrito *vâstu* ("casa"), grego ἄστυ.

em todos casos fortalezas ou acampamentos eram conhecidos pelos arianos antes que o grego e o sânscrito fossem falados. Como encontramos a mesma palavra para "rei" em sânscrito, latim, teutônico e celta,[18] mais uma vez sabemos que algum tipo de governo real foi estabelecido e reconhecido pelos arianos durante o mesmo período pré-histórico. (§191)

Não devo me permitir ser tentado a traçar todo esse quadro da civilização primitiva mais uma vez.[19] Quero apenas relembrar o fato de que, ao explorarmos juntos os antigos arquivos da linguagem, descobrimos que o Deus mais elevado recebeu o mesmo nome na mitologia antiga da Índia, Grécia, Itália e Alemanha, e manteve esse nome, adorado nas montanhas do Himalaia ou entre os carvalhos de Dodona, no Capitólio ou nas florestas da Alemanha. Salientei que o nome dele era *Dyaus* em sânscrito, *Zeus* em grego, *Jovi-s* em latim e *Tiu* em alemão; mas não me detive com força suficiente na natureza surpreendente dessa descoberta. Esses nomes não são meros nomes: são fatos históricos, sim, fatos mais imediatos, mais confiáveis do que muitos fatos da história medieval. Essas palavras não são meras palavras, mas elas trazem diante de nós toda a vivacidade de um evento que nós mesmos testemunhamos, mas, ontem, os ancestrais de toda a raça ariana, milhares de anos antes de Homero e dos *Vedas*, adorando um Ser invisível, sob o mesmo nome, o melhor e mais exaltado nome que eles poderiam encontrar em seu vocabulário – sob o nome de Luz e Céu. (§192)

E não vamos virar as costas e dizer que isso era nada mais que adoração à natureza e idolatria. Não, não era essa a ideia, embora

---

18   Sânscrito *Râg*, *râgan*, *rex*, gótico *reiks*, irlandês *riogh*.
19   Ver "Selected Essays", I, p. 317s.

possa ter sido reduzida a isso mais tarde. *Dyaus* não queria dizer o céu azul, nem era simplesmente a personificação do céu: a palavra significa algo mais. Temos nos *Vedas* as invocações de *Dyaūs pítar*, o grego Ζεῦ πάτερ, o latim *Júpiter*; e isso significa que em todas essas três línguas o sentido era o mesmo antes que elas fossem separadas: o sentido era "Pai do Céu!". Essas duas palavras não são meras palavras; elas são para mim o poema e a oração mais antigos da humanidade, ou pelo menos daquele ramo puro ao qual pertencemos – e estou tão firmemente convencido de que essa oração foi proferida, que esse nome foi dado ao Deus desconhecido antes mesmo de o sânscrito ser sânscrito e de o grego ser grego, pois, quando vejo a oração do Senhor nas línguas da Polinésia e da Melanésia, tenho certeza de que foi proferida pela primeira vez na língua de Jerusalém. Pouco pensamos quando ouvimos pela primeira vez o nome de Júpiter, reduzido por Homero ou Ovídio a um marido repreensível ou um amante volúvel, que registros sagrados estavam encapsulados nesse nome profano. Teremos de aprender a mesma lição repetidamente na Ciência da Religião, isto é, que o lugar em que estamos pisando é terreno sagrado. Milhares de anos passaram-se desde que as nações arianas separaram-se para viajar para o norte e o sul, para o oeste e o leste. Cada uma delas formou sua língua, fundou seus impérios e filosofias, construiu templos e os derrubou; todos envelheceram e tornaram-se mais sábios e melhores; mas, quando eles procuraram um nome para o que é mais elevado e, no entanto, mais próximo e querido para todos nós, quando desejaram expressar admiração e amor, o infinito e o finito, eles só foram capazes de fazer o que seus antepassados fizeram quando olharam para o céu eterno e sentiram a presença de um Ser o mais distante e o mais próximo possível, eles puderam apenas combinar as mesmas palavras e proferir mais uma vez a oração ariana

Introdução à Ciência da Religião

primitiva, Pai do Céu, dessa forma que perdurará para sempre: "Pai nosso, que estás nos céus". (§193)

Voltemos agora à religião primitiva das nações semitas. As línguas semíticas, como é sabido, são ainda mais intimamente ligadas que as arianas, tanto que uma Gramática Comparativa das línguas semíticas parece ter apenas algumas das atrações que um estudo comparativo de sânscrito, grego e latim tem. Estudiosos das línguas semíticas reclamam que não há trabalho que valha a pena na comparação das gramáticas do hebraico, siríaco, árabe e etíope, pois elas só precisam ser colocadas lado a lado[20] para mostrar sua estreita relação. Não considero que isso seja verdade, e ainda espero que M. Renan cumpra seu projeto original e, incluindo não apenas os ramos literários da família semita, mas também as antigas línguas da Fenícia, Arábia, Babilônia e Nínive, produza uma Gramática Comparativa das línguas semíticas que poderá ocupar seu lugar ao lado do grande trabalho de Bopp sobre a Gramática Comparativa das línguas arianas. (§194)

O que é ainda mais surpreendente para mim é que nenhum especialista em línguas semíticas tenha seguido o exemplo dos estudiosos arianos e coletado daquelas diferentes línguas semíticas aquelas palavras comuns que deveriam ter existido antes de o hebraico ser hebraico, antes de o siríaco ser siríaco e antes de o árabe ser árabe, e a partir das quais se poderia formar algum tipo de ideia sobre quais eram os principais pensamentos e ocupações da raça semita em seu estado mais antigo, antes de serem separadas. Os materiais parecem muito maiores e muito mais facilmente acessíveis.[21] E, embora possa haver alguma dificuldade decorrente

---

20 Ver Bunsen, "Christianity and Mankind", III, p. 246s.
21 Ver Bunsen, "Christianity and Mankind", III, p. 246, IV, p. 345.

do contato próximo que continuou a existir entre vários ramos da família semítica, certamente seria possível, por meio de regras fonéticas, distinguir entre palavras semíticas comuns e palavras emprestadas pelos árabes de fontes aramaicas, o que pode ter acontecido. Os principais graus de relacionamento, por exemplo, têm palavras comuns entre os semitas e entre as nações arianas, e, se era importante mostrar que os arianos nomearam e reconheceram não apenas os membros naturais de uma família, como pai e mãe, filho e filha, irmão e irmã, mas também os membros mais distantes, o sogro e a sogra, o genro e a nora, o cunhado e a cunhada, não seria de igual interesse demonstrar que as nações semíticas alcançaram o mesmo grau de civilização muito antes do tempo das leis de Moisés? (§195)

Limitando-nos ao objeto mais imediato de nossas pesquisas, vemos sem dificuldade que as línguas semitas, como as arianas, possuem em comum vários nomes da divindade, que devem ter existido antes de o ramo do sul, ou árabe, o ramo do norte, ou aramaico, e os ramos médios, ou hebraicos, serem definitivamente separados, e que, portanto, nos permitem uma visão das concepções religiosas da raça semita outrora unida, muito antes de Iahweh ser adorado por Abraão, ou Baal ser invocado na Fenícia ou El na Babilônia. (§196)

É verdade, como já apontei antes, que o significado de muitos desses nomes é mais geral do que o significado original dos nomes dos deuses arianos. Muitos deles significam *Poderoso*, *Venerável*, *Elevado*, *Rei*, *Senhor*, e podem parecer, portanto, como títulos honoríficos, como sendo atribuídos independentemente pelos diferentes ramos da família semítica aos deuses a quem eles adoravam cada um em seu próprio santuário. Mas, se considerarmos quantas palavras havia nas línguas semíticas para expressar grandeza, força ou potestade, e o fato de que os mesmos substantivos comuns ocorrem como os nomes próprios das divindades na Síria, em Cartago, na Babilônia e na Palestina, admite-se que só pode haver uma explicação histórica. Deve ter havido um tempo tanto para raça semita quanto para a ariana, quando fixaram os nomes de suas divindades, e esse tempo deve ter precedido a formação de suas línguas e de suas religiões separadas. (§197)

Um dos nomes mais antigos da divindade entre os ancestrais das nações semíticas era *Êl*, que significava "forte". Ocorre nas inscrições babilônicas como Ilu, Deus,[22] e no nome de Bab-il, o portão ou templo de Il. Em hebraico, ocorre em seu sentido geral de *forte* ou *herói*, e como um nome de Deus. Temos isso em *Beth-el*, "a casa de Deus", e em muitos outros nomes. Se usado com o artigo como *ha-El*, "o Mais Forte", ou "o Deus", ele sempre aponta no *Antigo Testamento* para Iahweh, o Deus verdadeiro. El, no entanto, sempre manteve seu poder de apelação, e o achamos aplicado, portanto, em partes do *Antigo Testamento* também aos deuses dos gentios. (§198)

O mesmo El era adorado em Biblos pelos fenícios, e ali era chamado de "filho do Céu e da Terra".[23] Seu pai era filho de *Eliun*, o Deus Altíssimo, que havia sido morto por animais selvagens. O filho de Eliun, que o sucedeu, foi destronado e, finalmente, morto por seu próprio filho, *El*, a quem Fílon de Alexandria identifica com o grego Cronos, representado como a divindade que preside o planeta Saturno.[24] Nas inscrições himiáricas, também, o nome

---

22 Schrader, no "Zeitschrift der Deutschen Morgenländischen Gesellschaft", XXIII, p. 350; XXVI, p. 180.

23 Bunsen, "Egypt", IV, 187; "Fragmenta Hist. Graec.", III, p. 567.

24 "Fragmenta Hist. Graec.", III, p. 567-571. Que El seja a divindade que preside o planeta Saturno, de acordo com os caldeus, também é confirmado por Diodoro Sículo, II, p. 30-33. Ver também Eusébio, "Praep. evang.", I, c. X, p. 90, ed. Gaisford, Κρόνος τοίνυν, ὃν οἱ Φοίνικες Ἦλον προσαγορεύουσι ["Cronos, a quem

de El foi descoberto,[25] e mais recentemente em muitos nomes próprios árabes,[26] mas, como uma divindade, El foi esquecido entre os árabes desde os tempos mais antigos. (§199)

Com o nome de *El*, Fílon de Alexandria ligou o nome de *Elohîm*, o plural de *Eloah*. Na batalha entre *El* e seu pai, os aliados de *El*, diz ele, foram chamados *Eloeim*, assim como aqueles que estavam com *Cronos* foram chamados *Kronioi*.[27] Esta é, sem dúvida, uma etimologia muito tentadora de *Eloah*; mas, como os melhores estudiosos semíticos, e particularmente o professor Fleischer, declararam-se contra, teremos, ainda que com relutância, de nos render. (§200)

Eloah é a mesma palavra que o árabe *Ilâh*, "Deus". No singular, *Eloah* é usado na *Bíblia* como sinônimo de *El*; no plural, pode significar "deuses" em geral, ou "falsos deuses", mas torna-se no *Antigo Testamento* o nome reconhecido do Deus verdadeiro, plural na forma, mas singular no significado. Em árabe, *Ilâh*, sem o artigo, significa um Deus em geral; com o artigo *Al-Ilâh*, ou *Allâh*,[28] torna-se o nome do Deus de Mohammad, como era o nome do Deus de Abraão e de Moisés. (§201)

---

os fenícios chamavam de Elon"], e as notas de Bernays, "Zu Sanchuniathon", em Rhein. Mus. 1864, p. 632, o qual corrigiu Ἦλον [Elon] por Ἦλ [El].

25 Osiander, "Zeitschrift der Deutschen Morgenländischen Gesellschaft", X, p. 61.

26 Nöldeke, "Monatsberichte der Berl. Akademie", 1880, p. 768.

27 "Fragmenta Hist. Graec.", III, p. 568, 18: οἱ δὲ σύμμαχοι Ἤλου τοῦ Κρόνου Ἐλωεὶμ ἐπεκλήθησαν, ὡς ἂν Κρόνιοι οὗτοι ἦσαν οἱ λεγόμενοι ἐπὶ Κρόνου ["Aos aliados de Elo, filho de Cronos, foi dado o nome de Elohim, como se esses fossem os mencionados em relação a Cronos"]. O plural de El, ou seja, Elîm ("deuses"), ocorre no fenício; Nöldeke, "Monatsberichte der Berl. Akademie", p. 775.

28 اِلَاهٌ, اَلْاِلَاهُ, اَللّٰهُ, اَلْاِلَاهُ. Sobre o significado original deste Allâh, ver Sprenger, "Mohammad", I, p. 286.

A origem de *Eloah* ou *Ilâh* tem sido frequentemente discutida por estudiosos europeus e nativos. O Kâmûs[29] diz que havia vinte opiniões sobre isso, Mohammad El Fâsî, que havia trinta. O professor Fleischer,[30] em cujos julgamentos sobre tais assuntos podemos confiar implicitamente, remete *El*, o mais forte, de volta a uma raiz *âl* (com vav [ו] médio, aval), para ser espesso e denso, ser carnudo e forte.[31] Mas ele toma *Eloah* ou *Ilâh* como substantivo abstrato, no sentido de "temor",[32] derivado de uma raiz totalmente diferente, isto é, *alah*, "estar agitado, confuso, perplexo". Por significar "temor", *Eloah* passou a significar o objeto de medo ou reverência e, assim, passou a ser um nome de Deus. Do mesmo modo, encontramos *pachad*, que significa "temor", usado no sentido de Deus; Gênesis 31,42 − "Se o Deus de meu pai, o Deus de Abraão e o *temor* de Isaac, não fosse por mim, por certo agora me despedirias sem nada". E novamente, no versículo 53, "Assim Jacó jurou pelo *temor* de seu pai, Isaac". Em aramaico, *dachlâ*, "temor", é o nome reconhecido por Deus ou por um ídolo, enquanto em sânscrito também Brahman é chamado de "um grande temor".[33] (§202)

---

29 O Kâmûs é um antigo dicionário de termos islâmicos (N. do T.).

30 Ver a nota feita pelo professor Fleischer em Delitzsch, "Commentar über die Genesis", 3. ed., 1860, p. 64; e também "Zeitschrift der Deutschen Morgenländischen Gesellschaft", X, p. 60; e "Sitzungsberichte der königl. Sächsischen Gesellschaft der Wissenschaften, Philosoph. Hist. Classe", XVIII (1866), p. 290-292. Dr. W. Wright adota a derivação do professor Fleischer; também o professor Kuenen, em seu trabalho "Be Godsdienst van Israel", p. 45.

31 Professor Nöldeke, "Monatsberichte der Berl. Akademie", p. 774, atribui a essa raiz o significado de "estar na frente", "liderar".

32 Kuenen, "Religion of Israel", I, p. 41. Eloah é usado apenas pelos poetas, e seu significado primitivo é "medo", portanto, "aquilo que é temido".

33 Katha-upanishad, VI, 2, mohad bhayam vagram udyatam yah.

O mesmo nome antigo aparece também em sua forma feminina como *Allât*.[34] Seu famoso templo em Tâif, na Arábia, perdia apenas em importância para o santuário de Meca e foi destruído por ordem de Mohammad. A adoração a *Allât*, no entanto, não se limitou a esse lugar; e não há dúvida de que a deusa árabe *Alilat*, mencionada por Heródoto,[35] é a mesma que a *Allât* do *Corão*. (§203)

Outro nome famoso da divindade, cujos traços podem ser encontrados na maioria das nações semíticas, é *Baal* ou *Bel*. Os assírios e babilônios,[36] os fenícios e cartagineses, os moabitas e os filisteus e, devemos acrescentar, os judeus também, todos conheciam *Bel* ou *Baal* como um grande Deus, ou mesmo como o Deus Supremo. Baal dificilmente poderia ser considerado um deus estranho e estrangeiro aos olhos do povo judeu, que, apesar dos protestos dos profetas hebreus, o adoravam constantemente nos bosques de Jerusalém.[37] Ele foi percebido por eles quase como uma divindade

---

34   Osiander, "Zeitschrift der Deutschen Morgenländischen Gesellschaft", VII, 479-482, أللّت, Allât, deusa, é contração de أليْلاهة, Al-Ilâhat.

35   Heródoto, III, 8: Ὀνομάζουσι (οἱ Ἀράβιοι) τὸν μὲν Διόνυσον Ὀροτάλ, τὴν δὲ Οὐρανίην Ἀλιλάτ ["(Os árabes) chamam Dionísio de Orotal, e (Afrodite) Urânia, de Alilat"]. Em Heródoto, I. 131,138, esse nome está corrompido para Ἄλιττα. Ver Osiander, "Zeitschrift der Deutschen Morgenländischen Gesellschaft", II, p. 482, 483. Sprenger, "Mohammad", I, p. 292, diz: "Hesito em identificar a Alilat de Heródoto com o al-Lât de Taife, pois, mesmo que fosse possível provar que essa deusa havia sido adorada em seu tempo, ele (Heródoto) não teria ouvido falar dela. A Arábia e seu culto estenderam-se naquele tempo até o norte, e devemos comparar a importância de Palmira com a de Taife. Em segundo lugar, a forma Lât é mais pura em árabe e mais antiga que Ilât, sempre supondo que a raiz seja lâh, e não alh". Ver também "Remarks on Arabian idols", 1. c., p. 361. Orotal foi explicado como "luz" ou "fogo" de El. Kuenen, "Religion of Israel", I, p. 228.

36   "Fragmenta Hist. Graec.", II, p. 498, 2.

37   Ibid., III, p. 568, 21.

Introdução à Ciência da Religião

doméstica, ou, em todo caso, como uma divindade semita, e, entre os deuses a quem os pais serviram do outro lado do Jordão, Baal ou Bel ocupavam provavelmente um lugar muito proeminente. Embora originalmente *uno*,[38] Baal se dividiu em muitas personalidades divinas por meio da influência do culto local. Ouvimos falar de um Baal-Tsur, Baal-Tsidon, Baal-Tars, originalmente o Baal de Tiro, de Sidom/Sidônia e de Tarso. Em dois candelabros encontrados na ilha de Malta, lemos a dedicação fenícia a "Melcarte, o Baal de Tiro". (§204)

Em Siquém, *Baal* era adorado como *Baal-Berith*,[39] significando o "deus das alianças"; em Acaron, os filisteus o adoraram como *Baal-Zebub*,[40] o "senhor das moscas", enquanto os moabitas e os judeus também o conheciam com o nome de *Baal-Peor/Fegor*.[41] Nas moedas fenícias, *Baal* é chamado *Bâal-Shâmayîm*, nas inscrições palmirenses (de Vogüé, n. 73), Baal Shamên, o "Baal do céu", que é o *Beel-Samên* de Fílon de Alexandria, identificado por este com o sol.[42] "Quando o calor se tornava opressivo, as raças antigas da Fenícia", diz ele, "levantaram a mão para o céu em direção ao sol. Para ele, e eles o consideravam o único Deus, o senhor do céu, chamando-o de Beel-Samên,[43] que para os fenícios é o senhor do céu e para os gregos, Zeus." Também ouvimos falar dos *Baalîm*,

---

38   M. de Vogüé, "Journal Asiatique", 1867, p. 135.

39   Juízes 8,33; 9,4.

40   2 Reis 1,2.3.6.16.

41   Números 25,3.

42   "Fragmenta Hist. Graec.", III, p. 565, 5. É impossível mudar ἥλιον para ἥλον porque El ou Cronos são mencionados posteriormente.

43   É o mesmo que Barsamus, mencionado por Moisés de Corene (His. Arm., I, p. 13) como um herói deificado adorado pelos sírios? Ou é Barsamus, o Filho do Céu? Ver Rawlinson, "Ancient Monarchies", I, p. 116.

ou de muitos *Baals* ou deuses. E, da mesma maneira que ao lado do masculino *Ilâh* ou *Allah* encontramos um feminino, também encontramos ao lado do masculino Baal uma divindade feminina, *Baalt*, a Biltu dos assírios[44] e a Baaltis dos fenícios. Pode ser que a concepção original de divindades femininas difira entre as nações semíticas e arianas, e que essas formas femininas de *Allah* e *Baal* fossem inicialmente destinadas apenas para expressar a energia ou atividade, ou os poderes coletivos da divindade, não um ser separado, e, menos ainda, uma esposa. Certamente, essa opinião[45] é confirmada quando vemos que em muitas inscrições cartaginesas a deusa *Tanit* é chamada de *o rosto de Baal*,[46] e que, na inscrição de Eshmunazar, a Astarte sidônia é chamada de *o nome de Baal*.[47] No entanto, com o tempo, essa ideia abstrata foi suplantada pela de um poder feminino, e até pela ideia de uma esposa, e, como tal, encontramos *Baaltis* adorada por fenícios,[48] babilônios e assírios,[49] pois o nome de Mylitta em Heródoto[50] é, de acordo com Dr. Oppert, uma mera corruptela de Baaltis. (§205)

Outra divindade feminina é *Ashtoreth* ou *Ashtaroth* (plural), nome que pressupõe uma divindade masculina, *Ashtar*. Vestígios desse deus ou deusa foram descobertos na *Ishtar* das inscrições babilônicas, onde *Ishtar* é sempre feminina, a rainha do céu

---

44 Ver Schrader, "Zeitschrift der Deutschen Morgenländischen Gesellschaft", XXVI, p. 193. O professor Nöldeke está inclinado a tratar "Abraão e Sara", "o Sumo Pai e a Princesa", como um par semelhante, originalmente divino.

45 De Vogüé, "Journal Asiatique", 1867, p. 138.

46 פֶּן־בַעַל, cf. פְּנוּאֵל (Peniel/Penuel [Gênesis 32,31]).

47 שֵׁם־בַעַל, cf. שֵׁם יהוה ("nome do Senhor" [Salmo 113,1]).

48 "Fragmenta Hist. Graec.", III, p. 569, 25.

49 Ibid., IV, p. 283, 9.

50 Heródoto, I, 131, 199.

e da terra.[51] Uma inscrição palmirense também, de acordo com algumas autoridades, e a Pedra Moabita falam da mesma divindade. No caso dela, no entanto, a personagem feminina tornou-se preponderante e, como tal, foi adorada, não apenas por cartagineses, fenícios e filisteus, mas também pelos judeus,[52] quando deixaram o Senhor e serviram a Baal e Astarote.[53] Os sírios a chamavam de Atharathah, a Atargatis de Estrabão.[54] Os fenícios a chamavam de Astarte, e com esse nome ameaçador ela ficou conhecida pelos gregos e pelos romanos. Ela pode ter sido uma deusa da lua, como Kuenen supõe ("Religion of Israel", I, p. 90), e era originalmente um *numen virginale* ["divindade virginal"] antes de seu culto degenerar em excessos selvagens. Quando Jeremias falou da Rainha do Céu,[55] provavelmente refere-se a Astarte ou Baaltis. Mesmo no sul da Arábia, há vestígios da adoração a essa deusa antiga. Em Sana, a antiga capital do reino himiarita, havia um magnífico palácio e templo dedicados a Vênus (Bait Ghumdân), e o nome de *Athtar* foi lido nas inscrições himiaritas, precedido em um lugar pelo verbo no gênero masculino.[56] (§206)

Outra palavra que significa originalmente "rei" e que deve ter sido fixada como um nome da divindade nos tempos pré-históricos

---

51   Ver Schrader, "Zeitschrift der Deutschen Morgenländischen Gesellschaft", XXVI, p. 169.

52   1 Reis 11,5; também Gênesis 14,5.

53   Juízes 2,13.

54   Ver Nöldeke, "Zeitschrift der Deutschen Morgenländischen Gesellchaft", XXIV, 92, 109; Estrabão, p. 667, 42; 636, 48.

55   Jeremias 7,18, מְלֶכֶת הַשָּׁמַיִם.

56   Osiander, "Zeitschrift der Deutschen Morgenländischen Gesellschaft", VII, p. 472; Gildemeister, "Zeitschrift der Deutschen Morgenländischen Gesellschaft", XXIV, p. 180, 181; Lenormant, "Comptes-rendus des séances de l'Acad. des Inscriptions et Belles-lettres de l'année 1867"; Levy, "Zeitschrift der Deutschen Morgenländischen Gesellschaft", XXIV, p. 189.

é o hebraico *Melech*. Encontramos isso em *Moloc*, que era adorado não apenas em Cartago, nas Ilhas de Creta e Rodes, mas também no vale de Hinom. Encontramos a mesma palavra em *Milcom*, o deus dos amonitas, que tinha um santuário no Monte das Oliveiras;[57] e os deuses *Adramelec* e *Anamelec*, aos quais os sefarvaimitas queimaram seus filhos no fogo,[58] parecem novamente variedades locais do mesmo ídolo semita antigo. (§207)

Adonai, que em hebraico significa "meu senhor", e no *Antigo Testamento* é usado exclusivamente para Iahweh, aparece na Fenícia como o nome da divindade suprema, e, depois de sofrer várias transformações mitológicas, o mesmo nome nos foi tornado familiar por meio dos contos gregos sobre o belo jovem Adônis, amado por Afrodite e morto pelo javali selvagem de Ares. (§208)

Elyôn, que em hebraico significa o "Altíssimo", é usado no *Antigo Testamento* como predicado de Deus. Ocorre também por si só como um nome de Iahweh. Melquisedec é chamado enfaticamente o sacerdote de *El Elyôn*, o sacerdote do Deus Altíssimo. (§209)

Mas esse nome novamente não se restringe ao hebraico. Ocorre na cosmogonia fenícia como *Eliun*, o Deus Altíssimo, o Pai do Céu, que era o pai de *El*. Dr. Oppert identificou esse Eliun com o *Ilinus* mencionado por Damáscio. (§210)

Outra palavra usada na *Bíblia*, às vezes em combinação com El, e mais frequentemente sozinha, como um nome da divindade suprema, é *Shaddai*,[59] o "violento" ou "poderoso". Deriva de uma

---

57   2 Reis 23,13.

58   2 Reis 17,31. Havia também um deus assírio *Adar* (ver Schrader, "Zeitschrift der Deutschen Morgenländischen Gesellschaft", XXVI, p. 140, 149) e outro deus Anu (ver Schrader, "Zeitschrift der Deutschen Morgenländischen Gesellschaft", p. 141).

59   שַׁדַּי (Números 24,4) ou אֵל שַׁדַּי (Gênesis 17,1).

raiz afim que deu origem ao substantivo *Shéd*, que significa "demônio" em siríaco e na linguagem do *Talmude*, e o plural *Shedîm*, um nome para falsos deuses ou ídolos no *Antigo Testamento*. M. de Vogüé[60] supôs que fosse o mesmo nome que *Set* ou *Sed* das inscrições hieroglíficas. Lá ocorre como o nome de um deus introduzido pelos pastores e tendo Baal como um de seus epítetos. Todavia, Lepsius[61] se opõe a essa identificação. A mesma divindade *Shaddai*, o Poderoso, foi descoberta por uma inteligente suposição como sendo uma das divindades adoradas pelos antigos fenícios.[62] (§211)

Embora esses nomes da divindade e alguns outros sejam compartilhados por todos, ou pelos menos os ramos mais importantes da família semítica, e, portanto, devem ter existido antes da primeira separação semítica, existem outros que geralmente se supõe serem peculiares a um ou a outro ramo. Eles começaram a existir após a primeira separação semítica, ou, em todo caso, eles se tornaram os deuses peculiares de seus próprios povos, como o Camos dos moabitas, o Milcom dos amonitas e a Astarote dos sidônios.[63] (§212)

Assim, supõe-se que o nome de Iahweh, ou *Javé*,[64] como parece ter sido pronunciado originalmente,[65] tenha sido um nome

---

60 "Journal Asiatique", 1867, p. 160.

61 Lepsius, "Der erste Aeg. Götterkreis", p. 48, Ver também Nöldeke, "Zur Kritik des A.T.", p. 160, nota; e Cheyne, em *Academy*, 1875, p. 653.

62 Bunsen, "Egypt", IV, p. 221; De Vogüé, "Mélanges d'Archéologie", p. 77. Ver também Nöldeke, l. c., p. 775.

63 1 Reis 11,5.7; 2 Reis 22,13; Juízes 11,23.24.

64 Teodoreto, "Quaest. XV. ad Exodum" (420 d.C.): καλοῦσι δὲ αὐτὸ Σαμαρεῖται IABE, Ἰουδαῖοι δὲ IAΩ ["Mas os samaritanos o chamam de IABE, enquanto os judeus, de IAO"]. Diod. Sic., I. 94 (59 a.C.): παρὰ δὲ τοῖς Ἰουδαίοις Μωυσῆν τὸν Ἰαὼ ἐπικαλούμενον θεόν, κ. τ. λ. ["Entre os judeus, invocam a Deus como Moisés, chamando-o de Iaó etc."].

65 Ver Kuenen, "Hibbert Lectures", p. 308.

divino peculiar aos judeus. É verdade que, em uma passagem bem conhecida de Lido, IAO[66] é considerado o nome de Deus entre os caldeus. Mas, admitindo que IAO era a mesma palavra que Iahweh, Jeová ou Jah (como em Hallelu-jah), será que Lido quando disse *caldeus* não queria dizer *judeus*? Deveríamos ser levados a uma conclusão diferente, se *Jahu* realmente ocorreu como um nome divino nas inscrições assírias. No entanto, Sir Henry Rawlinson, a quem solicitei informações, declara que ainda tem dúvida sobre se o *Jahu* mencionado nas inscrições assírias é realmente um nome assírio. Ele acha que pode ser uma palavra síria que entrou na língua assíria, como várias outras palavras estrangeiras. Outros estudiosos, pelo contrário, como o professor Schrader, expressam-se com menos dúvida a esse respeito e reivindicam Jahu como um dos antigos deuses assírios. Eles dão agora um passo além e traçam a origem dessa palavra na Acádia. Assim, o professor Delitzsch defende que o simples som de "I" significava "deus" em acadiano e "o deus supremo", assim como era *ili*, *ila* (él em hebraico); que os assírios pronunciavam esse "I" com a terminação nominativa ia-u; e que, consequentemente, o caractere "I" foi chamado pelos assírios de ia-u; e que só pode ser considerado um acidente que Ya-u, como o nome da divindade, não tenha sido encontrado em nenhuma inscrição assíria até agora.[67] (§213)

---

66 Lido, "De Mensibus", IV, 38, 14: Οἱ Χαλδαῖοι τὸν θεόν ΙΑΩ λέγουσι, ἀντὶ τοῦ φῶς νοητόν· τῇ Φοινίκων λγώσσῃ καὶ ΣΑΒΑΩΘ δὲ πολλαχοῦ λέγεται, οἷον ὁ ὑπὲρ τοὺς ἑπτὰ πόλους, τουτέστιν ὁ δημιουργός ["Os caldeus mencionam o deus IAO, significando a luz intelectual em vez de a luz visível. Na língua dos fenícios, também é mencionado como SABAOT, como o criador que está acima dos sete polos, ou seja, o demiurgo"]: Bunsen, "Egypt", IV, 193; Renan, "Sanchoniathon", p. 44, nota. E ver Diodoro Sículo, I, 94, 2.

67 Ver Kuenen, "Hibbert Lectures", p. 311.

É difícil aceitar ou rejeitar declarações de fatos apresentados com tanta autoridade, e essa me parece ser a atitude mais respeitosa que podemos assumir em relação às novas evidências que os estudiosos de assiriologia e de temas acadianos nos apresentam, se no presente mantemos a certa distância e esperamos antes de finalmente reformular nossas noções recebidas de religião semítica. Que os documentos da Babilônia e da Assíria estejam sendo decifrados em um espírito verdadeiramente científico nunca foi uma dúvida para mim, desde a primeira publicação da versão babilônica da Inscrição de Beistum.[68] Também não fiquei nem um pouco surpreso com as frequentes mudanças na leitura de certos nomes e na tradução de certas frases. Embora incapaz de acompanhar os audaciosos investigadores desses documentos semíticos, não foi difícil para ninguém familiarizado com a história da tradução das inscrições cuneiformes persas entender por que deveria haver inicialmente tanta incerteza na leitura de um alfabeto como aquele dos textos cuneiformes semíticos. No que diz respeito às traduções sumérias, não tenho o direito de dizer nada a respeito, mas também aqui sinto que devemos aprender a esperar e não desencorajar aqueles laboriosos exploradores que tentam traduzir uma língua da qual a única coisa que se sabe até o momento é que não era nem semítica nem ariana. Tudo o que posso dizer é que, se os esforços deles forem coroados de completo sucesso, a conquista deles será mais maravilhosa do que a tradução de todas as outras inscrições. (§214)

Considerando esse ponto de vista sobre o assunto, sempre que tive de tratar da religião das raças semíticas abstive-me de

---

68 Por trazer um texto em três línguas e alfabetos diferentes (persa antigo, elamita e babilônio), equivale, para a escrita cuneiforme, ao que a Pedra de Roseta foi para os hieróglifos (N. do T.).

tocar no tema dos babilônios ou dos assírios, e muito mais no dos acadianos e sumérios. Preferia deixar um espaço para preenchê--lo com materiais que, pela natureza do caso, eram ainda muito flexíveis e frágeis. Admiro muito a coragem de outros estudantes da religião antiga, e particularmente do professor Tiele, que em sua *Comparative History of Ancient Religions* ["História Comparada das Religiões Antigas"] fez um uso tão excelente dos mesmos materiais. Mas não posso desconsiderar as vozes de alerta de outros estudiosos, como, por exemplo, M. Guyard, que observa que os deuses da religião suméria e da acadiana chamados "Moulge, Silik-moulon-chi" são, na realidade, os nomes de Bel e Mardak, erroneamente decifrados.[69] Pode-se dizer que M. Guyard não é uma autoridade totalmente imparcial em tais questões. Mas ele cita o Sr. Pinches, cuja autoridade dificilmente será questionada e que observa que os nomes dos reis acadianos como Hamurábi e Burnabúrias deveriam na verdade ser lidos como Kimtu rapastu e Kidin-bel-matâti. (§215)

Digo novamente que mesmo esses eventos não são suficientes para abalar minha fé naquele método de tradução babilônica e até acadiana que tem sido seguido há anos por tantos estudiosos eminentes, mas acho que o historiador das religiões antigas está certo em esperar, antes de aceitar ou de rejeitar definitivamente, a nova luz que as antigas inscrições cuneiformes pretendem lançar sobre os períodos mais remotos do pensamento semítico. Que alguns de nossos melhores estudiosos de temas semíticos sejam menos pacientes e apontem o que lhes parece a impossibilidade absoluta nas conclusões às quais as pesquisas sobre temas babilônicos e acadianos parecem indicar é perfeitamente natural.

---

69 Ver "Athenaeum", 17 de junho de 1882.

Tais críticas devem ser bem-vindas, não ressentidas. Assim, o professor Kuenen, o grande historiador da "Religião de Israel", opõe-se à derivação acadiana de Iahweh ou Javé porque vê dificuldades que devem ser removidas antes que tal derivação possa ser aceita. Ele observa que, desde a inscrição de Mesha, por volta de 900 a.C., o nome de Javé ocorre em sua forma de tetragrama, Y(a)hw(e)h, e essa forma nunca poderia ter se desenvolvido em Iau; enquanto Iau, como ele mostra, pode muito bem ser entendido como um desenvolvimento secundário de Y(a)hw(e)h. "No século XVIII", como acrescenta o mesmo estudioso,[70] "o nome de Javé foi considerado por muitos, com ou sem razão, como um derivado do verbo 'ser'. Foi explicado como *ele é*, e nele foi vista a expressão da imutabilidade e fidelidade de Deus a cuja essência o nome correspondia". O professor Kuenen defende que, de fato, Moisés foi o primeiro a chamar o deus dos filhos de Israel de Javé,[71] em vez de seu antigo nome El-Shaddai, e eu apenas me pergunto por que ele não mencionou que o nome de Javé ocorre pela primeira vez no nome da mãe de Moisés, *Joquebede/Jocabed*, "ela, cuja glória é Iahweh". Ele deixa em aberto para explicar Javé ou como "Aquele que é", ou como "Aquele que é único", enquanto os outros deuses não o são; mas ele se inclina a tomar a raiz em um sentido causal e a tomar o nome de Javé com o significado de "Aquele que dá vida, que faz com que tudo exista, o criador". Isso tornaria Javé quase uma reprodução do antigo védico Asura, o doador da vida, derivado de respirar, ser, *asu*, respirar, *asura*, o deus vivo e vivificante, o *Ahura* do *Avesta*, mostrando novamente como os mesmos pensamentos e os mesmos nomes podem surgir

---

70 Kuenen, "Hibbert Lectures", p. 311; Kuenen, "Religion of Israel", I, p. 42.
71 Kuenen, "Religion of Israel", I, p. 278.

no terreno ariano e no semítico, sem precisar admitir um contato real, durante o período pré-histórico, entre os arianos e os semitas no Irã.[72] (§216)

Mas, por enquanto, incluamos ou não o nome de Iahweh do estoque de nomes divinos compartilhados em comum por toda a raça semítica, creio que temos testemunhas suficientes para estabelecer o fato de que houve um período durante o qual os ancestrais da família semítica ainda não haviam sido divididos nem em idioma nem em religião. Esse período transcende a lembrança de todas as raças semíticas da mesma maneira que nem hindus, nem gregos, nem romanos têm lembrança do tempo em que falavam uma língua comum e adoravam seu Pai no céu por um nome que ainda não era nem sânscrito, nem grego, nem latim. Não hesito em chamar esse período pré-histórico de histórico no melhor sentido da palavra. Foi um período real, porque, se não fosse, todas as realidades das línguas semíticas e das religiões semíticas, como as encontramos após a separação, seriam ininteligíveis. O hebraico, o siríaco e o árabe apontam para uma fonte comum, assim como o sânscrito, o grego e o latim, e, a menos que duvidemos de que hindus, gregos, romanos e teutônicos tenham derivado a adoração de sua principal divindade de seu santuário ariano comum, de igual maneira não seremos capazes de negar a existência de uma religião primitiva de toda a raça semítica, e que *El*, o Mais Forte no céu, foi invocado pelos ancestrais de todas as raças semíticas, antes que houvesse babilônios na Babilônia, fenícios em Sidom/Sidônia e Tiro, antes de haver judeus na Mesopotâmia ou em Jerusalém. A evidência para as línguas semíticas é a mesma das línguas arianas, e a conclusão não poderia ser diferente. (§217)

72 Ibid., p. 254.

Introdução à Ciência da Religião

Chegamos agora ao terceiro núcleo da linguagem e, como espero mostrar, também da religião: aquilo que forma a base do mundo turaniano. O assunto é extremamente difícil, e confesso que duvido que eu consiga conquistar a simpatia de vocês em favor de opiniões religiosas de pessoas tão estranhas, tão distantes de nós, como chineses, mongóis, samoiedos, finlandeses e lapões. Naturalmente, temos interesse na história antiga das nações arianas e semíticas, pois, afinal, somos arianos na linguagem e semitas, pelo menos até certo ponto, na religião. Mas o que temos em comum com os turanianos, com os chineses e os samoiedos? Muito pouco, pode parecer; e ainda não são a pele amarela e as maçãs do rosto pronunciadas que fazem o homem. E mais: se olharmos com firmeza para aqueles olhos escuros chineses, descobriremos que também existe uma alma que responde a uma alma, e que o Deus a quem eles se *referem* é o mesmo Deus a quem nós nos referimos, por mais desamparadas que sejam as declarações deles e por mais imperfeito que seja o culto deles. (§218)

Que as línguas dos finlandeses, lapões, samoiedos, turcos, mongóis e tunguses pressupõem o pensamento de que há um único ponto de partida, embora essa não seja uma posição muito firme, isso é atualmente admitido por todas as autoridades competentes. Que as línguas tamul, lohítica, gangética, malaica e taica pressupõem uma concentração semelhante, ainda é apenas uma hipótese, enquanto a convergência desses dois ramos, o turaniano do norte e o turaniano do sul, em direção aos chineses mais antigos como um centro comum, embora possa ser chamada de plausível, não apresentou ainda uma evidência científica concreta. Se, portanto, procuramos descobrir entre as religiões desses povos fragmentos e, mais particularmente, fragmentos linguísticos que tragam a mesma origem e que revelariam ser provenientes de uma mesma fonte, nunca devemos esquecer que, ainda, estamos construindo apenas hipóteses sobre hipóteses, e de que nossas alegações acerca da existência de conceitos comuns turanianos do divino não podem contar com a mesma aceitação voluntária que é prontamente concedida a argumentos em favor dos conceitos arianos e semíticos comuns da divindade. Por outro lado, deve-se ter em mente que, se conseguirmos estabelecer a existência de nomes da divindade compartilhados por alguns dos povos turanianos, isso nos forneceria um novo e muito importante apoio à teoria de que os as línguas turanianas possuem, de fato, um começo pré-histórico comum e uma continuidade histórica comum. (§219)

Se considerarmos a religião da China como o primeiro representante do culto turaniano, a questão será sobre se podemos encontrar algum nome da divindade em chinês que apareça novamente nas religiões e mitologias de outras tribos turanianas, como os manchus, os mongóis, os tártaros ou os finlandeses. Confesso que, considerando o caráter de mutação e a mobilidade das línguas turanianas, e também o longo intervalo de tempo que deve ter se passado entre o primeiro assentamento linguístico e religioso na China e a posterior consolidação, gradual e imperfeita, das outras raças turanianas, não guardo grandes expectativas de que nomes como *Dyaus pitar* entre os arianos, ou *El* e *Baal* entre os semitas, pudessem ter sobrevivido nas tradições religiosas do vasto mundo turaniano. Tais opiniões preconcebidas, no entanto, não devem nos impedir de fazer futuras pesquisas, e, se o que descobrimos é pouco, nunca devemos esquecer que dificilmente temos o direito de esperar até esse pouco. Em pesquisas desse tipo, existem diferentes graus de certeza, e sou a última pessoa a desmerecê-las e a apresentar todos os nossos resultados como igualmente certos. Mas, se queremos chegar a terra firme, não devemos

Introdução à Ciência da Religião

nos importar de mergulhar de vez em quando; e, se desejamos subir uma escada, não devemos ter medo de subir o primeiro degrau. As coincidências entre a fraseologia religiosa do chinês e outras línguas turanianas certamente não são como as coincidências entre o grego e o sânscrito, ou entre o hebraico e o fenício, mas são tais que não devem ser deixadas de lado pelos pioneiros de uma nova ciência. (§220)

Lembrem-se de que o culto popular da China antiga era um culto a espíritos únicos, a poderes ou, poderíamos dizer, a nomes, nomes dos poderes mais proeminentes da natureza que exerceriam influência para o bem ou para o mal na vida do homem. Encontramos uma crença nos espíritos do céu, do sol, da lua, das estrelas, da terra, das montanhas, dos rios, sem falar nos espíritos dos mortos. (§221)

Na China, onde sempre houve uma forte tendência à ordem e à regularidade, algum tipo de sistema foi induzido pelo reconhecimento de dois poderes, um ativo e outro passivo, um masculino e outro feminino, e que compreendem tudo e que, na mente dos mais iluminados, elevam-se acima da grande multidão de espíritos menores. Esses dois poderes estão dentro, embaixo e atrás de tudo o que é duplo na natureza, e foram frequentemente identificados com o céu e a terra. (§222)

Todavia, podemos ver claramente que o espírito do céu ocupou desde o início uma posição muito mais elevada que o espírito da terra. É apenas nos livros históricos, no Shu-king,[73] que nos dizem

---

73 No "Shu-King" (3, 11), Tien é chamado Shang-tien, ou Alto Céu, que é sinônimo de Shang-ti, Alto Espírito, outro nome muito comum da divindade suprema. Os confucionistas nunca fizeram nenhuma imagem de Shang-ti, mas os Tao-sse representavam seus (Yah-hwang) Shang-ti sob a forma humana (Medhurst, "Inquiry", p. 46).

que o céu e a terra juntos são o pai e a mãe de todas as coisas. Na poesia mais antiga, o céu sozinho é pai e mãe.[74] Esse espírito do céu é conhecido em chinês pelo nome de *Tien*, e onde quer que em outras religiões devamos esperar o nome da divindade suprema, seja Júpiter, seja Alá, encontramos no chinês o nome de *Tien* ou céu. Esse *Tien*, de acordo com o Dicionário Imperial de Kanghee, significa o "Maior de Todos", aquele que habita no alto e regula tudo que está abaixo do céu. Vimos, de fato, que *Tien*, originalmente o nome do céu, passou em chinês por quase todas as fases, da mais baixa à mais alta, por que passou a palavra ariana para "céu", *dyaus*, na poesia, na religião, na mitologia e na filosofia da Índia e na Grécia. O sinal de *Tien* em chinês é 天 e ele é composto de dois sinais: 大 *ta*, que significa "grande", e 一 *yih*, que significa "um". O céu, portanto, foi concebido como o "Um", o Inigualável, e como o Grande, o Alto, o Elevado. Lembro-me de ler em um livro chinês: "Se existe apenas um céu, como pode haver muitos deuses?". De fato, a crença deles em *Tien*, o espírito do céu, moldou toda a fraseologia religiosa dos chineses. "O céu glorioso", lemos, "é chamado de luminoso, te acompanha onde quer que vás; o céu glorioso é chamado luminoso, vai aonde estiveres". *Tien* é chamado "o ancestral de todas as coisas", "o mais alto", "o que está acima". Ele é chamado de "grande conspirador", que faz as coisas como um oleiro emoldurando um vaso de barro. Os chineses falam também dos decretos e da vontade do Céu, dos degraus do Céu ou da Providência. Os sábios que ensinam o povo são enviados pelo céu, e diz-se que o próprio Confúcio foi usado pelo céu como o "alarme" do mundo. O próprio Confúcio, quando à beira do desânimo, porque ninguém acreditaria nele, conhece

---

74 Chalmers, "Origin of the Chinese", p 14; Medhurst, "Inquiry", p. 124, contraste entre Shin e Shang-ti.

apenas um conforto, a saber: "O céu me conhece". É claro em muitas passagens que para Confúcio *Tien* ou o Espírito do Céu era a divindade suprema e que ele olhava para os outros deuses do povo, para os espíritos do ar, para as montanhas e os rios, e também para os espíritos dos que partiram, muito com os mesmos sentimentos com os quais Sócrates considerava as divindades mitológicas da Grécia. Assim, quando perguntado em uma ocasião a respeito de como os espíritos deveriam ser servidos, ele respondeu: "Se não somos capazes de servir aos homens, como podemos servir aos espíritos?". E, em outra ocasião, ele disse, de uma maneira sucinta e significativa: "Respeita os deuses, mas mantém-nos a certa distância!".[75] (§223)

Agora temos de ver se podemos encontrar traços dessa crença de um espírito supremo do céu entre os outros ramos da classe turaniana: os manchus, os mongóis, os tártaros, os finlandeses ou os lapões. Como existem muitos nomes para o céu nos dialetos turanianos, não seria absolutamente necessário que encontrássemos o mesmo nome que encontramos em chinês; ainda assim, se vestígios desse nome pudessem ser encontrados entre mongóis e tártaros, nosso argumento sem dúvida ganharia muito mais força. Ocorre o mesmo em todas as pesquisas de Mitologia Comparada. Se encontrarmos as mesmas concepções, os mesmos mitos e lendas, na Índia, na Grécia, na Itália e na Alemanha, há, sem dúvida, alguma suspeita em favor de sua origem comum, mas nada além disso. Mas, se nos encontrarmos com deuses e heróis tendo os mesmos nomes na mitologia dos *Vedas* e na mitologia da Grécia, Roma e Alemanha, estaremos em terreno mais firme. Temos, então, de lidar com fatos reais que não podem ser contestado, e tudo o que resta é explicá-los. (§224)

---

75 Medhurst, "Reply to Dr. Boone", p. 32.

Na mitologia turaniana, no entanto, esses fatos não são facilmente reunidos. Com exceção da China, sabemos muito pouco da história antiga das raças turanianas, e o que sabemos de seu estado atual vem frequentemente de observadores preconceituosos. Além disso, seu antigo paganismo está desaparecendo rapidamente diante do avanço do Budismo, do Islã e do Cristianismo. No entanto, se considerarmos os viajantes mais confiáveis da Ásia Central e do Norte e, mais particularmente, as cuidadosas observações de Castrén, não podemos deixar de reconhecer algumas coincidências mais impressionantes nos testemunhos dispersos da religião dos tungúsicos, dos mongóis, dos tártaros e das tribos fínicas. Em todos os lugares, encontramos uma adoração aos espíritos da natureza, aos espíritos dos que partiram, embora por trás e acima dela cresça a crença em algum poder superior conhecido por nomes diferentes, às vezes chamado de Pai, de o Mais Velho, que é o Criador e Protetor do mundo e que sempre reside no céu.[76] (§225)

Os historiadores chineses são os únicos escritores que nos dão um relato da história anterior de algumas dessas tribos turanianas, particularmente dos hunos, a quem eles chamam de *Hiongnu*, e dos turcos, a quem chamam *Tukiu*. Eles relatam que os hunos adoravam o sol, a lua, os espíritos do céu e da terra e os espíritos dos que partiram, e que seus sacerdotes, os xamãs, possuíam poder sobre as nuvens, sendo capazes de fazer cair neve, granizo, chuva e vento.[77] (§226)

Menandro, um historiador bizantino, conta que os turcos adoravam o fogo, a água e a terra, mas que, ao mesmo tempo,

---

76 Castrén, "Vorlesungen über Finnische Mythologie", p. 2.
77 Castrén, "Vorlesungen über Finnische Mythologie", p. 36.

Introdução à Ciência da Religião

acreditavam em um Deus, o criador do mundo, e lhe ofereciam sacrifícios de camelos, bois e ovelhas. (§227)

Ainda mais tarde, obtemos informações de viajantes medievais, como Plano Carpini[78] e Marco Polo,[79] que dizem que as tribos mongóis prestavam grande reverência ao sol, ao fogo e à água, mas que também acreditavam em um Deus grande e poderoso, a quem eles chamaram *Natagai* (Natigay) ou *Itoga*. (§228)

Nos tempos modernos, dependemos principalmente de Castrén, que tinha olhos para ver e ouvidos para ouvir o que outros

---

[78] "Eles acreditam em um Deus, o Criador de todas as coisas, visíveis e invisíveis, e o Distribuidor do bem e do mal neste mundo, mas não o adoram com orações, louvores ou qualquer tipo de serviço. Não obstante, eles têm certos ídolos de couro, imitando o rosto humano, e tendo por baixo do rosto algo semelhante a tetas; estes, eles colocam em ambos os lados da porta. Eles acreditam que estes sejam os guardiões dos rebanhos, de quem eles têm as bênçãos do aumento do leite. Outros fabricam pedaços de seda, e estes são altamente respeitados [...], e, sempre que eles começam a comer e beber, primeiro oferecem a esses ídolos uma parte de sua comida ou bebida" (ver "Marco Polo", ed. Yule, I, p. 249).

[79] "Este é o costume de sua religião. Eles dizem que existe um Deus Altíssimo do Céu, a quem adoram diariamente com turíbulos e incensos, mas oram a Ele somente pela saúde da mente e do corpo. Mas eles também têm outros deuses chamados Natigay e dizem que ele é o deus da Terra, que vigia seus filhos, seu gado e suas colheitas. Mostram-lhe grande adoração e honra, e todo homem tem uma figura dele em sua casa, feita de couro e tecido; e eles também fazem da mesma maneira imagens da esposa e dos filhos dele. A esposa, eles colocam na mão esquerda e, os filhos, na frente. E, quando comem, tomam a gordura da carne e lubrificam a boca do deus, além da boca da esposa e dos filhos dele. Depois tiram o caldo e o polvilham diante da porta da casa; feito isso, eles consideram que seu deus e a família dele tomaram parte no jantar"– ("Marco Polo", ed. Yule, I, p. 248). O coronel Yule remonta esses Nagatay ao Ongot dos tungues e ao Nogat dos buriatos. O próprio Marco Polo atribui o mesmo culto aos Nagatay aos cataios, ou seja, aos chineses (I, p. 437), mas o coronel Yule acha que isso pode ser devido a uma confusão entre chineses e tártaros (ver também II, p. 478).

poucos viajantes teriam visto, ouvido ou entendido. Falando das tribos tungúsicas, ele diz: "Eles adoram o sol, a lua, as estrelas, a terra, o fogo, os espíritos das florestas, os rios e certas localidades sagradas; adoram até imagens e feitiços, mas com tudo isso mantêm a fé em um ser supremo, que chamam de *Buga*".[80] "Os samoiedos", diz ele, "adoram ídolos e vários objetos naturais; mas eles sempre professam uma crença em um poder divino superior que eles chamam de *Num*." (§229)

Essa divindade chamada *Num* é também chamada *Juma* pelos samoiedos,[81] e é de fato a mesma divindade que na grande mitologia da Finlândia é conhecida sob o nome de *Jumala*. A mitologia da Finlândia foi mais cuidadosamente preservada do que as mitologias de todas as outras raças altaicas, e, em seus antigos poemas épicos, que foram mantidos pela tradição oral por séculos e que foram registrados por escritos só muito recentemente, temos descrições magníficas de *Jumala*, a divindade do céu. (§230)

Jumala significava originalmente "céu". Deriva, como Castrén demonstrou (p. 24), de *Juma*, "trovão", e *la*, "lugar", significando, portanto, "o lugar do trovão", ou seja, "o céu". É usada primeiramente para o céu, em segundo lugar para o deus do céu e em terceiro lugar para os deuses em geral. A mesma palavra, modificada apenas de acordo com as regras fonéticas de cada idioma, ocorre entre os lapões (p. 11), os estonianos, os sírios, os cheremissos e os votyakes (p. 24). Podemos observar o crescimento e as mudanças dessa divindade celestial ao vislumbrar aqui e ali os pensamentos religiosos das tribos altaicas. Uma senhora idosa samoieda a quem Castrén (p. 16) perguntou se orava respondeu: "Todas as manhãs

---

80   Seria este "pântano" russo deus?

81   Castrén, "Vorlesungen über Finnische Mythologie", p. 13.

saio de minha tenda e me curvo diante do sol e digo: 'Quando te levantas, eu também me levanto de minha cama'. E toda noite digo: 'Quando te pões, eu também me deito para descansar'". Essa era a oração dela, talvez todo o seu culto religioso; pode parecer uma oração pobre para nós, mas não para ela, pois fazia aquela senhora olhar pelo menos duas vezes todos os dias para longe da terra e para o céu; implicava que sua vida estava ligada a uma vida mais alta e maior; envolvia a rotina diária de sua existência terrena com uma espécie de luz divina. Ela própria estava evidentemente orgulhosa disso, pois acrescentou, com certa altivez: "Há pessoas selvagens que nunca fazem suas orações pela manhã e à noite". (§231)

Enquanto nesse caso a divindade do céu é representada, por assim dizer, pelo sol, vemos Jumala, em diferentes circunstâncias, concebida como a divindade do mar. Ao caminhar uma noite com um marinheiro samoiedo ao longo da costa do mar polar, Castrén perguntou-lhe: "Dize-me: onde está Num (ou seja, Jumala)?". Sem nenhuma hesitação, o velho marinheiro apontou para o mar escuro e distante e disse: "*Ele está lá*". (§232)

Além disso, no poema épico Kalevala,[82] quando a anfitriã de Pohjola está em trabalho de parto, ela invoca Jumala e diz: "Entra agora no banho, Jumala, no calor, ó Senhor do ar!" (p. 19). (§233)

Em outro momento, Jumala é o deus do ar e é invocado nas seguintes linhas (p. 21): (§234)

Arreia agora para ti mesmo, Jumala,
Governante do ar, teus cavalos!
Traze-os para frente, teus rápidos corredores,

---

82 O Kalevala é uma coletânea de poesias nórdicas antigas na qual se manifestam os sentimentos dos finlandeses como povo (N. do T.).

Dirige o trenó com cores brilhantes,
Passando através de nossos ossos, de nossos tornozelos,
Através de nossa carne, que se agita e estremece,
Através de nossas veias, que parecem todas quebradas.
Entrelaça a carne e os ossos,
Amarra, com mais firmeza, veia com veia.
Deixa nossas articulações serem preenchidas com prata,
Deixa nossas veias com ouro correrem! (§235)

Em todos esses casos, a divindade invocada é a mesma, é a divindade do céu, Jumala, mas seu caráter é tão indefinido que mal podemos dizer se ele é o deus do céu ou o sol ou o mar ou o ar; ou se ele é uma divindade suprema refletida em todos esses aspectos da natureza. (§236)

No entanto, vocês naturalmente perguntarão: onde estão as semelhanças entre o nome dessa divindade e a divindade chinesa do céu, *Tien*? O culto comum a *Jumala* pode provar algum tipo de concentração religiosa entre as diferentes nações altaicas no norte da Ásia, mas não prova nenhuma comunidade de culto pré-histórica entre essas nações e os antigos habitantes da China. É verdade que o *Tien* chinês, com seus três significados de "céu", "deus do céu" e "deus em geral", é a contraparte exata da Jumala turaniana do norte, mas ainda queremos mais; queremos, se possível, identificar traços do mesmo nome da divindade na China, na Mongólia e na Tartária, assim como encontramos o nome de Júpiter na Índia e na Itália e o nome de El na Babilônia e na Palestina. (§237)

Bem, lembremos que o chinês é uma língua monossilábica e que os dialetos turanianos posteriores entraram no estágio aglutinativo, ou seja, usam sufixos derivativos, e então, sem muita dificuldade,

Introdução à Ciência da Religião   151

descobriremos traços da palavra chinesa *Tien*, com todos os seus significados, entre algumas das mais importantes das raças turanianas. Na língua mongol, encontramos *Teng-ri*,[83] que significa, primeiro, "céu", depois "deus do céu", depois "deus em geral" e, finalmente, "espírito" ou "demônio", quer bom, quer ruim. (§238)

Assim, conquistamos o primeiro terreno firme e podemos agora avançar mais um passo. É uma coincidência feliz que essa mesma palavra *tengri* seja uma das poucas que possam ser rastreadas historicamente desde suas formas modernas até as mais antigas. Os escritores chineses, quando falam da história antiga dos hunos, nos dizem que o título que os hunos deram a seus líderes era *tangli-kutu* (ou *tchen-jü*).[84] Diz-se que esse título teve em seu idioma o significado de "Filho do Céu", o que nos lembra o ainda atual título do Imperador da China. "Filho do Céu"[85] *tien--tze*, transmitindo o significado, não como geralmente se supõe, de "Filho de Deus", mas de "Filho do Céu" ou, como devemos dizer, "Imperador pela graça de Deus". Portanto, tomando *tien-tze* como correspondente a *tangli-kutu*, chegamos à seguinte equação:

---

83 O turco "tangry" (تكرى ou طانكرى, tengri), o iacuto "tangara". Os buriatos colocam Dsaiagachi ou "Criador Chefe da Fortuna" no meio de sua cabana, o lugar de honra. À porta está o Emelgelji, o tutor de rebanhos e gado jovem, feito de pele de carneiro. Do lado de fora da cabana, fica o Chandaghatu, um nome que significa que o ídolo era formado por uma pele de lebre branca, o protetor da caça e talvez da guerra. Tudo isso foi banido pelo Budismo, exceto Dsaiagachi, chamado *Tengri*, e foi introduzido entre as divindades budistas (ver "Marco Polo", ed. Yule, I, p. 250). "O Supremo Bom Espírito parece ter sido chamado pelos mongóis de *Tengri* ('céu') e Khormuzda, e é identificado por Schmidt com o Hormuzd [Ahumra Mazda] persa. Nos tempos budistas, ele foi identificado com Indra" ("Marco Polo", ed. Yule, I, p. 249).

84 Ver Schott, "Ueber das Altaische Sprachgeschlecht", p. 9.

85 Ver Schott, "Chinesische Literatur", p. 63.

Huno	Mongol	Chinês
tang-li	*teng-ri*	*tien*. (§239)

Novamente, nos relatos históricos que os chineses dão dos *Tukiu*, os ancestrais dos turcos, diz-se que eles adoravam os Espíritos da Terra e que eles chamavam esses espíritos de *pu-teng-i-li*. Nesse caso, a primeira sílaba deve ser destinada à terra, enquanto em *teng-i-li* temos novamente a mesma palavra dos *tengri* da Mongólia, usada apenas, mesmo no início, não mais no sentido de "céu" ou de "deus do céu", mas como um nome de deuses e espíritos em geral. Encontramos uma transição de significado semelhante na moderna palavra iacuto *tangara*. Significa o "céu" e significa "Deus"; mas, entre os cristãos convertidos na Sibéria, *tangara* também é usada para significar "os santos". As renas selvagens são chamadas em iacuto "renas de Deus", porque vivem ao ar livre ou porque somente Deus cuida delas. (§240)

Aqui, então, temos o mesmo tipo de evidência que nos permitiu estabelecer a existência de uma religião ariana primitiva e uma religião semítica primitiva: temos um nome comum e esse nome dado à divindade mais alta, preservada na linguagem monossilábica da China e nos dialetos cognatos, embora aglutinantes, de algumas das principais tribos turanianas do norte. Encontramos nessas palavras não apenas uma vaga semelhança de som e significado, mas, observando seu desenvolvimento em chinês, mongol e turco, somos capazes de descobrir neles traços de identidade orgânica. Onde quer que eles comecem com o significado de "céu", eles ascendem ao significado de "Deus" e descem novamente no significado de "deuses" e "espíritos". As mudanças no significado dessas palavras correm paralelas às mudanças que ocorreram nas religiões dessas nações, que compreenderam a primeira designação do divino sob o nome de "céu" e, assim, formaram para si um "deus do céu". Por suas várias manifestações de que o "deus do céu" tornou-se cada vez mais individualizado mitologicamente, foi dividido em muitos deuses, e esses muitos deuses levaram novamente ao final ao conceito de um Deus em geral. Assim, como podemos explicar historicamente, ou seja, fonética e etimologicamente, a conexão entre o francês *divinité* e o védico *Dyaus*, "céu"; o mesmo se aplica ao iacuto *tangara*, "santo", em sua relação histórica com o chinês *tien*, "céu". (§241)

Se nos deixássemos guiar pela mera semelhança de som e significado, seria fácil dar outro passo e tentar uma comparação entre nomes divinos que ocorrem nos ramos norte e sul do grupo turaniano. Vimos, por exemplo, que o nome da divindade suprema entre os samoiedos era *Num* e nos disseram que entre os tibetanos *Nam* significa "divindade". No mero som, *Nam* é sem dúvida muito mais próximo de *Num* do que *Num* é do finlandês *Jumula*. No entanto, a real afinidade do samoiedo *Num* e do finlandês *Jumala* não admite dúvida, enquanto é mera conjectura conectar o samoiedo *Num* e o tibetano *Nam*,[86] a menos que regras fonéticas fossem estabelecidas antes para justificar a mudança de "a" em "u" e a menos que uma fonte comum fosse descoberta a partir da qual ambas as palavras poderiam ter surgido. (§242)

Se agora nos voltarmos por um momento para os espíritos menores, que fazem parte da crença das grandes massas da China, veremos facilmente que eles também, em seu caráter, são surpreendentemente semelhantes aos espíritos adorados pelas

---

86 Isso provavelmente diz respeito à palavra que Jaeschke, em seu "Tibetan-English Dictionary", p. 309, grafa *ɣnam*. Esta significa "céu", "firmamento". Ele acrescenta que se diz que *ɣnam-t'el-dkár-po* é uma divindade dos horpas ou mongóis. Nám-mk'a é "o espaço acima de nós, onde os pássaros voam e os santos planam, onde clareia e troveja" etc.

tribos turanianas do norte. Esses espíritos em chinês são chamados *Shin*,[87] que é realmente o nome dado a todo poder ou influência invisível que pode ser percebido em ação no universo. Alguns *Shin* ou espíritos são realmente cultuados, de acordo com sua dignidade; outros são temidos. Os espíritos da pestilência são expulsos e dispersos pelo exorcismo; muitos deles são apenas mencionados. Existem tantos espíritos que parece impossível fixar seu número exato. As principais classes[88] são os espíritos celestes (*tien shin*), os espíritos terrestres (*ti ki*) e os espíritos ancestrais (*jin kwei*), e essa é a ordem[89] em que são classificados de acordo com sua dignidade. Entre os espíritos celestes (*tien shin*), encontramos os espíritos do sol, da lua e das estrelas, das nuvens, do vento, do trovão e da chuva; entre os espíritos terrestres, os das montanhas, dos campos, dos grãos, dos rios, das árvores, do ano. Entre os espíritos dos que partiram estão os dos imperadores, dos sábios e de outros benfeitores públicos, que devem ser reverenciados por toda a nação, enquanto cada família tem seus próprios *manes*, que são tratados com reverência especial e honrados por muitos ritos supersticiosos.[90] (§243)

O mesmo estado de sentimento religioso é encontrado entre as tribos turanianas do norte, apenas sem aquelas minúsculas distinções e regulamentos nas quais a mente chinesa se deleita.

---

87 Medhurst, "Reply", p. 11.

88 Ibid., p. 21.

89 Medhurst, "Reply", p. 22. "Os espíritos do céu são chamados de *shin*; os espíritos da terra são chamados de *ki*; quando os homens morrem, suas almas e espíritos errantes e transformados são chamados de *kwei*".

90 Ibid., p. 43. "Os grandes sacrifícios são oferecidos apenas a *Te* ou *Shang-te*, o mesmo que *Tien*. Os cinco *Te* que costumavam se juntar a *Shang-te* no grande sacrifício de fronteira eram apenas os cinco poderes ou qualidades de *Shang-te* personificados. Desde o ano 1369 d.C., o culto a esses cinco *Te* foi abolido."

Os samoiedos, como vimos, acreditavam em um deus supremo do céu chamado *Num*, mas Castrén, que viveu tanto tempo entre eles, diz: "As principais divindades invocadas por seus sacerdotes ou feiticeiros, os xamãs, são os chamados *Tadebcjos*,[91] espíritos invisíveis que habitam o ar, a terra, a água e todos os lugares do mundo na natureza. Ouvi muitos samoiedos dizerem que eram apenas espíritos dos que partiram, mas outros os consideram uma classe de divindades inferiores". (§244)

O mesmo estudioso nos diz (p. 105) que "a mitologia dos finlandeses é inundada com nomes de divindades. Todo objeto da natureza tem um gênio, chamado *haltia*, que supostamente é seu criador e protetor. Esses espíritos não estavam ligados a esses objetos externos, mas eram livres para andar sem destino, e tinham corpo e alma, bem como sua própria personalidade bem marcada. Sua existência também não dependia da existência de um único objeto; pois, embora não houvesse objeto na natureza sem um gênio, o gênio não estava confinado a nenhum objeto, mas compreendia toda a classe ou gênero. Uma montanha de cinza, uma pedra, uma casa têm seu próprio gênio, mas o mesmo gênio se importa com todas as outras montanhas de cinza, pedras e casas". (§245)

Se traduzirmos isso para a linguagem da lógica, entenderemos imediatamente o que aconteceu aqui e também em outras partes do desenvolvimento de ideias religiosas e nomes mitológicos. O que chamamos de "conceito geral" ou o que costumava ser chamado de *essentia generalis*, "a arvoridade", "a pedridade", "a casidade", é de fato o gênio da árvore, da pedra e da casa, que os finlandeses e samoiedos chamam de "gênio", *haltia, tadebcjo*, e o que os chineses chamam de *Shin*. Falamos com muita clareza

---

91   Castrén, "Finnische Mythologie", p. 122.

de uma *essentia generalis*, mas para a mente sem instrução esse era um esforço muito grande. Algo substancial e individual tinha de ser retido quando as árvores precisavam ser mencionadas como floresta ou quando os dias, como ano; e, nesse período de transição das concepções individuais às gerais, do intuitivo ao conceitual, do real ao abstrato, a sombra, o fantasma, o poder ou o espírito da floresta, do ano, das nuvens e dos relâmpagos tomaram posse da mente humana, e uma classe de seres foi chamada à existência, aos quais damos o nome de divindades na religião e na mitologia do mundo antigo. (§246)

O culto aos espíritos ancestrais também é compartilhado pelas raças turanianas do norte e pelos chineses. Não enfatizo muito esse fato porque o culto aos espíritos dos mortos seja talvez a forma mais amplamente difundida de superstição natural em todo o mundo. No entanto, é de algum interesse que possamos encontrar essa superstição tão desenvolvida na China e em todo o norte da Ásia. A maioria das tribos finlandesas e altaicas, diz Castrén (p. 119), acredita que a morte, que eles encaram com um medo terrível, não destrói a existência individual. E mesmo aqueles que não professam a crença em uma vida futura observam certas cerimônias que demostram sua crença em que os que partiram ainda existem. Eles colocam nos túmulos comida, roupas, bois, facas, caixas de iscas, chaleiras e trenós; mais ainda: se pressionados, confessariam que isso é feito para permitir que os mortos cacem, pesquem e lutem, como costumavam fazer quando eram vivos. Lapões e finlandeses admitem que o corpo deteriora-se, mas imaginam que um novo corpo é dado aos mortos no mundo inferior. Outros falam dos que partiram como fantasmas ou espíritos, que permanecem na sepultura ou no reino dos mortos, ou que vagam pela terra, principalmente na calada da noite, durante as tempestades e chuvas. Eles dão sinais de si mesmos no uivar do vento, no farfalhar das folhas, no crepitar do fogo e em milhares de outras maneiras. Eles são invisíveis para os mortais comuns, mas os feiticeiros ou xamãs podem vê-los e até adivinhar seus pensamentos. É curioso que, em geral, esses espíritos sejam maliciosos; e o mais malicioso de todos são os espíritos dos sacerdotes que partiram (p. 123). Eles interrompem o sono, provocam doenças e infortúnios e perturbam a consciência de seus parentes. Tudo é feito para mantê-los afastados. Quando o cadáver é retirado da casa, uma pedra incandescente é lançada após a partida, como um encantamento para impedir seu retorno. A oferenda de alimentos e outros artigos depositados na sepultura é considerada por alguns como uma forma de evitar que os mortos usem isso como desculpa para voltar à casa e buscar, eles mesmos, essas coisas. Entre os *tchuvashes*, um filho usa a seguinte invocação ao oferecer sacrifício ao espírito de seu pai: "Nós te honramos com um banquete. Olha! Aqui está teu pão e diferentes tipos de carne. Tens tudo o que podes querer. Mas não nos incomodes, não te aproximes de nós!" (p. 122). (§247)

Certamente é uma crença geral de que, se não receberem tais ofertas, os mortos vingam-se enviando doenças e outros infortúnios. Os antigos xiongnu ou hunos matavam os prisioneiros de guerra nas tumbas de seus líderes, pois os xamãs asseguravam que a raiva dos espíritos não poderia ser aplacada de outra maneira. Os mesmos hunos faziam sacrifícios regulares em homenagem a seus espíritos ancestrais. Uma tribo, os topas, que migraram da Sibéria para a Ásia Central, enviaram embaixadores com oferendas aos túmulos de seus ancestrais. Seus túmulos eram protegidos com altas paliçadas, para impedir que os vivos entrassem e os mortos saíssem. Algumas dessas tumbas foram magnificamente adornadas[92] e difundiram-se pela China,[93] em templos onde os espíritos dos que partiram eram adorados. Isso tudo ocorreu lentamente: começando com a colocação de umas flores nas tumbas e terminando com a adoração dos espíritos dos imperadores falecidos[94] como iguais ao Espírito Supremo, os *Shang-ti* ou *Tien*, e desfrutando de uma posição divina muito acima de outros espíritos ou *Shin*. (§248)

A diferença, à primeira vista, entre o momento cerimonial da China e o culto caseiro de finlandeses e lapões pode parecer enorme; mas, se rastrearmos tanto quanto pudermos, veremos que os estágios iniciais de sua crença religiosa são curiosamente semelhantes. Primeiro, um culto ao céu, como o emblema da mais exaltada concepção que a mente não instruída do homem pode ter, expandindo-se com os pensamentos em expansão de seus adoradores e, eventualmente, levando e elevando a alma de horizonte a horizonte, para uma crença naquilo que está além de todos os horizontes, uma crença naquilo que é infinito. Em segundo lugar, uma crença em espíritos imortais ou poderes da natureza, que fornece as necessidades mais imediatas e cotidianas do instinto religioso do homem, satisfazendo a imaginação e fornecendo a poesia mais antiga com temas elevados. Por fim, uma crença na existência de espíritos ancestrais, o que implica, consciente ou inconscientemente, de forma espiritual ou material, aquilo que é uma das fontes de vida de toda religião, a saber, uma crença na imortalidade. (§249)

---

92   Castrén, "Finnische Mythologie", p. 122.

93   Quando um imperador morria, e os homens erguiam um templo ancestral e instalavam lápides (como local de descanso para o *shin* ou espírito dos que partiram), eles o chamavam de *Te* (Medhurst, "Inquiry", p. 7; do *Le-Ke*, I, p. 49).

94   Medhurst, "Inquiry", p. 45.

Permitam-me, em conclusão, recapitular em breve as conclusões desta conferência. (§250)

Descobrimos primeiramente que existe uma conexão natural entre língua e religião e que, portanto, a classificação das línguas é aplicável também às religiões antigas do mundo. (§251)

Descobrimos, em segundo lugar, que havia uma religião ariana comum antes da separação da raça ariana; uma religião semita comum antes da separação da raça semita; e uma religião turaniana comum antes da separação dos chineses e das outras tribos pertencentes à classe turaniana. Descobrimos, de fato, três antigos centros de religião como tínhamos antes três antigos centros de linguagem, e, portanto, adquirimos, acredito, uma base verdadeiramente histórica para um tratamento científico das principais religiões do mundo. (§252)

Quarta conferência

12 de março de 1870.

Quando iniciei esse breve ciclo de conferências, confesso que me senti pesaroso de empreender uma tarefa tão difícil; e, se eu tivesse honrosamente podido declinar, eu o teria feito de bom grado. Agora que me resta apenas mais esta conferência, sinto o mesmo pesar, e meu anseio era de ter trazido neste curso, mesmo de forma imperfeita, muito mais do que simplesmente quatro conferências. Desde o anúncio de minhas conferências, vocês devem ter percebido que, ao chamá-las de "Uma Introdução à Ciência da Religião", não pretendia tratar mais do que de algumas perguntas preliminares. Queria principalmente mostrar que era possível realizar um estudo conceitual verdadeiramente científico da religião e que existem materiais que nos permitem alcançar um conhecimento confiável das principais religiões do mundo e de acordo com quais princípios essas religiões podem ser classificadas. Talvez fosse mais interessante para alguns de meus ouvintes se tivéssemos nos lançado aos templos antigos, a fim de olhar para os ídolos quebrados do passado e a fim de descobrir, se possível, algumas das ideias fundamentais que se encontravam expressas nos antigos sistemas de fé e culto. Mas, para explorar com real proveito quaisquer dessas ruínas, quer de pedra, quer de pensamento, é necessário que saibamos para onde olhar e como olhar. Na maioria das obras sobre a história das religiões antigas, somos levados como turistas abandonados em um vasto museu, onde estátuas antigas e modernas, pedras preciosas do artesanato oriental e europeu, obras de arte originais e meras cópias são empilhadas juntas, e, no final de nossa jornada, apenas nos sentimos confusos e desanimados. Teremos visto muito, sem dúvida, sem reter quase nada. É melhor, antes de entrarmos nesses labirintos, que passemos algumas horas decidindo o que realmente queremos ver e o que podemos deixar passar; e, se nessas palestras introdutórias somente chegamos a uma visão clara sobre esses pontos, vocês descobrirão a seguir que nosso tempo não foi totalmente gasto em vão. (§253)

Vocês devem ter observado que me abstive cuidadosamente de entrar no domínio do que chamo de Teorética, diferentemente da Teologia Comparada. A Teologia Teórica, ou, como às vezes é chamada, a Filosofia da Religião, tem, até onde julgo, seu lugar certo no final, e não no início da Teologia Comparada. Não escondi minha própria convicção de que um estudo de Teologia Comparada produzirá, com relação à Teologia Teórica, a mesma revolução que um estudo de Filologia Comparada produziu no que costumava ser chamado de Filosofia da Linguagem. Vocês sabem como todas as especulações sobre a natureza da linguagem, sua origem, seu desenvolvimento, seu crescimento natural e seu inevitável decaimento, tiveram de ser retomadas desde o início, depois da nova luz lançada sobre a história da linguagem pelo método comparativo. Aguardo com expectativa os mesmos resultados com relação a investigações filosóficas sobre a natureza da religião, sua origem e seu desenvolvimento. Não pretendo dizer que todas as especulações anteriores sobre esses assuntos se tornarão inúteis. O *Crátilo*, de Platão, e até mesmo o *Hermes*, de Harris, e o *Diversions of Purley* ["Diversões de Purley], de Horne Tooke, não se tornaram inúteis após o trabalho de Grimm e Bopp, de Humboldt e Bunsen. Mas acredito que os filósofos que especulam sobre a origem da religião e sobre as condições psicológicas da fé escreverão no futuro de maneira mais cautelosa e com menor presunção dogmática que aquela que até agora distinguiu tantas especulações sobre a Filosofia da Religião, exceto as de Schelling e as de Hegel. Antes do surgimento da Geologia, era fácil especular sobre a origem da Terra; antes do surgimento da Glossologia, quaisquer teorias sobre a origem revelada, mimética, de interjeições ou convencional da linguagem poderiam ser facilmente realizadas e defendidas. Agora não é assim, pois os fatos ocupam o lugar que antes pertencia às teorias, e aqueles que trabalharam com mais cuidado entre os escombros da terra ou os estratos de línguas estão mais recalcitrantes em abordar o grande problema a respeito dos inícios. (§254)

Tudo isso para explicar o porquê de neste curso introdutório ter me confinado a limites mais estreitos do que alguns de meus ouvintes esperavam. E agora, como tenho apenas uma hora, tentarei fazer o melhor uso possível dela, dedicando-a inteiramente a um ponto em que ainda não toquei, ou seja, o espírito correto no qual as religiões antigas devem ser estudadas e interpretadas. (§255)

Nenhum juiz que tivesse diante de si o pior dos criminosos o trataria como a maioria dos historiadores e teólogos trataram as religiões do mundo. Todo ato nas vidas de seus fundadores mostra que eles eram apenas homens, ansiosamente apreendidos e julgados sem piedade. Toda doutrina que não é cuidadosamente protegida é interpretada no pior sentido possível; todo ato de culto que difere de nossa maneira de servir a Deus é ridicularizado e desprezado. E isso não acontece por acidente, mas sim com um objetivo definido, ou seja, com algo desse senso artificial de dever que estimula o advogado de defesa a ver nada além de um anjo em seu próprio cliente e qualquer coisa, menos um anjo, na parte queixosa. O resultado foi – e não poderia ser de outra maneira – um completo erro de justiça, uma total má compreensão do verdadeiro caráter e propósito das religiões antigas da humanidade; e, como consequência inevitável, um fracasso em descobrir as características peculiares que realmente distinguem o Cristianismo de todas as religiões do mundo e garantir ao seu fundador seu próprio lugar peculiar na história, longe de Vasista, Zoroastro e Buda, longe de Moisés e Mohammad, longe de Confúcio e Lao-Tsé. Ao depreciar indevidamente todas as outras religiões, colocamos a nossa em uma posição jamais pretendida por seu fundador; nós a afastamos do seu contexto sagrado da história do mundo; nós ignoramos, ou deliberadamente restringimos, os diversos tempos e maneiras diversas em que, no passado, Deus falou aos pais pelos profetas; e, em vez de reconhecer o Cristianismo como tendo chegado na plenitude dos tempos e como o cumprimento das esperanças e desejos de todo o mundo, nós nos propusemos a considerar seu advento como o único elo quebrado naquela cadeia ininterrupta que é corretamente chamada de "governo divino do mundo". (§256)

E pior ainda: existem pessoas que, por mera ignorância das religiões antigas da humanidade, adotaram uma doutrina mais anticristã do que qualquer outra que poderia ser encontrada nas páginas dos livros religiosos da antiguidade, ou seja, aquela de que todos os povos da terra, antes da ascensão do Cristianismo, eram meros marginalizados, abandonados e esquecidos de seu Pai no céu, sem nenhum conhecimento de Deus, sem nenhuma esperança de salvação. Se um estudo comparativo das religiões do mundo propiciar apenas a expulsão da heresia da falta de Deus de todo coração cristão e nos fizer ver novamente em toda a história do mundo a eterna sabedoria e amor de Deus para com todos em suas criaturas, terá feito um bom trabalho. (§257)

E é chegado o tempo de esse bom trabalho ser realizado. Aprendemos a fazer justiça à poesia antiga, às instituições políticas, aos estatutos legais, aos sistemas de filosofia e às obras de arte das nações que diferem de nós em muitos aspectos; fomos levados a valorizar até mesmo o início grosseiro e imperfeito em todas essas esferas de atividade mental; e acredito que assim aprendemos lições da história antiga que não poderíamos ter aprendido em nenhum outro lugar. Podemos admirar os templos do mundo antigo, seja no Egito, seja na Babilônia, seja na Grécia; ficamos em êxtase diante das estátuas de Fídias; e somente quando nos aproximamos de suas concepções religiosas expressas nos templos de Atena e nas estátuas de Zeus é que nos afastamos com lástima ou desprezo e que chamamos esses deuses de meros ídolos e imagens e classificamos seus adoradores – Péricles, Fídias, Sócrates e Platão – como adoradores de troncos e pedras. Não nego que as religiões dos babilônios, egípcios, gregos e romanos sejam imperfeitas e que caiam em erros, principalmente em seus estágios posteriores, mas sustento que o fato de os povos antigos terem alguma religião, por mais imperfeita que seja, os eleva e nos aproxima mais do que todas as suas obras de arte, do que toda a sua poesia e do que toda a sua filosofia. Nem a arte, nem a poesia, nem a filosofia seriam possíveis sem a religião; e, se apenas olharmos sem preconceitos, se apenas julgarmos como sempre devemos julgar, com amor e caridade constantes, ficaremos surpresos com o novo mundo de beleza e verdade que, como o azul de um céu de primavera, surge diante de nós, por trás das nuvens das mitologias antigas. (§258)

Podemos falar franca e audaciosamente, permitindo-nos achar que nossos esforços foram benéficos. Houve um tempo em que era diferente. Houve um tempo em que as pessoas imaginavam que a verdade, particularmente a verdade mais sublime, a verdade religiosa, só poderia ser conquistada pelo fervor cego, pelo fogo e pela espada. Naquela época, todos os ídolos deveriam ser derrubados, seus altares destruídos e seus adoradores, cortados em pedaços. Mas chegou o momento em que a espada foi colocada em seu devido lugar... E, se mesmo depois desse tempo houve uma obra a ser realizada e um combate a ser combatido, que exigiu o zelo fervoroso de apóstolos e mártires, esse tempo também acabou ficando para trás; a conquista foi alcançada, e temos tempo para refletir com calma sobre o que é passado e o que ainda está por vir. (§259)

Certamente não precisamos ter medo de Baal ou de Júpiter. Nossos riscos e dificuldades agora são de um tipo muito diferente. Aqueles que acreditam que existe um Deus, que ele criou o céu e a terra e que ele governa o mundo por sua providência incessante, não podem acreditar que milhões de seres humanos, todos criados como nós à sua imagem e semelhança, estavam, em um período de ignorância, tão completamente abandonados, e que toda a religião deles foi uma farsa, que todo o culto deles foi uma mentira e que toda a vida deles foi um escárnio. Um estudo honesto e independente das religiões do mundo nos ensinará que não foi assim, nos ensinará a mesma lição que ensinou a Santo Agostinho de que não há religião que não contenha algumas sementes da verdade. Ele nos ensinará mais: nos permitirá ver na história das religiões antigas, mais claramente do que em qualquer outro lugar, a *educação divina da raça humana*. (§260)

Sei que essa é uma visão que tem sido muito contestada, mas a mantenho com a mesma firmeza de sempre. Se não pudermos ler na história de toda a raça humana as lições diárias de um professor e guia divino, se não houver nenhum propósito, nenhum propósito crescente na sucessão das religiões do mundo, então poderíamos muito bem fechar completamente o livro ímpio da história e considerar os homens como não melhores do que a grama que hoje está no campo e amanhã é lançada no forno. O homem seria, de fato, menos valioso do que os pardais, pois nenhum deles é esquecido diante de Deus. (§261)

Mas aqueles que imaginam que, para garantir sua própria salvação, devem manter um constante e enorme abismo entre si e todas as demais nações do mundo, entre sua própria religião e as religiões de Zoroastro, Buda ou Confúcio, dificilmente terão a consciência de quão firmemente a interpretação da história das religiões do mundo, como parte da educação da raça humana, pode ser sustentada por autoridades diante das quais elas provavelmente se curvarão em silêncio. Não precisamos apelar para um bispo inglês para provar sua solidez ou a um filósofo alemão para provar a verdade dessa visão. Se quiséssemos autoridades, poderíamos apelar aos papas, aos Pais da Igreja, aos próprios apóstolos, pois todos eles sustentavam a mesma opinião sem hesitação ou sem incerteza. (§262)

Afirmei antes que o estudo simultâneo do *Antigo* e do *Novo Testamento*, com uma referência ocasional à religião e à filosofia da Grécia e de Roma, havia fornecido aos teólogos cristãos algumas das lições mais úteis para uma comparação mais ampla de todas as religiões do mundo. Ao estudar o *Antigo Testamento* e observando nele a ausência de algumas das verdades mais essenciais do Cristianismo, eles também perguntaram com surpresa por que o intervalo entre a queda do homem e sua redenção havia sido tão longo, por que foi permitida aos homens tão longa caminhada nas trevas e se os pagãos realmente não tinham lugar nos conselhos de Deus. Eis a resposta do papa Leão Magno[1] (440-461): (§263)

---

1   Hardwick, "Christ and other Masters", I, p. 85.

Introdução à Ciência da Religião   167

Aqueles que, com murmúrios ímpios, encontram falhas nas dispensações divinas e que se queixam do atraso do nascimento de Nosso Senhor parem com suas queixas, como se o que foi realizado nesta última era do mundo não tenha sido iminente no passado [...]. Aquilo que os apóstolos pregaram os profetas haviam antes anunciado, e sobre aquilo em que sempre se acreditou não pode ser dito que se cumpriu tarde demais. Por esse atraso de sua obra de salvação, a sabedoria e o amor de Deus apenas nos tornaram mais aptos para o seu chamado; de modo que aquilo que havia sido anunciado anteriormente por muitos sinais, palavras e mistérios durante tantos séculos não deveria ser objeto de dúvidas ou incertezas nos dias do Evangelho [...]. Deus não proveu os interesses dos homens por um novo conselho ou por uma compaixão tardia, mas ele instituiu desde o princípio para todos os homens o mesmo caminho de salvação. (§264)

Essa é a linguagem de um papa – de Leão Magno. (§265)

Agora escutemos o que Irineu diz e como ele explica para si mesmo a imperfeição necessária das religiões primitivas da humanidade. "Uma mãe", diz ele, "pode realmente oferecer ao seu bebê uma refeição completa, mas seu bebê ainda não pode receber a comida que é destinada a adultos. Do mesmo modo, Deus poderia, de fato, desde o princípio ter oferecido ao ser humano a verdade em sua plenitude, mas o ser humano não pôde recebê-la, pois ainda era criança." (§266)

Se isso também for considerada uma leitura presunçosa dos conselhos de Deus, temos, como último apelo, as palavras de São Paulo de que "a lei era a mestra dos judeus" (Gálatas 3,24), unida às palavras de São Pedro: "Dou-me conta verdadeiramente de que Deus não faz acepção de pessoas. Pelo contrário, em toda nação, ele acolhe quem o teme e pratica a justiça" (Atos dos Apóstolos 10,34-35). (§267)

Mas, como eu disse antes, não precisamos apelar a nenhuma autoridade, se apenas lermos os registros das religiões antigas do mundo com um coração aberto e com um espírito de caridade – um espírito que não pensa mal, mas se alegra com a verdade onde quer que ela possa ser encontrada. (§268)

Suponho que a maioria de nós já sentiu ou, mais cedo ou mais tarde, sentirá como o mundo inteiro – este mundo perverso, como o chamamos – mudaria em um passe de mágica se pelo menos uma vez déssemos aos seres humanos crédito pelos bons motivos, sem suspeitar, sem pensar mal, sem pensar que somos melhores que nossos vizinhos. Confie em um homem como sendo verdadeiro e bom e, mesmo que ele não o seja, a confiança que você deu tenderá a torná-lo verdadeiro e bom. Acontece o mesmo com as religiões do mundo. Decidamos, uma vez, procurar nelas aquilo que é verdadeiro e bom, e dificilmente reconheceremos novamente nossas antigas religiões. Se elas são obra do diabo, como muitos de nós aprendemos a acreditar, nunca houve um reino tão dividido contra si desde o início. Não existe religião – ou, se houver, não a conheço – que não diga: "Faça o bem! Evite o mal!". Não há nenhuma que não contenha o que o rabino Hillel chamou de quintessência de todas as religiões, a simples advertência: "Seja bom, meu filho!". "Seja bom, meu filho!" pode parecer um catecismo muito curto, mas acrescentemos: "Seja bom, meu filho, pelo amor de Deus!", e temos nela quase toda a Lei e os Profetas. (§269)

Gostaria de poder ler para vocês trechos que extraí dos livros sagrados do mundo antigo, sementes de verdades mais preciosas para mim do que grãos de ouro; orações tão simples e tão verdadeiras que todos poderíamos nos juntar a elas, se nos acostumarmos aos estranhos sons do sânscrito ou do chinês. Hoje, poderei dar apenas algumas amostras. (§270)

Aqui está uma oração de Vasista, um profeta védico, dirigida a Varuna, em grego Οὐρανός, um nome antigo do céu e do deus que reside no céu. (§271)

Lerei para vocês pelo menos um verso no original – é o 86º hino do sétimo livro do *Rig Veda* –, para que vocês possam ouvir os mesmos sons que há mais de três mil anos foram proferidos pela primeira vez em uma aldeia às margens do rio Sutlej, então chamada Satadru, por um homem que sentia como sentimos, que falava como falamos e que acreditava em muitos pontos em que acreditamos – um hindu de pele escura, pastor, poeta, sacerdote, patriarca e certamente um homem que, no nobre exército dos profetas, merece um lugar ao lado de Davi. E isso não mostra a indestrutibilidade do espírito, se nós virmos as ondas que, por um impulso poético, ele começou a agitar no vasto oceano do pensamento e que se espalharam, propagando-se de tal forma que até depois de séculos e séculos elas ainda atingem nossas costas e nos dizem, com sotaques que não podem ser confundidos, o que passou pela mente daquele antigo poeta ariano quando sentiu a presença de um Deus todo-poderoso, o criador do céu e da terra, e sentiu ao mesmo tempo o fardo de seu pecado, e orou a seu Deus para que ele pudesse tirar-lhe esse fardo, para que ele pudesse perdoá-lo por seu pecado? Quando você ouve os sons estranhos desse hino védico, você está ouvindo, mesmo nesta Instituição Real, a tiptologia do espírito – a verdadeira tiptologia do espírito. Vasista está realmente entre nós novamente e, se você me aceitar como intérprete, descobrirá que todos podemos entender o que o velho poeta queria dizer:[2] (§272)

> Dhîrâ tv asya mahinâ ganûmshi,
> vi yas tastambha rodasî kid urvî,
> pra nâkam rishvam nunude bríhantam,
> dvitâ nakshatram paprathak ka bhûma. (§273)

---

2   Max Müller, "History of Ancient Sanskrit Literature", p. 540.

Sábias e poderosas são as obras daquele que separou os vastos firmamentos (céu e terra). Ele levantou no alto o céu brilhante e glorioso; ele estendeu o céu estrelado e a terra. (§274)

Digo isso para mim mesmo? Como posso me aproximar de Varuna? Ele aceitará minha oferta sem desagrado? Quando, com a mente tranquila, devo vê-lo apaziguado? (§275)

Pergunto, ó Varuna, desejando conhecer esse meu pecado; vou perguntar aos sábios. Todos os sábios me dizem o mesmo: "Varuna é quem está zangado contigo". (§276)

Foi por um pecado antigo, ó Varuna, que desejas destruir teu amigo, que sempre te louva? Dize-me, Senhor invencível, e rapidamente voltarei a ti com louvor, livre do pecado! (§277)

Absolve-nos dos pecados de nossos pais e daqueles que cometemos com nosso próprio corpo! Liberta Vasista, ó rei, como "um ladrão que se banqueteava com gado roubado! Solta-o como um bezerro do laço!". (§278)

Não era nossa tarefa, ó Varuna, era um lapso; um esboço intoxicante, uma paixão, um jogo, uma imprevidência. O velho está lá para desencaminhar os jovens; mesmo adormecido não está livre da insensatez. (§279)

Permite-me, livra-me do pecado, presta serviço ao deus irado, como um escravo a seu senhor![3] O senhor deus ilumina o tolo; ele, o mais sábio, leva seu adorador à riqueza. (§280)

---

3   Ver Benfey, "Göttinger Gelehrte Nachrichten", 1874, p. 370.

Ó senhor, Varuna, que essa música vá direto a teu coração! Que possamos prosperar na aquisição e manutenção! Protegei-nos, ó deuses, sempre com vossas bênçãos! (§281)

Não sou insensível às imperfeições desta antiga oração, mas também não sou insensível à sua beleza, e acho que vocês admitirão que a descoberta de um desses poemas entre os hinos do *Rig Veda* e a certeza de que esse poema foi composto na Índia há pelo menos três mil anos, sem nenhuma inspiração além daquela que todos podem encontrar quando a procuram, se por acaso a encontrarem, vale bem o trabalho de uma vida. Isso mostra que o ser humano nunca foi abandonado por Deus, e essa convicção vale mais para os estudantes de história do que todas as dinastias da Babilônia e do Egito, vale mais do que todas as aldeias lacustres, vale mais do que os crânios e as mandíbulas do Vale de Neander (Neandertal) ou Abbeville.[4] (§282)

Acrescento mais algumas traduções de hinos védicos, algumas das quais foram publicadas em outros lugares, enquanto uma é aqui apresentada pela primeira vez.[5] (§283)

Oração por perdão (*Rig Veda* VII, 89)

1. Não me deixes ainda, ó Varuna, entrar na casa da terra! Tem piedade, todo-poderoso, tem piedade!
2. Se eu andar tremendo, como uma nuvem impulsionada pelo vento, tem piedade, todo-poderoso, tem piedade!
3. Por falta de força, deus forte e brilhante, eu me perdi. Tem piedade, todo-poderoso, tem piedade!

---

4 A cidade francesa de Abbeville é o lugar de descobrimentos arqueólogos que comprovam a presença do homem nessa área há cerca de 700 mil anos (N. do T.).

5 Ver "Einleitung in die Vergleichende Religionswissenschaft", p. 211.

4. A sede caiu sobre o crente, embora ele estivesse no meio das águas. Tem piedade, todo-poderoso, tem piedade!

5. Sempre que nós, seres humanos, ó Varuna, cometemos uma ofensa diante do exército celestial, sempre que violamos a lei por falta de consideração, não nos castigues, ó deus, por essa ofensa. (§284)

Canção de louvor dirigida a Varuna (*Rig Veda* I, 25)

1. Embora violemos tuas leis dia após dia, seres humanos como somos, ó Deus, Varuna,

2. Não nos entregues à morte, nem ao golpe dos furiosos, nem à ira do rancoroso!

3. Para te propiciar, ó Varuna, nós relaxamos tua mente com cânticos, como o cocheiro [desamarra] um corcel cansado.

4. Longe de mim, eles fogem desanimados, com a intenção apenas de obter riqueza, como pássaros para seus ninhos.

5. Quando traremos para cá o ser humano que é a vitória dos guerreiros? Quando levaremos Varuna, a visão ampla, para ser propiciada?

6. [Eles [Mitra e Varuna] têm isto em comum: graciosos, nunca desapontam o doador fiel.]

7. Ele, que conhece o lugar dos pássaros que voam pelo céu, que nas águas conhece os navios;

8. Ele, o sustentador da ordem, que conhece os doze meses com a descendência de cada um e que conhece o mês que é gerado depois;

9. Ele, que conhece o caminho do vento, da vastidão, do resplandecente, do poderoso, e que conhece aqueles que residem no alto;

Introdução à Ciência da Religião | 173

10. Ele, o sustentador da ordem, Varuna, senta-se no meio de seu povo; ele, o sábio, senta lá para governar.

11. Desse modo, percebendo todas as coisas maravilhosas, vê o que foi e o que será feito.

12. Que ele, o sábio Âditya, faça nossos caminhos retos todos os nossos dias; que ele prolongue nossas vidas!

13. Varuna, usando armadura dourada, vestiu sua capa brilhante; e os espiões sentaram-se ao redor dele.

14. O deus a quem os escarnecedores não provocam, nem os atormentadores dos seres humanos, nem os conspiradores da maldade;

15. Ele, que dá aos seres humanos a glória, e não a meia glória, que a dá até a nós mesmos;

16. Ansiando por ele, por aquele que vê bem, meus pensamentos movem-se para frente, como o gado move-se para seus pastos.

17. Vamos falar juntos novamente, porque meu mel foi trazido, para que tu comas o que mais gostas, como um amigo.[6]

18. Vi o deus que deve ser visto por todos, vi a carruagem acima da terra? Ele deve ter aceitado minhas orações.

19. Ouvi, ó Varuna, este meu chamado! Sê gracioso agora! Ansioso por ajuda, eu te invoquei.

20. Tu, ó Deus sábio, és o senhor de tudo: do céu e da terra. Ouve em teu caminho!

21. Para que eu possa viver, tira de mim a amarra superior, solta a do meio e retira a mais baixa! (§285)

---

6 Ver Bollensen, em *Orient und Occident*, II, p. 147. Pode-se ler *hotrâ-iva*, "porque o mel foi trazido por mim, como por um sacerdote, com gosto doce".

Na maioria dos hinos do *Rig Veda*, no entanto, os deuses assumem um caráter muito mais mitológico do que nessas canções dirigidas a Varuna, embora o caráter espiritual e ético da divindade seja raramente perdido. Se tomarmos, por exemplo, um pequeno hino dirigido a Agni ou Fogo, veremos facilmente que Agni (*ignis*) é concebido como o representante do fogo, mas também perceberemos aqui um fundo mais distante ou um verdadeiro elemento divino, apenas envolto em uma concha mitológica. (§286)

Hino a Agni (*Rig Veda* II, 6)

1. Agni, aceita esta tora que a ti ofereço, aceita este meu serviço! Ouça bem estas minhas canções!
2. Que, com esta tora, ó Agni, possamos te adorar, filho da força, conquistador de cavalos! E com este hino, tu, nascido do alto!
3. Que nós, teus servos, te sirvamos com cânticos, ó responsável pelas riquezas, tu que amas canções e te deleita com riquezas!
4. Senhor da riqueza e doador de riqueza, sê sábio e poderoso! Afasta de nós os inimigos!
5. Ele nos dá chuva do céu, ele nos dá força inviolável, ele nos dá comida mil vezes.
6. Menor dos deuses, mensageiro deles, invocador deles, mais merecedor de adoração, vem, em nosso louvor, a ele, que te adora e anseia por tua ajuda.
7. Pois tu, ó sábio, andas sabiamente entre estas duas criações [céu e terra, deuses e seres humanos], como um mensageiro amigável entre duas aldeias!

8. Tu és sábio e ficaste satisfeito. Realiza, ó inteligente Agni, o sacrifício sem interrupção! Senta-te nesta grama sagrada! (§287)

Aqui podemos observar claramente essa mistura peculiar de elementos éticos e físicos no caráter de uma divindade, uma mistura que nos parece estranha, mas que deve ter sido perfeitamente natural em um estágio anterior do pensamento religioso, pois encontramos as mesmas ideias em todos os lugares, sempre que formos capazes de rastrear o crescimento dos conceitos religiosos desde o início, não apenas entre as nações arianas, mas na África, nos Estados Unidos e até na Austrália, embora em nenhum lugar com a mesma clareza e plenitude que nos hinos dos arianos védicos. (§288)

Sempre expressei minha opinião de que devemos ter cuidado ao atribuir a mesma antiguidade remota a tudo o que ocorre no *Rig Veda*. Não que eu esteja desdizendo o que tentei provar em minha *History of Ancient Sanskrit Literature* ["História da literatura antiga sânscrita"], que toda a coleção dos hinos deve ter sido terminada até a última letra antes do início do período Brâhmana. Também não tenho conhecimento de que uma única associação fraca foi descoberta por qualquer um dos meus numerosos críticos na sequência de argumentos em que me baseei. Mas a honestidade científica obriga-me, no entanto, a confessar abertamente que agora não posso me sentir suficientemente convencido de que todos os hinos, todos os versos, todas as palavras e sílabas em nosso texto do *Rig Veda* sejam realmente da mesma antiguidade remota. Sem dúvida, devemos abordar todas essas questões sem opiniões preconcebidas, mas, por outro lado, não podemos esquecer tudo o que nos foi ensinado pelo estudo da literatura pós-védica ou pelo estudo de outras literaturas antigas. Devemos esperar por mais evidências e ter cuidado para não forçar essas pesquisas em uma direção falsa por meio de afirmações prematuras. Para dar uma amostra do que quero dizer, oferecerei uma tradução do famoso hino a Visvakarman da última Mandala, uma Mandala que geralmente tem sido considerada – embora, até agora, sem razões muito definidas – como um repositório de poemas mais modernos. (§289)

O próprio nome da divindade abordado neste hino, Visvakarman, indica que o poeta não pertencia ao período mais antigo da religião védica. Ele ocorre como um nome próprio apenas na décima Mandala. Originalmente, Visvakarman, o criador de todas as coisas, é um epíteto de vários deuses antigos. Indra é chamado Visvakarman,[7] da mesma forma que Sûrya, o sol,[8] e Visvakrit, aquele que faz tudo, ocorre no *Atharva Veda*[9] como um epíteto de Agni, o fogo, que nos Brâhmanas[10] também é identificado com Visvakarman. Visvakarman, como uma divindade independente, mas muito abstrata, aparece, como Pragâpati e indivíduos divinos semelhantes, na qualidade de criador, ou, mais corretamente, na qualidade de criador e arquiteto do universo. Nos hinos dedicados a ele, alguns raios surgem aqui e ali do fundo mitológico escuro através do qual e a partir do qual surgiu o conceito de Visvakarman. Às vezes, ainda somos capazes de reconhecer os traços de Agni, às vezes de Sûrya, embora os próprios

---

7   *Rig Veda*, VIII, 98, 2.
8   Ibid., X, 170, 4.
9   *Atharva Veda*, VI., 47, 1.
10   *Satapatha-brâhmana*, IX, 2, 2.

poetas pensem nele principalmente como o Criador. Assim, lemos em um verso: (§290)

> O vidente e sacerdote, o qual, oferecendo todos os mundos como um sacrifício, desceu como nosso pai; ele, aparecendo primeiro, entrou entre os mortais, desejando riqueza com bênçãos. (§291)

Isso, à primeira vista, não é muito claro, nem pretendo dizer que esse verso já tenha se tornado totalmente inteligível, apesar dos esforços de vários tradutores e comentaristas. Ainda assim, podemos ver um pouco de clareza, se lembrarmos que Visvakarman, o criador de todas as coisas, era originalmente Agni, o deus dos aros, e mais particularmente o deus do fogo e da luz da manhã. Agni, como o deus da manhã (*aushasya*), é frequentemente concebido como um sacerdote que, com seu esplendor, apresenta o mundo inteiro e o oferece como sacrifício matinal. Esse sacrifício é representado como ocorrendo no início de cada dia ou no início de um novo ano ou, por outro passo, no início do mundo. A luz do sol da manhã era percebida pelo poeta como iluminando o mundo, como os fogos reais brilhavam pela manhã em cada lareira. Ou o poeta pode ver na luz do sol nascente um poder que traz à tona o mundo inteiro, o traz à visão e ao ser, de fato faz ou cria o mundo. Essa é uma ideia poética, talvez até fantástica, mas é concebível; e, na interpretação das palavras dos *Vedas*, nunca devemos descansar até chegarmos a algo que seja pelo menos imaginável. (§292)

O poeta novamente parece pensar em Agni, o fogo, quando diz a Visvakarman que se estabeleceu como pai entre os seres humanos. O germe dessa concepção está na luz da manhã, aparecendo primeiro como algo distante e divino, mas depois, ao contrário de outros poderes divinos, permanecendo com os seres humanos na terra, no próprio centro de toda habitação. Esse pensamento de que Agni é o primeiro a ocupar sua morada com os seres humanos, de que sua presença é a condição de toda atividade humana, de toda atividade laboral e de toda arte, e de que somente através de sua bênção os seres humanos obtêm saúde e riqueza, é expresso em muitas canções védicas de maneiras muito variadas. (§293)

Se transferirmos esses pensamentos para o Visvakarman, o criador ou modelador de todas as coisas, algumas das palavras sombrias do primeiro verso tornam-se mais inteligíveis, enquanto algumas das traduções até agora publicadas deixam a impressão de que alguns dos poetas realmente não ligaram nenhum pensamento às suas efusões métricas: (§294)

1. [11]Qual era o lugar, qual era o suporte e onde estava o lugar de onde o onividente Visvakarman (o criador de todas as coisas), ao criar a terra, exibia o céu por seu poder?

2. Ele, o Deus único, cujos olhos estão em toda parte, cuja boca, cujos braços, cujos pés estão em toda parte; ele, quando faz o céu e a terra, os forja com os braços e com as asas.

---

11 Dr. Muir traduz este versículo: "Nosso pai, que é um rishi e um sacerdote, celebrou um sacrifício oferecendo todas essas criaturas, ele, desejando sinceramente a substância, ele, o arquétipo, que entrou no homem posterior". Langlois: "Que le richi (divin), notre pontife et notre père, qui par son sacrifice a formé tous ces mondes, vienne s'asseoir (à notre foyer). Qu'il désire et bénisse nos offrandes. Habitant des régions supérieures, il descende aussi vers nous" ["Que o rico (divino), nosso pontífice e nosso pai, que por seu sacrifício formou todos estes mundos, venha se sentar (próximo à nossa lareira). Que ele deseje e abençoe nossas oferendas. Habitante das regiões superiores, desce também até nós"].

Introdução à Ciência da Religião

3. [12]O que era a floresta, qual era a árvore[13] da qual eles cortaram o céu e a terra? Sim, procura em tua mente o lugar em que ele estava ao apoiar os mundos.

4. Ó Vísvakarman, regozijando-se no sacrifício, ensina a teus amigos quais são as tuas moradas mais altas e quais são as tuas mais baixas e quais são essas tuas moradas do meio! Sacrifica-te a ti mesmo, aumentando teu corpo![14]

5. Criador de todas as coisas, crescendo pelas oblações, sacrifica-te por ti mesmo, pela terra e pelo céu! Que outros seres humanos andem nas trevas, mas que entre nós seja poderoso o sábio!

6. Vamos invocar hoje, para nossa proteção na batalha, o senhor do discurso, Visvakarman, o criador de todas as coisas, que inspira nossa mente. Que ele aceite todas

---

12 Ver Svetâsvatara Upan. III, 3.

13 Dizemos ὕλη ou "matérias", "matéria" (Rig Veda, X, 31, 7).

14 A expressão "sacrifica a ti mesmo, aumentando o seu corpo" refere-se principalmente a Agni. Era uma ideia familiar dos brâmanes considerar o fogo como o sujeito e o objeto de um sacrifício. O fogo abraçou a oferta e, portanto, era uma espécie de sacerdote; levou-a aos deuses e, portanto, era uma espécie de mediador entre deuses e seres humanos. Mas o fogo representava também algo divino, um deus a quem a honra era devida, e, portanto, tornou-se objeto e sujeito do sacrifício. Daí a ideia de que Agni se sacrifica, que oferece um sacrifício a si mesmo, da mesma forma que ele se oferece como sacrifício. Isso levou a muitas lendas posteriores (ver Roth, "Nirukta", p. 142). Agni também foi concebido como representando o nascer do sol e a manhã, e desse ponto de vista o nascer do sol foi concebido como o grande sacrifício da natureza, a luz servindo, como uma chama de sacrifício, para a glória do céu e da terra, e, ao mesmo tempo, para sua própria glória. Daí, por fim, aquelas ideias cosmogônicas pelas quais o sacrifício diário é concebido como o sacrifício da criação e como a glória do criador.

as nossas ofertas, aquele que é uma bênção para todos e que realiza boas ações para nossa segurança! (§295)

Meu próximo extrato será do *Zendavesta*, o livro sagrado dos zoroastrianos, mais antigo em sua língua do que as inscrições cuneiformes de Ciro, Dario, Xerxes, aqueles antigos reis da Pérsia que sabiam que eram reis pela graça de *Ahura Mazda*, o *Zend Ahurô Mazdâo*,[15] e que colocou sua imagem sagrada no alto dos registros das montanhas de Beistum. Esse livro antigo, ou pelo menos seus fragmentos, sobreviveu a muitas dinastias e reinos, e ainda é aceito como verdade por um pequeno grupo remanescente da raça persa, agora estabelecido em Bombaim e conhecido em todo o mundo pelo nome de parses. (§296)

O primeiro extrato é retirado do Yaçna, formando seu trigésimo capítulo. Foi traduzido ou, melhor dizendo, uma decifração dele foi tentada por vários estudiosos, mais particularmente pelo professor Spiegel e pelo professor Haug.[16] Também foi referido por Bunsen em seu *God in History* ["Deus na História"] (vol. I, p. 277, da tradução da Senhorita Winkworth), e posso citar dele o que servirá como pano de fundo vivo, embora imaginário, para este hino impressionante: (§297)

> Façamo-nos a seguinte imagem: uma das colinas sagradas dedicadas ao culto ao fogo, na vizinhança da cidade primitiva de maravilhas da Ásia Central, "a gloriosa" Bactra,254 agora chamada Balkh, "a mãe das cidades". A partir desta altura, olhamos com criatividade para o planalto elevado, que fica a quase 610 metros acima

---

15 "Lectures on the Science of Language", I, p. 239.

16 "Essays on the Sacred Language of Parsees", 1862, p. 141.

do nível do mar, descendo em direção ao norte e terminando em um deserto arenoso, que nem sequer permite a torrente do Bactro chegar ao vizinho Oxo. No horizonte sul, os últimos esporões do Indocuche, ou, como o historiador de Alexandre o descreve, o Cáucaso indiano, elevam seus altos picos de 1.500 metros de altura. Dessas colinas – o Paropâmiso ou Indocuche –, brota o principal rio do país, o Bactro ou Dehas, que perto da cidade se divide em centenas de canais, fazendo com que o país se pareça com um jardim florescente de abundantes frutas. Para este ponto convergem as caravanas, que viajam através das montanhas para a terra das maravilhas ou delas trazem tesouros [...]. Ali, por ocasião do sacrifício pacífico pelo fogo, de cujas chamas ascendentes deviam ser retirados presságios, Zaratustra convocara os nobres da terra, para que ele pudesse realizar um grande ato religioso público. Chegando lá, à frente de seus discípulos, videntes e pregadores, ele convoca os príncipes a se aproximarem e a escolherem entre fé e superstição. (§298)

Apresento a tradução do hino, seguindo em parte Haug (1858), em parte Spiegel (1859), valendo-me também de algumas importantes emendas propostas por Dr. Hübschmann.[17] No entanto, devo confessar que, em numerosas passagens, minha tradução é puramente experimental, e só posso me responsabilizar pelo teor geral do hino: (§299)

1. Agora proclamarei, a todos os que vieram ouvir, os louvores a ti, o onisciente Senhor, e os hinos de Vohumano [o bom espírito]. Ó sábio Asha, peço que [tua] graça apareça nas luzes do céu.

---

17 Dr. H. Hübschmann, "Ein Zoroastrisches Lied, mit Rücksicht auf the Tradition übersetzt und erklärt", München, 1872.

2. Ouve com teus ouvidos o que é melhor, percebe com tua mente o que é puro, para que todo ser humano possa por si mesmo escolher seus princípios. Antes da grande destruição, que os sábios estejam do nosso lado!

3. Os antigos espíritos gêmeos, cada um com seu próprio trabalho, deram a conhecer,[18] em pensamentos, palavras e ações, o que é bom e o que é mau. Aqueles que são bons distinguem entre os dois, não aqueles que praticam o mal.

4. Quando esses dois espíritos reuniram-se, fizeram a primeira vida e a morte, para que finalmente houvesse a vida mais miserável para os maus, mas bênçãos para os bons.

5. Desses dois espíritos, o maligno escolheu as piores ações; o espírito amável, aquele cuja vestimenta é o céu imóvel, escolheu o que é certo; e também eles agradam fielmente Ahura Mazda mediante boas obras.

6. Aqueles que adoravam os Devas e foram enganados não distinguiram corretamente entre os dois; aqueles que escolheram o pior espírito vieram a unir-se a conselhos e correram para Aeshma para afligir a vida do ser humano.

7. E para ele [o bom] veio força, e com virtude da sabedoria, e a eterna Armaiti, ela mesma, fez o corpo dele vigoroso. Cabe a ti ser rico pelos dons dela.

8. Mas, quando chegar a punição dos crimes deles, ó Mazda, teu poder será conhecido como recompensa da

---

18 Haug não admite o significado causal de *asrvâtem*, mas o toma no sentido de *audiverunt* ["ouviram"] ou *auditi sunt* ["foram ouvidos"], ou seja, eles "eram conhecidos", "existiam".

piedade por aqueles que entregaram [Druj] a falsidade nas mãos da verdade [Asha].

9.   Sejamos, então, os que mais promovem este mundo; ó Ahura Mazda, ó Asha, que confere bem-aventurança! Que nossa mente esteja lá onde a sabedoria reside!

10. Então, de fato, haverá a queda do pernicioso Druj, mas, na bela morada de Vohumano, de Mazda e de Asha, serão reunidos para sempre aqueles que residem em boa reputação.

11. Ó seres humanos, se vos apegardes a esses mandamentos dados por Mazda [...], que são um tormento para os ímpios e uma bênção para os justos, então haverá vitória por meio deles. (§300)

Os próximos três versos foram retirados do quadragésimo terceiro capítulo do Yaçna:[19] (§301)

Eu te pergunto, dize-me a verdade, ó Ahura! Quem foi desde o princípio o pai do mundo puro? Quem fez um caminho para o sol e para as estrelas? Quem (exceto tu) faz a lua aumentar e diminuir? Isso, ó Mazda, e outras coisas, desejo saber. (§302)

Eu te pergunto, dize-me a verdade, ó Ahura! Quem segura a terra e as nuvens para que não caiam? Quem segura o mar e as árvores? Quem deu rapidez ao vento e às nuvens? Quem é o criador do bom espírito? (§303)

Eu te pergunto, dize-me a verdade, ó Ahura! Quem fez a gentil luz e as trevas, quem fez o agradável dormir e acordar? Quem fez

---

19   "Yasna", XLIV., 3. ed. Brockhaus, p. 130; Spiegel, "Yasna", p. 146; Haug, "Essays", p. 150.

as manhãs, o meio-dia e as noites? Quem lembra os sábios de seus deveres? (§304)

Quaisquer que sejam as dificuldades, e são sem dúvida as mais formidáveis, que nos impeçam de decifrar corretamente as palavras do *Zendavesta*, é tão claro que na *Bíblia* de Zoroastro todo homem é chamado a participar da grande batalha entre o Bem e o Mal, que está sempre acontecendo, e é garantido que, no final, o bem prevalecerá. (§305)

O que devo dizer de Buda? Pois nos resta tanto de suas palavras e parábolas que é realmente difícil escolher. Em uma coleção de seus ditos, escritos em páli – dos quais publiquei recentemente uma tradução[20] –, lemos: (§306)

1. Tudo o que somos é o resultado do que pensamos, é fundamentado em nossos pensamentos, é composto de nossos pensamentos. Se um homem fala ou age com um pensamento maligno, a dor o segue como a roda segue o pé do boi que puxa a carroça. (§307)

49. Como a abelha recolhe o mel e sai sem ferir a flor ou sua cor ou seu perfume, que tu deixes um sábio habitar na terra! (§308)

62. "Estes filhos me pertencem e esta riqueza me pertence", com tais pensamentos o tolo é atormentado. Ele próprio não pertence a si mesmo, muito menos seus filhos e suas riquezas! (§309)

---

20 The Dhammapada, a Collection of Verses, sendo um dos livros canônicos dos budistas, traduzido do páli por F. Max Müller, em "Sacred Books of the East", X, 1881.

121, 122. Que nenhum homem pense levianamente no mal, dizendo em seu coração: "Isso não chegará até mim"! Que ninguém pense levianamente no bem, dizendo em seu coração: "Isso não me beneficiará"! Mesmo de gota em gota um pote pode ficar cheio. (§310)

173. Aquele cujas más ações são cobertas por boas ações ilumina este mundo como a lua quando se levanta por trás das nuvens. (§311)

223. Que o homem supere a raiva pelo amor, o mal pelo bem, a ganância pela liberalidade, a mentira pela verdade.[21] (§312)

252. A falha dos outros é facilmente percebida, mas a própria é difícil de perceber; um homem detecta as falhas do vizinho como palha, mas sua própria culpa ele esconde, como uma trapaça esconde o dado ruim do jogador.[22] (§313)

264. Não é pela tonsura que um homem indisciplinado que fala falsidades torna-se um santo. Pode um homem que ainda é mantido cativo pelos desejos de cobiça ser um santo? (§314)

394. Qual é a utilidade de cabelos entrelaçados, ó tolo? E as roupas de peles de cabra? Dentro de ti há devastação, mas no exterior te purificas.[23] (§315)

Em nenhuma religião somos tão constantemente lembrados de nós mesmos como no Budismo, e, no entanto, em nenhuma

---

21 Romanos 12,21. "Não te deixes vencer pelo mal, mas vence o mal com o bem".

22 Ver Mateus 7,3. "Por que reparas no cisco que está no olho de teu irmão e não percebes a trave que está em teu olho?"

23 Ver Lucas 11,39. "Vós, fariseus, purificais o exterior do copo e do prato, mas vosso interior está repleto de rapina e maldade."

religião o ser humano se afastou tanto da verdade como na religião de Buda. O Budismo e o Cristianismo são, de fato, os dois polos opostos em relação aos pontos mais essenciais da religião: o Budismo ignora todo sentimento de dependência de um poder superior e, portanto, nega a própria existência de uma divindade suprema; o Cristianismo baseia-se inteiramente na crença em Deus como o Pai, no Filho do Homem como o Filho de Deus, e torna todos os seres humanos filhos de Deus pela fé em seu Filho. No entanto, entre a linguagem de Buda e seus discípulos e a linguagem de Cristo e seus apóstolos, existem estranhas coincidências. Mesmo algumas das lendas e parábolas budistas parecem tiradas do *Novo Testamento*, embora saibamos que muitas delas existiam antes do início da era cristã. (§316)

Assim, lemos sobre Ananda, o discípulo de Buda, que, depois de uma longa caminhada no campo, encontra-se com Mâtangî, uma mulher da casta baixa dos *kândâlas*, perto de um poço, e pede-lhe um pouco de água. Ela lhe diz quem ela é e que ela não deve se aproximar dele. Mas ele responde: "Minha irmã, não peço tua casta ou tua família. Peço apenas um gole de água". Depois, ela se torna discípula de Buda.[24] (§317)

Às vezes, o mesmo ensinamento que no *Novo Testamento* ocorre na forma de um simples mandamento é inculcado pelos budistas na forma de uma parábola. (§318)

Um sacerdote budista, lemos,[25] estava pregando às multidões que se reuniram ao seu redor. Na multidão havia um rei cujo coração estava cheio de tristeza, porque ele não tinha filho para perpetuar sua linhagem. Enquanto ele estava ouvindo, o pregador disse: (§319)

---

24 Burnouf, "Introduction à l'Histoire du Buddhisme", p. 205.
25 "Somadeva", VI. 28, 1s.

Introdução à Ciência da Religião

Dar nossas riquezas é considerada a virtude mais difícil do mundo; quem doa sua riqueza é como um homem que doa sua vida: pois nossa própria vida parece apegar-se à nossa riqueza. Mas, quando a mente de Buda foi movida pela piedade, deu sua vida, como grama, pelo bem dos outros; por que deveríamos pensar em riquezas miseráveis? Por essa virtude exaltada, Buda, quando foi libertado de todos os desejos e obteve o conhecimento divino, alcançou o estado de Buda. Portanto, que um homem sábio, depois de afastar seus desejos de todos os prazeres, faça o bem a todos os seres, mesmo sacrificando sua própria vida, para que assim possa alcançar o verdadeiro conhecimento! (§320)

Ouça-me! Antigamente havia um príncipe, livre de todos os desejos mundanos. Embora ele fosse jovem e bonito, ele deixou seu palácio e abraçou a vida de um asceta viajante. No dia seguinte, esse asceta passou pela casa de um comerciante e foi visto por sua jovem esposa, e ela, tocada pela beleza de seus olhos, exclamou: "Como esse modo de vida difícil foi adotado por alguém como tu? Bem-aventurada, de fato, é aquela mulher a quem tu olhas com teus amáveis olhos!" (§321)

Quando ele ouviu isso, o asceta arrancou um olho, colocou-o na mão e disse: "Mãe, vê isso! Pega essa horrível bola de carne, se quiseres! O outro olho é igual a este. Diga-me! O que há de adorável neles?" (§322)

O pregador continuou na mesma linha, citando outras parábolas com o mesmo propósito e terminou inculcando a lição de que o verdadeiro sábio não deveria cuidar das riquezas, nem de sua vida, e de que não deveria se apegar à esposa ou aos filhos, pois eles são como a grama que é lançada fora. (§323)

É impossível ler essas parábolas sem se lembrar dos versículos da *Bíblia*, como (Mateus 5,29): "Se teu olho direito te escandaliza, arranca-o e joga-o para longe de ti",[26] e novamente (Mateus 19,29): "E todo aquele que tiver deixado casas, irmãos, irmãs, pai, mãe, filhos;" e novamente (Lucas 12,28): "A relva, que hoje está no campo e amanhã é lançada ao forno". (§324)

Na mesma coleção, o *Oceano dos rios das histórias*, de Somadeva (vi, 27), lemos sobre um comerciante que adotara a religião de Sugata e mostrava grande respeito pelos monges budistas. Seu jovem filho, no entanto, desprezava o pai e o chamava de pecador: (§325)

"Por que me insultas?", perguntou o pai. (§326)

O filho respondeu: "Tu abandonaste a lei dos *Vedas* e seguiste uma nova lei que não é lei. Tu abandonaste os Brâhmans e adoras os Sramanas. Qual é a utilidade da religião Saugata, que é seguida apenas por pessoas de origem pobre, que querem encontrar um refúgio nos mosteiros, felizes quando jogam fora suas tangas e raspam todo o cabelo de sua cabeça, que comem o que querem e não realizam abluções nem penitências?". (§327)

O pai respondeu: "Existem diferentes formas de religião: uma olha para outro mundo, a outra é destinada às massas. Mas, certamente, o verdadeiro Bramanismo também consiste em evitar a paixão, em verdade e bondade para com todos os seres e em não violar imprudentemente as regras da casta. Portanto, tu não deves insultar minha religião, que concede proteção a todos os seres. Pois certamente não há dúvida de que ser gentil não pode ser ilegal, e não conheço outra gentileza a não ser proteger todos os seres vivos. Portanto, se estou muito afeiçoado à minha religião

---

26 No *Dialogi Creaturarum* ["Diálogos das criaturas"], p. D 4b, é dito a Demócrito que ele desviou os olhos, (1) porque eles o impediram de meditar, (2) porque ele viu os ímpios florescerem, (3) porque ele não podia olhar para as mulheres sem concupiscência.

cujo objeto é o amor e cujo fim é a libertação, que pecado existe em mim, ó criança?". (§328)

No entanto, como o filho não desistira de seus insultos, seu pai o levou perante o rei, e o rei ordenou que ele fosse executado. Ele concedeu-lhe dois meses para se preparar para a morte. No final dos dois meses, o filho foi levado perante o rei novamente e, quando o rei viu que ele havia ficado magro e pálido, perguntou o motivo. O culpado respondeu que, vendo a morte se aproximar dia após dia, ele não conseguia pensar em comer. Então o rei lhe disse que ele o ameaçara executar para que ele conhecesse a angústia de toda criatura que se aproxima da morte para que ele pudesse aprender o respeito a uma religião que impõe compaixão por todos os seres. Tendo conhecido o medo da morte, ele agora deveria buscar a liberdade espiritual e nunca mais insultar a religião de seu pai.[27] (§329)

O filho, comovido, perguntou ao rei como poderia obter liberdade espiritual. O rei, sabendo que havia uma feira na cidade, ordenou que o jovem pegasse um vaso cheio de óleo e o carregasse pelas ruas da cidade sem derramar uma gota. Dois carrascos com espadas desembainhadas andavam atrás dele e, na primeira gota derramada, deviam cortar-lhe a cabeça. Quando o jovem, depois de ter percorrido todas as ruas da cidade, voltou ao rei sem derramar uma gota, o rei disse: "Tu, hoje, enquanto andavas pelas ruas, viste alguém?". (§330)

O jovem respondeu: "Meus pensamentos estavam fixos no vaso, e não vi ou ouvi mais nada". (§331)

Então o rei disse: "Fixa teus pensamentos da mesma maneira no Altíssimo! Aquele que se recolhe e deixa de cuidar da vida exterior verá a verdade e, tendo visto a verdade, não será pego novamente pela rede de afazeres. Assim, ensinei em poucas palavras o caminho que leva à liberdade espiritual". (§332)

---

27   Ver "Mahâvamsa", p. 33.

De acordo com Buda, o motivo de todas as nossas ações deve ser a *piedade* ou o que deveríamos chamar de *amor* ao próximo, e o mesmo sentimento é inculcado repetidamente na poesia sagrada dos brâmanes. Assim, lemos no Mahâbhârata, Udyoga-parva, capítulo 38: "Não farás aos outros o que não gostas para ti mesmo. Esta é em resumo a lei; tudo o mais procede da paixão". (§333)
Mahâbhârata, Anusâsana-parva, capítulo 145:

Não machucar ninguém por palavra, pensamento ou ação, e ser benevolente e caridoso. Esta é a lei eterna do bem. (§334)

Mahâbhârata, Sânti-parva, capítulo 160:

Perdão e paciência, bondade e equanimidade, veracidade e retidão, limitação dos sentidos e energia, mansidão, modéstia e gravidade, generosidade e calma, contentamento, gentileza na fala e ausência de ódio e malícia – essas coisas juntas formam o autocontrole. (§335)

Mahâbhârata, Sânti-parva, capítulo 110:

Aqueles que não são temidos por ninguém e que não temem a ninguém, que consideram toda a humanidade como a si mesmos, sobrepujam todas as dificuldades. (§336)

Mahâbhârata, Anusâsana-parva, capítulo 144:

Aqueles que sempre tratam amigos e inimigos com o mesmo coração, sendo amigos de todos, tais homens irão para o céu.[28] (§337)

---

28   Ver Muir, "Metriacal Translations", passim; "the Pandit", dezembro de 1867.

Introdução à Ciência da Religião   191

E, como no Budismo e no Bramanismo, também nos escritos de Confúcio encontramos o que mais valorizamos em nossa própria religião. Citarei apenas uma frase do sábio chinês:[29] (§338)

O que não gostas que seja feito para ti mesmo não o faças aos outros. (§339)

Apenas uma passagem do fundador da segunda religião na China, de Lao-Tsé (capítulo 25):[30] (§340)

Existe um Ser infinito,[31] que existia antes do céu e da terra.
Quão calmo é ele! Que livre!
Ele vive só, isso não muda.
Ele se move por toda parte, mas nunca sofre.
Podemos considerá-lo a Mãe do Universo.
Eu, eu não sei o nome dele.
Para atribuir-lhe um título, eu o chamo de *Tao* ("o Caminho").
Quando tento dar-lhe um nome, eu o chamo de *Grandioso*.
Depois de chamá-lo de *Grandioso*, eu o chamo de *Fugitivo*.
Depois de chamá-lo de *Fugitivo*, eu o chamo de *Distante*.
Depois de chamá-lo de *Distante*, eu lhe peço que volte para mim. (§341)

---

29 Dr. Legge, "Life and Teachings of Confucius", p. 47.

30 "Le Livre de la Voie et de la Vertu, composé dans le VIe siècle avant l'ère chrétienne, par Lao-tseu", traduzido por Stanislas Julienu, Paris, 1842, p. 91.

31 Stanislas Julien traduz ("Il est un être confus") e explica *confus* de acordo com os comentários chineses como "ce qu'il est impossible de distinguer clairement. Si par hazard on m'interroge sur cet être (le Tao), je répondrai: Il n'a ni commencement, ni fin" ["aquilo que é impossível de distinguir claramente. Se por acaso alguém me interrogar sobre este ser (o Tao), eu lhe responderei: "Ele não tem nem começo nem fim"] etc. (ver, no entanto, Dr. J. Legge, "The religions of China", 1880, p. 213).

Preciso dizer que os escritores gregos e romanos são abundantes nos sentimentos mais elevados sobre religião e moralidade, apesar de sua mitologia e de sua idolatria? Quando Platão diz que os seres humanos devem buscar a semelhança com Deus, vocês acham que ele pensou em Júpiter, Marte ou Mercúrio? Quando outro poeta exclamou que a consciência é um deus para todos os seres humanos,[32] ele estava muito longe do conhecimento do verdadeiro Deus? (§342)

No terreno africano, os textos hieroglíficos e hieráticos dos antigos egípcios mostram a mesma estranha mistura de pensamentos sublimes e infantis, mais do que infantis, com os quais todos os estudantes da religião primitiva acostumaram-se, ou seja, com os quais se deve aprender a esboçar algumas de suas lições mais importantes. É fácil apreciar o que é simples, verdadeiro e belo nos livros sagrados do Oriente, mas aqueles que estão satisfeitos com essas joias são como botânicos que devem cuidar apenas de rosas e lírios e aos olhos de quem os espinheiros e sarças são meras ervas daninhas e lixo. Este não é o verdadeiro espírito em que o desenvolvimento natural, seja das flores da terra, seja dos produtos da mente, pode ser estudado, e é surpreendente ver quanto tempo leva para que os estudantes de antropologia aprendam essa lição tão simples. (§343)

Em um papiro em Turim,[33] as seguintes palavras são colocadas na boca do "Deus todo-poderoso, o autoexistente, que criou o céu e a terra, as águas, os fôlegos da vida, o fogo, os deuses, os seres humanos, os animais domésticos, o gado, os répteis, os pássaros, os

---

32 Trata-se de Victor Hugo ("La conscience, c'est Dieu présent dans l'homme"), *Post-scriptum de ma vie*, L'âme, Tas de pierres, VI (N. do T.).

33 Le Page Renouf, "Hibbert Lectures", p. 221.

peixes, os reis, os seres humanos e os deuses [...]. Eu sou o criador do céu e da terra, elevo suas montanhas e as criaturas que estão sobre elas. Eu faço as águas, e o Mehura surge [...]. Eu sou o criador do céu e dos mistérios do duplo horizonte. Fui eu que dei a todos os deuses a alma que está dentro deles. Quando abro meus olhos, há luz; quando os fecho, há trevas [...]. Eu faço as horas, e as horas passam a existir. Sou Chepera na manhã, Rá ao meio-dia e Tmu ao anoitecer". (§344)

E de novo: "Saudações a ti, ó Ptah-tanu, grande deus que oculta sua forma [...]! Tu observas enquanto repousas, o pai de todos os pais e de todos os deuses [...]. Observador que atravessas as infindáveis eras da eternidade. O céu ainda não foi criado, a terra não foi criada, a água não correu; uniste a terra, uniste teus membros, contaste teus membros; o que achaste à parte colocaste em seu lugar. Ó Deus, arquiteto do mundo, tu és sem pai, gerado por tuas próprias bênçãos; tu és sem mãe, nascendo através da repetição de ti mesmo. Afastas a escuridão pelo brilho de teus olhos. Ascendes ao zênite do céu e desces do mesmo modo como subiste. Quando tu és um morador no mundo infernal, teus joelhos estão acima da terra, e tua cabeça está no céu superior. Sustentas as substâncias que criaste. És por tua própria força que te moves; és elevado pelo poder de teus próprios braços [...]. O rugido de tua voz está nas nuvens; tua respiração está no topo das montanhas; as águas da inundação cobrem as altas árvores de todas as regiões [...]. O céu e a terra obedecem aos mandamentos que destes; eles viajam pelo caminho que lhes propuseste, não transgridem o caminho que lhes prescreveste e que lhes abriste [...]. Descansas, e faz-se noite; quando teus olhos brilham, somos iluminados [...]. Damos glória ao Deus que levantou o céu e que fez com que seu disco flutuasse sobre o seio de Nut, que criou os deuses, os seres humanos e todas as suas gerações, que fez todas as terras e países e o grande mar, em seu nome de 'deixa-que-a-terra--seja' [...]. O bebê que é gerado diariamente, o ancião que percorre todo caminho, a altura que não pode ser alcançada". (§345)

A seguir, trechos de um hino dirigido a Amon, a grande divindade de Tebas, preservados no Museu de Bulak: (§346)

Saudações a ti, Amon Rá, Senhor dos tronos da terra, o patriarca do céu, o mais velho da terra, senhor de todas as existências, o apoio das coisas, o apoio de todas as coisas. O Único em suas obras, singular entre os deuses; o belo touro do ciclo dos deuses, chefe de todos os deuses; Senhor da verdade, pai dos deuses; criador dos humanos, criador das bestas, criador das ervas, alimentador do gado, bom poder gerado por Ptah [...], a quem os deuses honram [...]. O mais glorioso, Senhor do terror, principal criador da terra segundo sua imagem, quão grandes são seus pensamentos acima de todo deus! Saudações a ti, Rá, senhor da lei, cujo santuário está oculto, Senhor dos deuses; Chepra em seu barco, a cujo comando os deuses foram feitos. Atmu, criador dos humanos [...], dando a eles vida [...], ouvindo os pobres que estão angustiados, gentis de coração quando alguém clama por ele [...]. Senhor da sabedoria, cujos preceitos são sábios, a cujo prazer transborda o Nilo. Senhor da misericórdia, mais amoroso, a cuja vinda os humanos vivem; abridor de todos os olhos, procedente do firmamento, causador de prazer e luz; em cuja bondade os deuses alegram-se; seus corações reviveram quando o viram. Ó Rá, adorado em Tebas, alto coroado na casa do obelisco [Heliópolis], soberano da vida, saúde e força, soberano Senhor de todos os deuses; aquele que é visível no meio do horizonte, governante das gerações passadas e do mundo inferior; cujo nome está escondido de suas criaturas [...]. Saudações a ti, o único, sozinho com muitas mãos, deitado acordado enquanto todos os humanos dormem, para procurar o bem de suas criaturas, Amon, sustentador de todas as coisas. Tmu e Horus do horizonte prestam homenagem a ti em todas as suas palavras. Saudação a ti, porque tu permaneces em nós; adoração a ti, porque nos criaste. (§347)

Existem muitas orações proferidas por reis como o rei Ramsés II? (§348)

Quem és tu, ó meu pai Amon? Um pai esquece seu filho? Certamente uma desventura aguarda quem se opõe à tua vontade; mas bem-aventurado aquele que te conhece, porque tuas obras procedem de um coração cheio de amor. Clamo por ti, ó meu pai Amon. Contempla-me no meio de muitos povos, desconhecidos para mim! Todas as nações estão unidas contra mim, e eu estou sozinho; nenhum outro está comigo. Meus muitos soldados me abandonaram, nenhum de meus cavaleiros olhou para mim e, quando os chamei, ninguém ouviu minha voz. Mas acredito que Amon vale mais para mim do que um milhão de soldados, cem mil cavaleiros e dez mil irmãos e filhos, mesmo que todos estivessem reunidos. O trabalho de muitos homens não é nada; Amon prevalecerá sobre eles. (§349)

A seguir, algumas passagens traduzidas do livro de Ptahhotep, que foi chamado de "o livro mais antigo do mundo" e, de fato, teria direito a esse título se, como nos foi relatado, o manuscrito de Paris tivesse sido escrito séculos antes de Moisés nascer, quando na verdade o autor viveu durante o reinado do rei Assa Tatkarâ, da quinta dinastia:[34] (§350)

---

34 Le Page Renouf, "Hibbert Lectures", p. 76.

Se és sábio, cria teu filho no amor de Deus.

Deus ama os obedientes e odeia os desobedientes.

Um bom filho é mencionado como um presente de Deus.

Nas máximas de Ani, lemos:

O santuário de Deus abomina [ruidosas manifestações?]. Ora, tu, com humildade com um coração amoroso, cujas palavras são proferidas em segredo! Ele te protegerá em teus negócios. Ele ouvirá tuas palavras. Ele aceitará tuas ofertas.

O Deus do mundo está na luz acima do firmamento. Seus emblemas estão na terra; é para eles que a adoração é realizada diariamente. (§351)

Concluindo, acrescento algumas palavras de monumentos funerários, colocadas na boca do falecido:[35] (§352)

Não machuquei nenhuma criancinha. Não oprimi nenhuma viúva. Não maltratei nenhum pastor. Não houve mendigo durante meus dias; ninguém passou fome durante meu tempo. E, quando chegaram os anos de fome, arei todas as terras da província até os limites norte e sul, alimentando seus habitantes e fornecendo sua alimentação. Não havia ninguém morrendo de fome, e fiz da viúva como se ela tivesse um marido. (§353)

Em outra inscrição, o falecido diz:

Fazendo o que é certo e odiando o que é errado, eu era pão para os famintos, água para os sedentos, roupa para os nus, um

---

35   Le Page Renouf, "Hibbert Lectures", p. 72.

refúgio para quem necessitava; o que fiz a ele, o grande Deus fez a mim! (§354)

É difícil parar de citar. A cada ano são trazidos à tona novos tesouros da literatura antiga do Egito, e não duvido de que com o tempo, principalmente se os documentos hieroglíficos continuarem sendo decifrados em um espírito verdadeiramente acadêmico, o Egito se tornará uma das minas mais ricas para o estudante de religião. (§355)

Mas agora devemos olhar para pelo menos alguns dos habitantes negros da África, quero dizer aqueles cuja língua e religião nos foram cuidadosamente estudadas e descritas por homens de confiança, como o bispo Colenso,[36] o bispo Callaway,[37] Dr. Bleek,[38] Dr. Theophilus Hahn;[39] e mais particularmente as tribos bantos, que ocupam a costa oriental além do Equador até o Cabo. Há ainda pontos obscuros sobre a história dessas raças cujo contato foi feito nas últimas guerras, mas não devemos esquecer o quanto algumas dessas raças, principalmente os zulus, são mencionadas pelos missionários ingleses. Se o número de convertidos entre eles ainda é pequeno, talvez seja bom que assim o seja. O bispo Callaway nos conta que um rapaz, o primeiro que ele batizou na

---

36 John Colenso (1814-1883) foi bispo anglicano em Durban, atualmente na África do Sul, onde realizou um trabalho proselitista entre os zulus (N. do T.).

37 Henry Callaway (1817-1890) foi um bispo anglicano que atuou como missionário na África do Sul (N. do T.).

38 O alemão Wilhelm Bleek (1827-1875) foi um pioneiro na área dos estudos comparados das línguas da África do Sul (N. do T.).

39 Filho de Samuel Hahn, missionário na África, Johannes Theophilus Hahn (1842-1904) falava fluentemente hotentote, também conhecida como língua "nama", e se tornou um renomado especialista neste idioma (N. do T.).

Colônia de Natal, disse que sua mãe testemunhara a batalha entre as tropas inglesas sob Cathcart e os basutos e vira o terrível efeito de nossa artilharia, ficando muito impressionada com o poder demonstrado, e que ela concluíra que aqueles que podiam sacudir a própria terra não podiam se enganar em nada, e aconselhara seu filho a aceitar a religião deles. É apenas uma história antiga, porque a verdade está do lado dos grandes batalhões. Mas o mesmo bispo está evidentemente ganhando influência por melhores meios, e principalmente por escolas que, como ele realmente diz, "devem ser o canteiro da Igreja, porque o Cristianismo floresce com mais vigor na mente cultivada do que na mente não cultivada". Um dos zulus, cuja confiança Dr. Callaway ganhara, lhe disse:[40] (§356)

> Não foi dos brancos que ouvimos primeiro sobre o Rei que está nas alturas. No verão, quando troveja, dizemos: "O rei está brincando". E, se há alguém com medo, as pessoas mais velhas lhe dizem: "Não há o que temer. Que coisa do rei você comeu?". (§357)

Outro homem muito idoso afirmou (p. 50): "Quando éramos crianças, dizia-se: 'O Rei está no céu'. Costumávamos ouvir isso quando éramos crianças; eles costumavam apontar para o Rei nas alturas; não ouvimos o nome dele; ouvimos apenas que o Rei está nas alturas. Ouvimos dizer que o criador do mundo (Umdabuko) é o Rei que está acima" (p. 60). (§358)

Uma mulher muito idosa, quando inquirida por um de seus compatriotas, disse (p. 53): "Quando falamos da origem do milho, perguntando: 'De onde ele veio?', os mais velhos dizem: 'Veio do criador que criou todas as coisas; mas não o conhecemos'. Quando

---

40   Dr. Callaway, "Unkulunkulu", p. 19.

insistimos na pergunta: 'Onde está o criador?' para nossos chefes que vemos, os velhos negam, dizendo: 'Esses chefes, a quem também vemos, foram criados pelo criador'. E, quando perguntamos: 'Onde ele está?, pois ele não é visível; onde ele está?', ouvimos nossos pais apontando para o céu e dizendo: 'O Criador de todas as coisas está no céu. E há uma nação de pessoas lá também' [...]. Costumava ser dito sempre: 'Ele é o rei dos reis'. Também quando ouvimos dizer que o céu havia comido o gado em uma aldeia (isto é, quando os raios o atingiam), dissemos: 'O rei levou o gado de uma aldeia'. E, quando trovejou, o povo tomou coragem e disse: 'O rei está brincando'". (§359)

Mais uma vez, outro homem muito velho, pertencente à tribo amantanja, que portava quatro feridas e cujo povo havia sido dispersado pelos exércitos de Utshaka, disse (p. 56): "A velha fé de nossos antepassados era essa; eles disseram: 'Há Unkulunkulu, que é um homem, que é da terra'. E eles costumavam dizer: 'Há um rei no céu'. Quando saudou e trovejou, eles disseram: 'O rei está se armando; e ele fará com que seja saudado. Colocai as coisas em ordem!' [...]. Quanto à fonte desse ser, sei apenas o que está no céu (p. 59). Os homens antigos disseram: 'A fonte do ser (Umdabuko) está no alto, e é a que dá vida aos homens' [...]. Foi dito a princípio que a chuva veio do rei e que o sol veio dele, e a lua que brilha durante a noite, para que os homens possam ir e não se machucar": (§360)

> Se um raio atingiu o gado, as pessoas não ficaram angustiadas. Costuma-se dizer (p. 60): 'O Rei matou para si mesmo entre sua própria comida. É teu? Não é do Rei? Ele está com fome; ele mata para si mesmo'. Se uma vila é atingida por um raio e uma vaca é morta, diz-se: 'Esta vila será próspera'. Se um homem é atingido e morre, diz-se: 'O rei encontrou uma falha nele'. (§361)

Outro nome do Criador é Itongo, o Espírito, e este é o relato de um nativo (p. 94): "Quando diz Itongo, ele não está falando de um homem que morreu e ressuscitou; está falando do que sustenta a terra, que apoia os humanos e o gado. O Portador é a terra graças à qual vivemos; e há o Portador da terra graças ao qual vivemos e sem o qual não poderíamos ser e graças ao qual somos". (§362)

Assim, encontramos, entre um povo que se dizia não ter vida religiosa, não ter nenhuma ideia de poder divino, alguns dos elementos mais essenciais da religião completamente desenvolvidos: uma crença em um Deus invisível, o Criador de todas as coisas, residindo no céu, enviando chuva, granizo e trovão, punindo os iníquos e reivindicando seu sacrifício dentre o gado em mil colinas. Isso mostra como devemos ser cuidadosos antes de aceitarmos evidências puramente negativas sobre a religião ou a ausência de toda religião entre tribos selvagens. Suponhamos que um nativo educado da Índia ou da China apareça repentinamente no país negro e faça algumas perguntas dificilmente inteligíveis em inglês[41] para um carvoeiro cheio de poeira e pergunte-lhe o que seus ancestrais lhe disseram sobre a fonte do ser – e que conta ele poderia dar a seus compatriotas do estado de fé religiosa na Inglaterra, se todas as suas informações tivessem sido coletadas das respostas que ele provavelmente receberia dessas testemunhas! Talvez ele nunca tenha escutado o nome de Deus, exceto em um "Deus te guarde!", que as pessoas dizem na Inglaterra e na Alemanha e em muitos outros países, quando alguém espirra. Foi com tal admiração que

---

41 P. 67. "A respeito da chegada dos ingleses a esta nossa terra, o primeiro que veio foi um missionário chamado Uyegana. Em sua chegada, ele ensinou as pessoas, mas elas não entendiam o que ele dizia [...] e, embora não entendesse a língua das pessoas, tagarelava constantemente com elas, as quais não conseguiam entender o que ele dizia."

Dr. Callaway descobriu pela primeira vez um dos nomes da divindade entre os zulus. Perguntando a um ancião que morava na área missionária se a palavra "Utikxo" passara a ser usada após a chegada dos missionários, recebeu a seguinte resposta (p. 64): "Não! A palavra 'Utikxo' não é uma palavra que aprendemos do inglês; é uma antiga palavra nossa. Costumava-se dizer sempre quando um homem espirrava: 'Que Utikxo possa me dar proteção!'". Esse "Utikxo" deve ter sido encoberto por Unkulunkulu (p. 67) e acabou não sendo visto por ninguém. Os homens viram Unkulunkulu e disseram que ele era o criador de todas as coisas (Umveliqangi); eles disseram isso porque não viram Aquele que fez Unkulunkulu; eles disseram que Unkulunkulu era Deus. (§363)

Depois desses fragmentos brutos, capturados entre as raças incultas da África, que *ainda não* chegaram a nenhuma forma positiva de fé, vamos agora, de forma conclusiva, avaliar alguns exemplos do pensamento religioso emanados daqueles que já não se apegam a nenhum tipo de forma concreta de fé. Tomo como seu representante Faizi, o irmão de Abulfazl, um pequeno membro da comitiva da Corte do Imperador Akbar, que, depois de um estudo comparativo das religiões do mundo, renunciou à religião de Mohammad e a respeito de quem, como veremos,[42] o ortodoxo Badáoní não conseguiu inventar invectivas fortes o suficiente para expressar seu horror. Faizi foi um daqueles homens a quem seus contemporâneos chamam de hereges e blasfemos, mas que a posteridade frequentemente chama de santos e mártires, o sal da terra, a luz do mundo; um homem de verdadeira devoção, de verdadeiro amor a seus semelhantes, com verdadeira fé em Deus, o Deus Desconhecido, a quem adoramos por ignorância, que não

---

42 Ver p. 218.

pode ser proclamado por nenhum pensamento humano e nenhuma linguagem humana, e cujo altar – o mesmo que São Paulo viu em Atenas – permanecerá para sempre no coração de todos os verdadeiros crentes: (§364)

> Tomemos o Divã de Faizi para testemunhar os maravilhosos discursos de um livre pensador que pertence a mil seitas.
>
> Tornei-me pó, mas, pelo cheiro de minha sepultura, as pessoas saberão que o homem se levanta desse pó.
>
> Eles podem conhecer o fim de Faizi[43] desde o começo: sem igual ele sai do mundo e sem igual ele se levanta.
>
> Na assembleia do dia da ressurreição, quando as coisas passadas serão perdoadas, os pecados da Caaba serão perdoados por causa do pó das igrejas cristãs.[44]
>
> Ó tu, que existes desde a eternidade e permaneces para sempre, os olhos não podem suportar tua luz, o louvor não pode expressar tua perfeição!
>
> Tua luz faz derreter a compreensão, e tua glória confunde a sabedoria. Pensar em ti destrói a razão; tua essência confunde o pensamento.
>
> Tua santidade declara que as gotas de sangue da meditação humana são derramadas em vão em busca de teu conhecimento, pois a compreensão humana é apenas um átomo de poeira.
>
> Teu ciúme, o guarda de tua porta, atordoa o pensamento humano com um golpe no rosto e dá um tapa na nuca da ignorância humana.

---

43 *Faizi* significa também "coração".

44 Os pecados do Islã são tão inúteis quanto o pó do Cristianismo. No dia da ressurreição, tanto os muçulmanos quanto os cristãos verão a vaidade de suas doutrinas religiosas. Os seres humanos brigam por religião na terra; no céu descobrirão que há apenas uma religião verdadeira: a adoração ao espírito de Deus.

A ciência é como a areia ofuscante do deserto no caminho para tua perfeição. A cidade da literatura é um mero vilarejo comparado ao mundo de teu conhecimento.

Meu pé não tem poder para percorrer esse caminho que engana os sábios; não tenho poder para suportar o odor do vinho, que confunde minha mente.

A presciência e a razão norteadora do homem vagam perplexas na cidade de tua glória.

O conhecimento e o pensamento humano combinados só podem significar a primeira letra do alfabeto de teu amor.

Meros iniciantes e os que estão muito avançados no conhecimento estão ansiosos pela união contigo; mas os iniciantes são tagarelas, e os avançados são levianos.

Todo cérebro está cheio de pensamentos de te possuir; a fronte de Platão até queimava com o calor da febre desse pensamento sem esperança.

Como um homem imprudente como eu terá sucesso quando teu ciúme atingir uma adaga no fígado dos santos?

Que tua graça purifique meu cérebro! Pois, senão, minha inquietação terminará em loucura.

Curvar a cabeça sobre o pó de teu limiar e depois olhar para cima não é certo na fé nem é permitido pela verdade. (§365)

Ó homem, tu que és como a moeda que carrega o selo duplo do corpo e do espírito, não sei qual é tua natureza, pois tu és mais alto que o céu e mais baixo que a terra.

Tua moldura contém as imagens das regiões celestiais e inferiores. Sê celestial ou terreno, pois tu tens a liberdade de escolher.

Não ajas contra tua razão, pois és um conselheiro de confiança!

Não coloques ilusões em teu coração, porque o coração é um tolo mentiroso!

Se tu desejas compreender o significado secreto das palavras "prefiras o bem-estar dos outros ao teu", trata a ti mesmo com veneno e, aos outros, com açúcar.

Aceita o infortúnio com um olhar alegre, se estiveres ao serviço daqueles a quem as pessoas servem!

Mergulhada na sabedoria da Grécia, minha mente ressuscitou das profundezas da terra de Ind. Sê como se tiveste caído neste abismo profundo (de meu conhecimento, ou seja, de meu aprendizado).

Se as pessoas retirassem o véu da face de meu conhecimento, descobririam que aquilo que aqueles que estão muito avançados em conhecimento chamam de certeza é, para mim, o mais fraco início de pensamento.

Se as pessoas capturassem a tela do olho de meu conhecimento, descobririam que o que é revelação (conhecimento extático) para os sábios é apenas uma loucura bêbada para mim.

Se eu procurasse o que está em minha mente, pergunto-me se o espírito do tempo poderia suportar isso.

Meu navio não exige o vinho da amizade do tempo; meu próprio sangue é a base do vinho de meu entusiasmo. (§366)

Gostaria que pudéssemos explorar juntos nesse espírito as religiões antigas da humanidade, pois me sinto convencido de que, quanto mais as conhecemos, mais veremos que não há uma que seja totalmente falsa; antes, que, em certo sentido, toda religião era uma religião verdadeira, sendo a única religião possível na época compatível com a linguagem, com os pensamentos e com os sentimentos de cada geração, adequados à idade do mundo. Conheço muito bem as objeções que serão feitas a isso. Poderão dizer que o culto a Moloc era uma verdadeira religião quando eles queimavam seus filhos e filhas no fogo para seus deuses? A adoração a Milita ou a Kâlî era uma verdadeira religião, quando no santuário de seus templos cometiam abominações inomináveis? O ensino de Buda era uma verdadeira religião, quando se solicitou aos homens acreditar que a maior recompensa da virtude e da meditação consistia em uma completa aniquilação da alma? (§367)

Tais argumentos podem nos falar de uma guerra sectária, apesar de terem provocado terríveis represálias. Pode ser verdadeira uma religião, e isso já foi respondido, que entregou às chamas homens de santa inocência só porque sustentavam que o Filho era semelhante ao Pai, mas que ele não era igual ao Pai, ou porque não veneravam a Virgem e os santos? Pode ser verdadeira uma religião que escondeu os próprios crimes inomináveis atrás dos muros sagrados de mosteiros? Pode ser verdadeira uma religião que ensinou a eternidade do castigo sem nenhuma esperança de perdão ou salvação para o pecador não penitente no tempo apropriado? (§368)

As pessoas que julgam as religiões nesse espírito nunca entenderão seu verdadeiro propósito, nunca alcançarão seu manancial sagrado. Essas são as excrescências, as inevitáveis excrescências de todas as religiões. Poderíamos da mesma forma julgar a saúde de um povo a partir de seus hospitais ou a moralidade a partir de suas prisões. Se queremos julgar uma religião, devemos tentar estudá-la o máximo possível na mente de seu fundador; e, quando isso for impossível, como geralmente o é, devemos tentar encontrá-la na solidão dos quartos e enfermarias, e não colegiados de áugures e nos conselhos de sacerdotes. (§369)

Se fizermos isso e se tivermos em mente que a religião deve adaptar-se às capacidades intelectuais daqueles a quem ela deve influenciar, ficaremos surpresos ao encontrar grande parte da verdadeira religião onde esperávamos apenas superstições degradantes ou cultos absurdos a ídolos. (§370)

A intenção da religião, onde quer que a encontremos, é sempre sagrada. Por mais imperfeita, por mais infantil que seja, ela sempre coloca a alma humana na presença de Deus; por mais imperfeita e infantil que seja sua concepção de Deus, ela sempre representa o mais alto ideal de perfeição que a alma humana, por enquanto, pode alcançar e apreender. Portanto, a religião coloca a alma humana na presença de seu ideal mais elevado, eleva-a acima do nível da bondade comum e produz pelo menos um anseio por uma vida superior e melhor – uma vida sob a luz de Deus. (§371)

A expressão que é dada a essas primeiras manifestações de sentimentos religiosos é sem dúvida frequentemente infantil, podendo ser irreverente ou até repulsiva. Mas todo pai não deve aprender a lição de uma interpretação caridosa ao observar os primeiros tropeços da religião de seus filhos? Por que, então, as pessoas acham tão difícil aprender a mesma lição na história antiga do mundo e no mesmo espírito julgar as expressões religiosas da infância da raça humana? Quem não se lembra dos questionamentos surpreendentes e aparentemente irreverentes das crianças sobre Deus? E quem não sabe quão irreverente é a inocência das mentes delas? Tais afloramentos de religiosidade infantil dificilmente se repetem. Mencionarei apenas um exemplo. Lembro-me bem da consternação criada por uma criança exclamando: "Nossa! Como eu gostaria que existisse pelo menos um cômodo na casa onde eu pudesse brincar sozinho e onde Deus não pudesse me ver". As pessoas que ouviram isso ficaram chocadas; mas, em minha opinião, confesso, essa exclamação infantil parecia mais verdadeira e maravilhosa do que o próprio Salmo de Davi (139[138],7): "Para onde irei longe de teu espírito? E para onde fugirei de tua face?". (§372)

Introdução à Ciência da Religião

O mesmo acontece com a linguagem infantil da religião antiga. Dizemos com muita serenidade que Deus é onisciente e onipresente. Hesíodo fala do sol como sendo o olho de Zeus, que vê e percebe tudo. Arato escreveu: "Cheias de Zeus estão todas as ruas, todos os mercados de homens; cheio dele está o mar e os portos [...], e também somos seus filhos". (§373)

Um poeta védico, apesar de ser de um período mais moderno do que aquele que citei antes, falando do mesmo Varuna que Vasista invocou, diz: "O grande senhor desses mundos vê como se estivesse por perto. Se um homem pensa que está caminhando furtivamente, os deuses sabem de tudo. Se um homem se levanta, anda ou cavalga, se se deita ou se se levanta, o que duas pessoas sentadas sussurram, o rei Varuna saberá disso, ele está lá como um terceiro. Esta terra também pertence a Varuna, o rei, e este céu largo com seus extremos distantes. Os dois mares (o céu e o oceano) são os lombos de Varuna; ele também está contido nesta pequenina gota d'água. Aquele que tentasse fugir muito além do céu, nem mesmo ali se livraria de Varuna, o rei. Seus espiões procedem do céu em direção a este mundo; com milhares de olhos eles negligenciam esta terra. O rei Varuna vê tudo isso, o que há entre o céu e a terra e o que está além. Ele contou as piscadelas de nossos olhos. Como um jogador lança os dados, ele decide todas as coisas".[45] (§374)

Não nego que exista nesse hino muita coisa infantil, que contenha expressões indignas da majestade da divindade, mas, se eu prestar atenção à linguagem e aos pensamentos das pessoas que o compuseram há mais de três mil anos, fico mais impressionado com a expressão alegre e pura que eles deram a esses pensamentos

---

45   "Chips from a German Workshop", I. 41. *Atharva Veda*, IV. 16.

profundos do que com os ocasionais rancores que chegam até nossos ouvidos. (§375)

Estas são as palavras de um convertido hindu, quando ele voltou para a Índia a fim de pregar o Evangelho: "Agora não vou à Índia ferir os sentimentos do povo dizendo: 'Sua Escritura não tem sentido. Qualquer coisa fora do *Antigo* e do *Novo Testamento* não serve para nada'. Não! Eu lhe digo que apelarei aos filósofos, moralistas e poetas hindus, ao mesmo tempo em que lhes trarei minha luz e raciocinarei no espírito de Cristo. Esse será meu trabalho. Temos provérbios nesse sentido: 'Quem for o maior será o menor'. Você não pode chamar isso de absurdo, pois é o que diz o nosso Salvador: 'Qualquer que seja seu chefe, permita que ele seja seu servo'. Os missionários, gentis, sinceros, dedicados como são, não sabem dessas coisas e imediatamente excluem tudo com o nome de hindu. Vá para o Egito, e você encontrará algumas peças de pedra, lindamente esculpidas e ornamentadas, que parecem ter sido parte de algum prédio grande e, examinando-as, você poderá imaginar como essa estrutura deve ter sido magnífica. Vá para a Índia e examine as palavras comuns do povo, e você ficará surpreso ao ver quão esplêndida a religião hindu deve ter sido".[46] (§376)

Pode-se dizer o mesmo da religião dos índios da América do Norte, por mais diferente que tenha sido o desenvolvimento de suas ideias religiosas, se comparado com o de seus homônimos no Oriente. Os primeiros missionários entre os peles-vermelhas ficaram impressionados com o aparente panteísmo, vendo a presença do divino em todos os lugares, mesmo naquilo que era claramente obra humana. Assim, Roger Williams relatou que, "quando falavam entre

---

46 "Brief Account of Joguth Chundra Gangooly, a Brahman of High Caste and a Convert to Christianity", Londres, 1860.

Introdução à Ciência da Religião 209

si dos navios e grandes edifícios ingleses, do cultivo de seus campos e, principalmente, dos livros e cartas, eles terminavam assim: *Manittôwock*, 'eles são deuses', *Cummanittôo*, 'você é um Deus'". Ele vê nessas expressões idiomáticas a manifestação "da forte convicção natural na alma humana de que Deus está preenchendo todas as coisas e lugares, de que todas as Excelências habitam em Deus e procedem dele e de que só são abençoados os que têm Iahweh como parte de si". Talvez tenha acontecido isso quando Roger Williams escreveu, mas um estudo acadêmico das línguas norte-americanas, recentemente lançado por alguns *eruditos* americanos, mostra que, se fosse assim, o caráter ambíguo da linguagem teria mais a ver com a produção desse panteísmo americano peculiar do que com a evolução independente do pensamento. *Manito*, literalmente "*Manit*", plural *manitóog* (ver Trumbull, "Transact. Am. Phil. Assoc.", i, p. 120), é sem dúvida o nome indígena para o Espírito Supremo deles. Lahontaine o definiu há muito tempo como um nome dado pelos selvagens "a tudo o que excede o entendimento deles e procede de uma causa que não conseguem rastrear" ("Voyages", edição inglesa de 1703, vol. II, 29). Mas esse Manit não é o nome do céu, do sol ou de qualquer outro fenômeno físico que gradualmente se transformou em um deus brilhante, como *Dyaus* ou *Zeus*, e depois se generalizou em um nome do divino, como *deva* ou *deus*. Se podemos confiar nos melhores estudiosos das línguas americanas, o nome de Manit começou com um conceito abstrato. O nome foi formado "prefixando-se a partícula indefinida ou impessoal" *m* ao particípio subjuntivo (anit) de um verbo que significa "superar", "ser mais do que". *Anue*, que é uma forma impessoal do mesmo verbo (no indicativo presente), era o sinal do grau comparativo e foi traduzido por "mais", "melhor". Todavia, como a palavra *Manit*, além de ser o nome do Deus Mais

Alto, continuou sendo usada na linguagem comum com o sentido de algo excessivo, extraordinário, maravilhoso, os missionários, ouvindo os indígenas exclamando por *Manitoo* em relação a qualquer coisa excelente em homens, mulheres, pássaros, animais, peixes etc., entenderam-na no sentido de "é um Deus". Possivelmente os dois significados da palavra também devam ter estado presentes na mente dos indígenas, e, nesse caso, deveríamos ter aqui outro exemplo da influência da linguagem no pensamento ou, se vocês preferirem, da petrificação da linguagem no pensamento vivo, embora neste caso devido não à polionímia, mas sim à homonímia. O resultado é o mesmo, mas os passos que levaram à expressão "este é Manit" são diferentes dos passos que levaram de *dyaus*, "céu", à nossa forma de dizer "isso é divino". (§377)

Uma língua antiga é um instrumento difícil de lidar, principalmente para fins religiosos. É impossível expressar ideias abstratas, exceto por metáforas, e não é demais dizer que todo o dicionário da religião antiga é composto de metáforas. Para nós, essas metáforas são todas esquecidas. Falamos de "espírito" sem pensar em respiração, de "céu" sem pensar no firmamento, de "perdão" sem pensar em libertação, de "revelação" sem pensar em véu. Mas, na linguagem antiga, todas essas palavras, ou seja, todas as palavras que não se referem a objetos sensoriais ainda estão em estágio embrionário: metade material e metade espiritual, ascendendo e decaindo em suas características, de acordo com as variadas possibilidades de quem fala e de quem ouve. E é aqui que está uma constante fonte de mal-entendidos, muitos dos quais mantiveram seu lugar na religião e na mitologia do mundo antigo. Existem duas tendências distintas a observar no crescimento da religião antiga. Há, por um lado, a luta da mente contra o caráter material da linguagem e uma tentativa

Introdução à Ciência da Religião   211

constante de retirar as palavras de sua cobertura grosseira e ajustá-las, pela força principal, aos propósitos do pensamento abstrato. Mas, por outro lado, há uma constante recaída do espiritual no material e, é estranho dizer, uma predileção pelo sentido material em vez de pelo espiritual. Essa ação e reação têm ocorrido na linguagem da religião desde os primeiros tempos e acontece até hoje. (§378)

Um elemento crucial na religião parece ser a princípio que ela não pode escapar do fluxo e refluxo do pensamento humano, que se repete pelo menos uma vez em cada geração entre pai e filho, mãe e filha. Apesar disso, penso que, se tivermos um olhar mais atento, veremos que esses fluxo e refluxo constitui a própria vida da religião. (§379)

Coloquem-se na posição daqueles que por primeiro afirmaram ter adorado o céu. Dizemos que eles adoravam o céu ou que o céu era seu deus; e, em certo sentido, isso é verdade, mas em um sentido muito diferente do que geralmente é associado a tais afirmações. Se usarmos "deus" no sentido que tem agora, dizer que o céu era o deus deles é dizer o que é simplesmente impossível. Uma palavra como Deus, no sentido em que a usamos – tal como *deus* e θεός, em latim e grego, ou *deva* em sânscrito, que poderia ser usada como predicado geral – não existia e não poderia existir naquele início da história do pensamento e da fala. Se quisermos entender a religião antiga, devemos primeiro tentar entender a linguagem antiga. (§380)

Lembremos, então, que os primeiros materiais da linguagem fornecem expressões apenas para as impressões recebidas pelos sentidos. Portanto, se houvesse uma raiz com significado para "queimar", "brilhar" e "aquecer", essa raiz poderia fornecer um nome reconhecido para o sol e o céu. (§381)

Mas vamos agora imaginar, o melhor que pudermos, o processo que ocorreu na mente humana antes que a palavra "céu" pudesse ser arrancada de seu objeto material e usada como o nome de algo totalmente diferente de céu. Havia no coração do homem, desde o início, um sentimento de incompletude, de fraqueza, de dependência, seja lá como for que chamemos em nossa linguagem abstrata. Podemos explicar isso tão pouco quanto podemos explicar por que o recém-nascido sente fome e sede. Mas foi assim desde o início, e é tão uniforme agora. O ser humano não sabe de onde vem nem para onde vai. Ele procura um guia, um amigo; cansado, ele busca por repouso; ele quer algo como um pai no céu. Além de todas as impressões que ele recebeu do mundo exterior, havia no coração humano um forte impulso que vinha de dentro – um suspiro, um desejo, um pedido de algo que não deveria ir e vir como todo o resto, que deveria existir antes, depois e para sempre, que pudesse sustentar e apoiar tudo, algo que fizesse o ser humano sentir-se em casa neste mundo estranho. Antes que esse vago anseio pudesse assumir qualquer forma definida, ele queria um nome: não podia ser totalmente compreendido ou claramente concebido, exceto nomeando-o. Mas onde procurar um nome? Sem dúvida, o celeiro da linguagem estava lá, mas evitou todos os nomes experimentados, pois não se encaixavam, pois pareciam mais restringir do que dar asas ao pensamento que flutuava por dentro e pedia luz e liberdade. (§382)

Vejamos o que aconteceu quando finalmente um nome, ou mesmo muitos, foram tentados e escolhidos, no que dizia respeito à mente humana. Certa satisfação, sem dúvida, foi conquistada por se ter um nome ou vários nomes, mesmo imperfeitos; mas esses nomes, como todos os outros nomes, eram apenas sinais – sinais pobres e imperfeitos; eles eram predicados, e predicados muito parciais, de várias porções pequenas de algo vago e vasto do que dormitava na mente. Quando o nome do céu brilhante foi escolhido, como foi escolhido uma vez ou outra por quase todas as nações da Terra, ele foi a expressão completa daquilo que a mente queria expressar? A mente ficou satisfeita? O céu havia sido reconhecido como seu deus? Longe disso. As pessoas sabiam perfeitamente bem o que elas queriam dizer com o céu visível; o primeiro ser humano que, depois de procurar em todos os lugares o que queria, e que, finalmente, em pura exaustão, percebeu o nome do céu como melhor do que nada, sabia muito bem que seu sucesso não passava de um mísero fracasso. O céu brilhante foi, sem dúvida, o mais elevado, o único ser imutável e infinito que recebeu um nome, e que poderia dar seu nome àquela ideia ainda não nascida do Infinito que inquietava a mente humana. Mas tenhamos a clareza de perceber que o ser humano que escolheu esse nome não pretendia dizer que o céu visível era tudo o que ele queria, não queria dizer que o dossel azul acima de si era seu deus. (§383)

E agora observem o que acontece quando o nome "céu" foi assim dado e aceito. A busca e a descoberta desse nome, por mais imperfeitas que tenham sido, foram atos de uma mente viril, de um poeta, de um profeta, de um patriarca, que podia lutar, como outro Jacó, com a ideia de Deus que existia dentro de si, até que ele a concebeu e a levou adiante dando-lhe o nome. Mas, quando esse nome foi usado com jovens e idosos, com crianças tolas e avós amorosas, foi impossível impedir que fosse mal interpretado. A primeira alternativa de simplificação dessa ideia seria encarar o céu como a morada daquele Ser que foi chamado pelo mesmo nome; o próximo passo seria esquecer completamente o que havia por trás do nome e implorar ao céu, o dossel visível sobre nossas cabeças, para que enviasse a chuva, protegesse os campos, o gado e o milho, dando ao ser humano seu pão diário. Muito em breve aqueles que advertiram o mundo de que não se tratava do céu visível, mas de algo que está altamente acima, profundamente abaixo e muito além do firmamento azul, seriam vistos como sonhadores incompreendidos por todos ou como incrédulos que desprezavam o céu, o grande benfeitor do mundo. Por fim, muitas coisas verdadeiras a respeito do céu visível seriam contadas a respeito do homônimo divino, e lendas surgiriam, destruindo todos os vestígios da divindade que antes estava escondida sob esse nome ambíguo. (§384)

Chamo essa variedade de aceitação, esse mal-entendido, inevitável na religião antiga e também na moderna, de *desenvolvimento dialético e decadência*, ou, se você preferir, a *vida dialética da religião*, e precisaremos observar repetidas vezes o quanto ela é importante em nossa capacidade de formar uma correta avaliação da linguagem e dos pensamentos religiosos. As sombras dialéticas na linguagem religiosa são quase infinitas; elas explicam a decadência, mas também são responsáveis pela vida da religião. Vocês devem lembrar que Jacob Grimm, em um de seus enlevos poéticos, explicou a origem do alto e do baixo alemão, do sânscrito e do prácrito, do grego dórico e do jônico considerando os dialetos altos como originalmente a linguagem dos homens adultos, os dialetos baixos como originalmente a linguagem das mulheres e crianças. Em meu ponto de vista, podemos observar os mesmos fluxos paralelos na linguagem da religião. Há um alto e um baixo dialeto; existe um amplo e um estreito; existem dialetos para homens e dialetos para crianças, para clérigos e para leigos, para as ruas barulhentas e para o recinto silencioso e reservado. E, como a criança que cresce rumo à idade adulta precisa desaprender o idioma do berçário, sua religião também deve ser traduzida de um

Introdução à Ciência da Religião   215

feminino para um dialeto mais masculino. Isso não ocorre sem conflito, e é esse conflito constantemente recorrente, esse desejo inextinguível de recuperar-se, que mantém a religião em uma completa estagnação. Do princípio ao fim, a religião fica oscilando entre esses dois polos opostos, e é somente quando a atração de um dos dois polos torna-se muito forte que esse saudável movimento cessa, dando lugar à estagnação e à decadência. Se a religião não se acomodar, de um lado, à capacidade das crianças ou se, do outro, falhar em satisfazer às exigências dos homens adultos, ela perderá sua própria vitalidade, tornando-se ou mera filosofia ou mera superstição. (§385)

Se consegui me expressar claramente, acho que vocês entenderam em que sentido pode ser dito que existe verdade em todas as religiões, mesmo nas inferiores. A intenção que levou ao primeiro pronunciamento de um nome como o céu, usado não mais em seu sentido material, mas em um sentido superior, estava certa. O espírito estava disposto, mas a linguagem era fraca. O processo mental não era, como comumente se supunha, uma identificação de uma ideia definida de divindade com o céu. Tal processo é dificilmente concebível. Foi, pelo contrário, uma primeira tentativa de definir a ideia imprecisa de divindade por um nome que deveria traduzir, pelo menos aproximada ou metaforicamente, uma de suas características mais importantes. O primeiro criador desse nome da divindade, repito, só poderia ter pensado no céu material como pensamos quando falamos do reino dos céus.[47] (§386)

E agora observemos outra característica da religião antiga que frequentemente causa surpresa, mas que, se nos lembrarmos de qual é a natureza da linguagem antiga, torna-se perfeitamente

---

47 Medhurst, "Inquiry", p. 20.

inteligível. É sabido que as línguas antigas são particularmente ricas em sinônimos, ou, para falar mais corretamente, que nelas o mesmo objeto é chamado por muitas nomes, ou seja, é um *poliônimo*. Enquanto nas línguas modernas a maioria dos objetos tem apenas um nome, encontramos no sânscrito antigo, no grego antigo e no árabe uma grande variedade de palavras para o mesmo objeto. Isso é perfeitamente natural. Cada nome podia expressar apenas um lado do que precisava ser nomeado, e, não satisfeitos com um nome parcial, os primeiros autores da linguagem produziram um nome após o outro e, depois de um tempo, mantiveram aqueles que pareciam mais úteis para fins específicos. Assim, o "céu" poderia ser chamado não apenas de "brilhante", mas também de "escuro", de "cobertura", de "trovão" e de "chuva". Essa é a *polionímia* da linguagem e é o que estamos acostumados a chamar de *politeísmo* na religião. O mesmo anseio mental que encontrou sua primeira satisfação em usar o nome do céu brilhante como uma indicação do divino logo se apoderaria de outros nomes do céu, não expressivos de brilho e, portanto, mais apropriados a um clima religioso em que o divino foi concebido como sombrio, terrível, todo-poderoso. Assim, encontramos ao lado de Dyaus, outro nome do céu coberto, Varuna, originalmente apenas outra tentativa de nomear o divino, mas que, como o nome de Dyaus, logo assumiu uma existência separada e independente. (§387)

E isso não é tudo. A própria imperfeição de todos os nomes que haviam sido escolhidos, sua própria inadequação para expressar a plenitude e infinitude do divino, continuaria a busca por novos nomes, até que finalmente todas as partes da natureza em que uma abordagem do divino pudesse ser descoberta foram escolhidas como um nome do Onipresente. Se a presença do divino era percebida no vento forte, o vento forte tornava-se o nome divino;

Introdução à Ciência da Religião

se sua presença era percebida no terremoto e no incêndio, o terremoto e o incêndio tornavam-se os nomes divinos. (§388)

Vocês ainda se admiram com o politeísmo ou com a mitologia? Por que, se eles são inevitáveis? Eles são, se vocês preferirem, um *parler enfantin* ["falar infantil"] da religião. Mas o mundo teve sua infância e, quando era criança, falava como criança, entendia como criança, pensava como criança; e, repito, na medida em que falava como criança, sua linguagem era verdadeira; na medida em que acreditava como uma criança, sua religião era verdadeira. O erro é nosso se insistirmos em tomar a linguagem das crianças como linguagem dos homens adultos, se tentarmos traduzir literalmente o antigo para a linguagem moderna, o oriental para o discurso ocidental, a poesia para a prosa.[48] (§389)

É perfeitamente genuíno dizer que poucos intérpretes nos dias de hoje, se houver algum, aceitariam expressões como "cabeça", "rosto", "boca", "lábios", "respiração de Iahweh" em sentido literal. (§390)

> *Per questo la Scrittura condescende*
> *A vostra facultate, e piedi e mano*
> *Attribuisce a Dio, et altro intende*[49]

> ["Por isso, a Escritura condescende
> Com vosso entendimento, e pés e mãos
> Atribui a Deus, mas pretende (dizer) outra coisa"] (§391)

---

48 "Um historiador oriental antigo não escreve no estilo exato e acurado de um crítico ocidental do século XIX" (Canon Rawlinson, nas palestras ministradas com o apoio da Christian Evidence Society).

49 Dante, "Paraíso", canto IV, 44-46.

Mas o que significa, então, se ouvimos um de nossos teólogos mais honestos e instruídos declarar que ele não pode mais ler do altar as palavras da *Bíblia*: "Deus falou essas palavras e disse"? Se pudermos permitir "boca", "lábios" e "respiração", certamente podemos permitir as palavras e a enunciação delas. A linguagem da antiguidade é a linguagem da infância. Nós mesmos, quando tentamos alcançar o Infinito e o divino por meio de termos mais abstratos, somos melhores que as crianças que tentam escorar uma escada no céu? (§392)

O *parler enfantin* na religião não está extinto e nunca o será. Não apenas algumas das antigas religiões infantis foram mantidas vivas, como, por exemplo, a religião da Índia, que é para mim como um megatério semifossilizado, caminhando em plena luz do dia no século XIX; mas, também em nossa própria religião e na linguagem do *Novo Testamento*, há muitas coisas que revelam seu verdadeiro significado apenas àqueles que sabem em que língua foi escrito, que têm não somente ouvidos para ouvir, mas também um coração para entender o significado real das parábolas. (§393)

O que sustento, então, é o seguinte: assim como fazemos uma interpretação mais caridosa dos enunciados de uma criança, devemos fazer o mesmo na interpretação dos aparentes absurdos, loucuras, erros e, mais ainda, horrores da religião antiga. Quando lemos que Bel, o deus supremo dos babilônios, corta sua cabeça para que o sangue que dela flui possa ser misturado com a poeira da qual o homem teria sido formado, isso parece horrível; contudo, isso dependerá do que originalmente se pretendia dizer com esse mito, pois a ideia era tão somente que existe no ser humano um elemento da vida divina, ou seja, que "também somos seu sangue ou sua descendência". (§394)

Introdução à Ciência da Religião

A mesma ideia existia na religião antiga dos egípcios, pois lemos no capítulo 17 do ritual deles que o Sol se mutilou e que, a partir da corrente de seu próprio sangue, ele criou todos os seres.[50] E o autor do Gênesis, quando também deseja expressar a mesma ideia, usando a mesma linguagem humana e simbólica, só pôde dizer que "o Senhor Deus plasmou o ser humano do pó do solo, soprou em suas narinas um fôlego de vida" (Gênesis 2,7). (§395)

No México, no festival de Huitzilpochtli, uma imagem do deus feita das sementes das plantas e do sangue de crianças imoladas era perfurada por um sacerdote com uma flecha no final da cerimônia. O rei comia o coração, e o resto do corpo era distribuído entre a comunidade. Esse costume de comer o corpo de Deus, que pode muito bem ser entendido simbolicamente, pode degenerar em fetichismo grosseiro, de modo que os fiéis passam a acreditar no final que eles realmente estão se alimentando de seu Deus, não no verdadeiro sentido, o espiritual, mas no falso, o material.[51] (§396)

Se um dia aprendermos a ser indulgentes e razoáveis na interpretação dos livros sagrados de outras religiões, aprenderemos mais facilmente a fazer o mesmo em relação aos nossos. Não deveremos mais tentar forçar um sentido literal às palavras que, se interpretadas literalmente, possam certamente perder seu verdadeiro e original propósito; não deveremos mais interpretar a Lei e os Profetas como se tivessem sido escritos na língua de nosso próprio século, mas deveremos lê-las com um espírito verdadeiramente histórico, preparados para muitas dificuldades, não

---

50 Vicomte de Rougé, "Annales de Philosophie chrétienne", novembro de 1869, p. 332.

51 Ver Wundt, "Vorlesungen über Menschen und Thierseele", II, p. 262.

disfarçadas de muitas contradições, que, longe de refutar a autenticidade, tornam-se para o historiador da linguagem antiga e do pensamento antigo a mais forte evidência confirmatória da época, da genuinidade e da verdadeira verdade dos antigos livros sagrados. Passemos a tratar os nossos próprios livros sacros com nem mais nem menos misericórdia do que os livros sagrados de qualquer outra nação, e eles logo recuperarão a posição e a influência que possuíam, mas que as teorias artificiais e não históricas dos três últimos séculos quase destruíram. (§397)

2

Notas e ilustrações para
Introdução à Ciência
da Religião

2

O Imperador Akbar

Referente ao §36 e ao §88

Como o imperador Akbar pode ser considerado o primeiro do mundo a se aventurar em um estudo comparativo das religiões, os seguintes extratos de *Ain i Akbari*, do *Muntakhab ut Tawarikh* e do *Dabistán* podem ser de interesse no momento atual.

Eles foram extraídos da nova tradução do *Ain i Akbari* feita por Dr. Blochmann publicada recentemente em Calcutá, uma grande contribuição para a *Bibliotheca Indica*.[1] Raramente encontramos na história oriental uma oportunidade de confrontar duas testemunhas independentes, particularmente testemunhas contemporâneas, expressando a opinião de um imperador ainda reinante. Abulfazl, o autor do *Ain i Akbari*, escreve como amigo declarado de Akbar, do qual era vizir; Badáoní escreve como o inimigo declarado de Abulfazl e com um indisfarçado horror às visões religiosas de Akbar. Seu trabalho, o *Muntakhab ut Tawarikh*, foi mantido em segredo e não foi publicado até o reinado de Jahangir (*Ain i Akbari*, tradução de Blochmann, p. 104, nota). (§398)

Vejamos alguns extratos de Abulfazl: (§399)

---

1 A *Bibliotheca Indica* é uma coleção de obras sagradas orientais compilada pela Royal Asciatic Society of Bengal, estabelecida em 1784 por administradores locais da Companhia Britânica das Índias Orientais (1600-1874) interessados na cultura e antiga língua da Índia (N. do T.).

Introdução à Ciência da Religião   225

A'I'N 77
Sua Majestade como guia espiritual do povo

DEUS, o Doador do intelecto e o Criador da matéria, forma a humanidade como ele a deseja e dá a alguns o entendimento e a outros um entendimento limitado. Daí a origem de duas tendências opostas entre os seres humanos, uma classe dos quais se volta para o religioso (*dín*) enquanto a outra classe para os pensamentos mundanos (*dunyá*). Cada uma dessas duas vertentes seleciona diferentes líderes,[2] e a repulsão recíproca cresce criando rupturas. É então que a cegueira e a tolice dos seres humanos aparecem com suas verdadeiras cores; é assim que se descobre como raramente a consideração e a caridade mútuas se encontram. (§400)

Mas as tendências religiosas e mundanas dos seres humanos não têm um terreno comum? Não existe em todo lugar a mesma beleza arrebatadora[3] que brota de tantos milhares de lugares escondidos? De fato, é amplo o tapete[4] que Deus espalhou e as belas cores que ele lhe deu: (§401)

---

2   Como profetas (os líderes da Igreja) e reis (os líderes do Estado).

3   Deus. Ele pode ser adorado pelo ser humano meditativo e ativo. O primeiro especula sobre a essência de Deus, o segundo alegra-se com a beleza do mundo e cumpre seu dever como ser humano. Ambos representam tendências aparentemente antagônicas; mas, como ambos esforçam-se por Deus, existe um terreno comum a ambos. Portanto, a humanidade deve aprender que não há antagonismo real entre *dín* e *dunyá*. Que os seres humanos se unam a Akbar, o qual une a profundidade cúfica à sabedoria prática. Por seu exemplo, ele ensina aos seres humanos como adorar a Deus no cumprimento dos deveres; o conhecimento sobre-humano que ele tem prova que a luz de Deus habita nele. A maneira mais certa de agradar a Deus é obedecer ao rei.

4   O mundo.

O Amante e o Amado são na realidade um;[5]

Oradores negligentes falam do Brâmane como que apartado do ídolo dele.

Há apenas uma lâmpada nesta casa, em cujos raios,

Para onde quer que eu olhe, uma assembleia brilhante me encontra. (§402)

Um homem pensa que, mantendo suas paixões em sujeição, adora a Deus; outro encontra autodisciplina em vigiar os destinos de uma nação. A religião de milhares de outras pessoas apega-se a uma ideia, a de que elas são felizes em sua preguiça e inaptas a julgar por si mesmas. Mas, quando chega a hora da reflexão, e os homens se livram dos preconceitos de sua educação, os fios da teia da cegueira religiosa[6] se rompem, e o olho passa a ver a glória da harmonia. (§403)

Mas o raio de tal sabedoria não ilumina toda casa, nem todo coração pode suportar tal conhecimento. De novo, embora alguns sejam esclarecidos, muitos observariam o silêncio por medo de

---

5   Essas linhas cúficas ilustram a ideia de que "a mesma beleza arrebatadora" está em toda parte. Deus está em toda parte, em tudo: portanto, tudo é Deus. Assim, Deus, o *Amado*, habita no ser humano, no *Amante*, e ambos são um. *Brâmane* = homem; o *ídolo* = Deus; *lâmpada* = pensamento de Deus; *casa* = coração do ser humano. O ser humano pensativo vê em toda parte "a assembleia brilhante das obras de Deus".

6   O texto tem *taqlid*, que significa "colocar um colar no próprio pescoço" para seguir outro cegamente, especialmente em assuntos religiosos. "Todas as coisas que se referem ao profetismo e revelam a religião que eles [Abulfazl, Hakim, Abulfath etc.] chamavam de *taqlídiyát*, isto é, coisas contra a razão, pois colocam a base da religião na razão, e não no testemunho. Além disso, [durante 983 A.H. (Ano da Hégira) ou 1575 d.C.], para lá foi um grande número de portugueses, de quem eles também adotaram doutrinas justificáveis por meio do raciocínio" ("Badáoní", II, p. 281).

fanáticos, que desejam sangue, mas se parecem com homens. E, se qualquer um reunisse coragem suficiente e proclamasse abertamente seus pensamentos iluminados, então os simplórios e piedosos o chamariam de louco e o colocariam de lado como sem valor, enquanto os desgraçados mal-intencionados pensariam em heresia e ateísmo e continuariam com a intenção de o matar. (§404)

Sempre que, em felizes circunstâncias, chega o tempo em que uma nação aprende a entender como adorar a verdade, o povo naturalmente olha para o rei, por conta da alta posição que este ocupa, esperando que ele seja também seu líder espiritual, pois um rei possui, independentemente dos homens, o raio da sabedoria divina, que bane de seu coração tudo o que é conflitante. Um rei, portanto, às vezes observa o elemento de harmonia em uma infinidade de coisas, ou às vezes, inversamente, em uma infinidade de coisas naquilo que é aparentemente uma; pois ele se senta no trono da distinção e, portanto, é igualmente removido da alegria ou da tristeza. (§405)

Agora, este é o caso do monarca da era atual, e este livro é uma testemunha disso. (§406)

Os homens versados em predizer o futuro sabiam disso quando Sua Majestade nasceu[7] e, juntamente com todos os outros

---

7   Isso é uma alusão ao maravilhoso evento que aconteceu no nascimento do imperador. Akbar falou: "Mirzá Sháh Muhammad, chamado Ghaznín Khán, filho de Sháh Begkhán, que tinha o título de Daurán Khán, e era um Arghún de nascimento". O autor o ouviu dizer em Láhor, em A.H. (Ano da Hégira) 1053: "Perguntei a Nawáb ʿAziz Kokah, que tem o título de Khán i Aʾzam, se o falecido imperador, como o Messias, realmente conversara com sua augusta mãe". Ele respondeu: "Sua mãe me disse que era verdade". *Dabistánul Mazáhib*, Edição de Calcutá, p. 390. Edição de Bombaim, p. 260. As palavras que Cristo falou no berço são dadas no *Corão*, Sur. 19, e no evangelho apócrifo *Infância de Cristo*, p. 5, 111.

que conheciam o segredo, ficaram esperando desde então com alegria. Sua Majestade, no entanto, sabiamente se cercou por um tempo com um véu, como se fosse um estranho ou um alheio às esperanças deles. Mas pode o homem neutralizar a vontade de Deus? Sua Majestade, a princípio, pegou todas as surpresas que estavam ligadas aos preconceitos da época; mas ele não pôde deixar de revelar suas intenções: elas cresceram até a maturidade, apesar dele, e agora são totalmente conhecidas. Ele agora é o guia espiritual da nação e vê no cumprimento desse dever um meio de agradar a Deus. Ele agora abriu o portão que leva ao caminho certo e satisfaz a sede de todos os que andam ofegantes pela verdade. (§407)

Mas, se ele verifica nos homens o desejo de se tornarem discípulos ou os admite em outros momentos, guia-os em cada caso para o reino da bem-aventurança. Muitos investigadores sinceros, pela mera presença de sua sabedoria ou de seu fôlego sagrado, obteriam um grau de despertar que outros médicos espirituais não poderiam jamais produzir com repetidos jejuns e orações de quarenta dias. São numerosos os que renunciaram ao mundo, como *Sannásis, Fogís, Sevrás, Qalandars, Hakíms e Sufís*, e milhares de pessoas que seguem em suas atividades mundanas, como soldados, comerciantes, mecânicos e lavradores, e que abrem seus olhos diariamente para o entendimento ou têm a luz de seus conhecimentos ampliada. Homens de todas as nações, jovens e velhos, amigos e estranhos, de longe e de perto, consideram fazer votos à Sua Majestade como o meio de resolver todas as suas dificuldades e de se curvar em adoração ao alcançar seu próprio desejo. Outros, porém, por causa da distância de seus lares ou para evitar as multidões reunidas na Corte, oferecem seus votos em segredo e passam a vida em louvores agradecidos. Mas, quando Sua Majestade deixa a Corte, a fim de resolver os assuntos de uma província, conquistar um reino ou desfrutar os prazeres da caça, não há aldeia, vila ou cidade que não envie multidões de homens e mulheres com ofertas de votos nas mãos e orações nos lábios, tocando o chão com suas testas, louvando a eficácia de seus próprios votos ou proclamando os relatos da assistência espiritual recebida. Outras multidões pedem por felicidade duradoura, coração reto, conselhos sobre a melhor forma de agir, força do corpo, iluminação, nascimento de um filho, reunião de amigos, vida longa, aumento de riqueza, elevação de sua posição social e muitas outras coisas. Sua Majestade, que sabe o que é realmente bom, dá respostas satisfatórias a todos e oferece solução às suas dúvidas religiosas. Não passa um dia sem que as pessoas tragam xícaras de água implorando para que ele possa respirar sobre elas. Ele que lê as mensagens com as ordens divinas no livro do destino, vendo as notícias de esperança, pega a água com suas mãos abençoadas e a coloca nos raios do sol, que ilumina o mundo, cumprindo o desejo do suplicante. Muitas pessoas doentes[8] em razão de esperanças frustradas, cujas doenças os médicos mais eminentes declararam incuráveis, tiveram sua saúde restaurada por esse meio divino. (§408)

Um dos casos mais notáveis se deu da seguinte forma. Um eremita muito simples cortou sua língua e jogou-a em direção à soleira do palácio, dizendo: "Se o pensamento bem-aventurado[9] que acabei de ter agora foi colocado em meu coração por Deus, minha língua ficará boa, pois a sinceridade de minha crença deve me levar

---

8 "Ele [Akbar] se mostrava todas as manhãs em uma janela, na frente da qual multidões vinham e prostravam-se; enquanto as mulheres traziam seus bebês doentes para sua bênção e ofereciam presentes em sua recuperação" (do relato dos missionários de Goa que foram até Akbar em 1595, nas "Murray's Discoveries in Asia", II, p. 96).

9 O pensamento dele era esse. Se Akbar é um profeta, deve, por sua sabedoria sobrenatural, descobrir em que condição estou deitado aqui.

a um final feliz". O dia não terminou antes que ele alcançasse seu desejo. (§409)

Aqueles que estão familiarizados com o conhecimento religioso e a piedade de Sua Majestade não dão importância a alguns de seus hábitos,[10] por mais notáveis que possam parecer à primeira vista; aqueles que conhecem a caridade de Sua Majestade e o amor à justiça nem veem algo notável neles. Na magnanimidade de seu coração, ele nunca pensa em sua perfeição, embora seja o ornamento do mundo. Por isso, ele até acolhe muitos que declaram o desejo de se tornarem seus discípulos. Ele costuma dizer: "Por que eu deveria reivindicar ser guia dos homens, se eu mesmo sou guiado?". Mas, quando um novo aprendiz carrega em sua testa o sinal da sinceridade de propósito, e ele pede diariamente cada vez mais, Sua Majestade o aceita e o admite no domingo, quando o sol que ilumina o mundo está em seu mais alto esplendor. A despeito de toda rigidez e relutância demonstrada por Sua Majestade em admitir novos aprendizes, existem muitos milhares, homens de todas as classes, que lançaram sobre seus próprios ombros o manto da crença e consideram sua própria conversão à Nova Fé como o meio de obter todas as bênçãos. (§410)

Nos tempos de auspiciosidade eterna mencionados acima, o novo aprendiz com o turbante nas mãos coloca sua cabeça nos pés

---

10 "Além disso, ele [Akbar] não mostrou parcialidade em relação aos mulçumanos; e, quando estava em apuros por dinheiro, até saqueava as mesquitas para equipar sua cavalaria. No entanto, permaneceu no seio do monarca uma fortaleza de idolatria, na qual eles [os missionários portugueses] nunca puderam causar nenhuma impressão. Ele não apenas adorava o sol e fazia longas orações quatro vezes ao dia; ele também se apresentou como um objeto de adoração; e, embora extremamente tolerante com outros modos de fé, nunca admitiria invasões à sua própria divindade" ("Murray's Discoveries in Asia", II, p. 95).

Introdução à Ciência da Religião

de Sua Majestade. Isso é simbólico[11] e expressa que ele, o aprendiz, guiado pela boa sorte e com a ajuda de sua boa estrela, deixou de lado[12] a vaidade e o egoísmo, raiz de tantos males, oferecendo seu coração em adoração, e agora vem para indagar sobre os meios de obter vida eterna. Sua Majestade, o escolhido de Deus, então, estende sua mão de favor, levanta o suplicante e recoloca o turbante em sua cabeça, significando, por meio dessas ações simbólicas, que ele levantou um homem de intenções puras, que pela aparente existência agora entrou na vida real. Então Sua Majestade dá ao novo aprendiz o *Shaçt*,[13] sobre o qual está gravado "O Grande Nome[14]" e o lema simbólico de Sua Majestade, *Alláhu Akbar*. Isso ensina ao aprendiz a verdade de que

O Shaçt puro e a visão pura nunca erram. (§411)

Considerando os maravilhosos hábitos de Sua Majestade, seus assistentes sinceros são guiados, conforme o exigem as circunstâncias;

---

11   O texto tem *zabán i hál*, e um pouco mais abaixo, *zabán i bezufání*. *Zában i hál*, ou seja, "a linguagem *simbólica*" opõe-se às *zabán i maqál*, ou seja, "as palavras faladas".

12   Ou melhor, *a partir da cabeça*, como o texto apresenta, porque a rejeição do egoísmo é simbolicamente expressa pela retirada do turbante. Usar um turbante é uma distinção.

13   *Shaçt* significa "objetivo"; em segundo lugar, "qualquer coisa", mesmo um anel, ou um fio, como o fio brahmânico. Aqui, parece ser um anel. Ou pode ser para assemelhar-se ao imperador que, segundo Badáoní, os membros usavam em seus turbantes.

14   O *Grande Nome* é um nome de Deus. "Alguns dizem que é a palavra *Allah*; outros dizem que é *çamad*, 'o eterno'; outros, *alhayy*, 'o vivo'; outros, *alqayyúm*, 'o perpétuo'; outros, *arrahmán arrahím*, 'o clemente e misericordioso'; outros, *almuhaimin*, 'o protetor'" (*Ghiás*). "*Qází* Hamíddudín de Nágor diz: 'O Grande Nome é a palavra *hú*, ou Ele (Deus), porque ela faz uma referência à natureza de Deus, pois mostra que Ele não tem outro ao seu lado. Além disso, a palavra *hú* é uma raiz, não um derivado. Todos os epítetos de Deus estão nela'" (*Kashfullughát*).

e, pelos sábios conselhos que recebem, logo declaram seus desejos abertamente. Eles aprendem a satisfazer sua sede na fonte do favor divino e a obter benefícios para sua sabedoria e motivos renovados pela luz. Outros, de acordo com suas capacidades, são ensinados na sabedoria de seus excelentes conselhos. (§412)

Mas, ao falar de outros assuntos, é impossível dar uma explicação completa da maneira pela qual Sua Majestade transmite sua sabedoria, cura doenças perigosas e aplica remédios para os sofrimentos mais graves. Quisera eu que minhas ocupações me dessem o tempo necessário ou pudesse ter eu um outro período de vida para apresentar ao mundo um volume separado sobre esse assunto. (§413)

Em outra parte de sua obra, Abulfazl escreve (Livro I, Ain 18, p. 48): (§414)

Sua Majestade sustenta que é um dever religioso e uma consagração divina adorar o fogo e a luz; grosseiramente, os homens ignorantes reconsideram o esquecimento do Todo-Poderoso e o culto ao fogo. Mas os profundamente esclarecidos julgam melhor [...]. Não pode haver nada impróprio na veneração desse elevado elemento que é a fonte da existência do homem e da sustentação da vida; nem os pensamentos básicos devem entrar nesse assunto [...]. Se a luz e o fogo não existissem, seríamos destituídos de alimentos e medicamentos; o poder da visão não teria proveito para os olhos. O fogo do sol é a tocha da soberania de Deus. (§415)

E novamente (Livro I, Ain 72, p. 154): (§416)

Sentindo ardentemente a Deus e buscando a verdade, Sua Majestade exerce sobre si a mesma austeridade interna e externa, embora ocasionalmente se junte ao culto público, a fim de silenciar as línguas caluniosas dos fanáticos da era atual. Mas o grande objetivo de sua vida é a aquisição dessa moralidade sadia, cuja sublime elevação cativa os corações dos sábios e silencia as provocações de fanáticos e sectários. (§417)

A seguir, apresentamos um relato dos trabalhos literários de Akbar (Livro I, Ain 34, p. 103): (§418)

A biblioteca de Sua Majestade é dividida em várias partes; [...] livros de prosa, obras poéticas híndis, persas, gregas, caxemiras e árabes, e todos são dispostos separadamente. Leitores experientes os trazem diariamente e os leem diante de Sua Majestade. Ele não se cansa de ouvir um livro novamente e ouve a leitura com todo interesse. (§419)

Os filólogos estão constantemente envolvidos na tradução de livros em híndi, grego, árabe e persa para outros idiomas. Assim, uma parte do Zich i Jadíd i Mírzáí foi traduzida sob a superintendência de Amír Fathullah de Shiráz, e também os Kishnjóshí, Gangádhar, Mohesh Mahánand, do híndi (sânscrito) para o persa, de acordo com a interpretação do autor desse livro.[15] Da mesma forma, o Mahabarata, que pertence aos livros antigos do Hindustão, foi traduzido do híndi para o persa, sob a superintendência de Nagíb Khán, Mauláná 'Abdul Qádir de Badáon e Xeique Sultán de Thanésar [...]. Os mesmos eruditos traduziram para o persa os Ramaiana e também um livro do antigo Hindustão, que contém a vida de Rám Chandra, mas está cheio de pontos interessantes

---

15   Isso dificilmente pode estar certo, pois esses nomes são os nomes dos assistentes de Fathullah, a saber, Kishan Jaïçí, Gangádhar, Mahaïs (Maheça) e Mahânand (ver Garcin de Tassy, "Histoire de la Littérature Hindouie").

de filosofia. Hájí Ibráhím de Sirhind[16] traduziu o At'harban para o persa, que, segundo os hindus, é um dos quatro livros divinos. O Lílawatí, que é um dos melhores trabalhos escritos por matemáticos indianos sobre aritmética, que perdeu o véu hindu e recebeu um traje persa das mãos do meu irmão mais velho, Xeique 'Abdul Faiz i Faizí. Sob o comando de Sua Majestade, Mukammal Khán de Gujarate, traduziu para o persa o Tájak, um trabalho bem conhecido sobre Astronomia [...]. A história da Caxemira, que se estende pelos últimos quatro mil anos, foi traduzida do caxemira para o persa por Mauláná Sháh Muhammad de Sháhábád. (Foi reescrito por Badáoní em um estilo mais fácil.) Os Haribans, um livro que contém a vida de Krishna, foi traduzido para o persa por Mauláná Sherí. Por ordem de Sua Majestade, o autor deste volume compôs uma nova versão do Kalí'lah Damnah e a publicou sob o título de 'Ayár Danish. A história em híndi do amor de Nal e Daman foi traduzida metricamente por meu irmão, Xeique Faizí. (§420)

Devemos agora olhar para o outro lado da cena, embora eu confesse que mesmo as declarações hostis de Badáoní e seu partido

---

16 Badáoní diz "que um brâmane erudito, Xeique Bháwan, que havia virado muçulmano, recebeu ordem de traduzir o Atharban para ele, mas que, como não conseguia traduzir todas as passagens, Xeique Faizi e Hájí Ibráhím receberam a ordem de traduzir o livro. Este último, apesar de disposto, não escreveu nada. Entre os preceitos do At'harban, há um que diz que ninguém será salvo, a menos que leia certa passagem. Esta passagem contém muitas vezes a letra 'l' e assemelha-se muito ao nosso Lá illah illallah. Além disso, descobri que um hindu, sob certas condições, pode comer carne de vaca; e, além disso, que os hindus enterram seus mortos, mas não os queimam. Com tais passagens, o Xeique costumava derrotar outros brâmanes na discussão; e eles o levaram a abraçar o Islã. Louvemos a Deus por sua conversão!" (ver também "Lectures on the Science of Language", I, p. 169).

Introdução à Ciência da Religião

apenas confirmam a impressão do caráter de Akbar produzido pelo relato amigável de Abulfazl. (§421)

Ao falar de Abulfazl, Badáoní diz: (§422)

Ele acendeu a lâmpada dos *Çabáhís*, ilustrando, assim, a história do homem que, porque não sabia o que fazer, pegou uma lâmpada em plena luz do dia e, apresentando-se a si mesmo como um antagonista a todas as seitas, amarrou o cinto da infalibilidade em volta de sua cintura de acordo com o ditado "quem faz oposição ganha poder". Ele apresentou ao imperador um comentário sobre o *A'yat ul-kursí*, que continha todas as sutilezas do *Corão*; e, embora as pessoas dissessem que tinha sido escrito por seu pai, Abulfazl foi muito elogiado. O valor numérico das letras nas palavras *Tafsír i Akbarí* (comentário de Akbar) fornece a data da composição [983]. Mas o imperador a elogiou, principalmente porque esperava encontrar em Abulfazl um homem capaz de ensinar uma lição aos mulás, cujo orgulho certamente se assemelha ao de um Faraó, embora essa expectativa fosse contrária à confiança que Sua Majestade havia depositado em mim. (§423)

A razão da posição de Abulfazl e das pretensões de infalibilidade eram as seguintes. Naquela época em que era costume apossar-se e matar, ele tentava introduzir inovações em assuntos religiosos (como havia acontecido com Mír Habshí e outros), Xeique 'Abdunnabí e Makhdúm ul mulk, e outros homens mais instruídos na corte, mostraram unanimemente ao imperador que também Xeique Mubárik, na medida em que fingia ser *Mahdí*, pertencia à classe dos inovadores e que não era apenas ele mesmo um condenado, mas levara outros à condenação. Tendo obtido uma espécie de permissão para removê-lo, eles enviaram agentes de polícia para trazê-lo perante o imperador. Mas, quando descobriram que o Xeique, com seus dois filhos, havia se escondido, demoliram o púlpito em sua sala de oração. O Xeique, a princípio, refugiou-se com Salím i Chishtí em Fathpúr, que estava no auge de sua glória, a quem pediu que intercedesse por ele. Xeique Salím, no entanto, enviou-lhe dinheiro por alguns dos seus discípulos e disse que seria melhor ele ir para Gujarate. Vendo que Salím não se interessava por ele, Xeique Mubárik apelou para Mírzá ʾAzíz Kokah [irmão adotivo de Akbar] e aproveitou a ocasião para exaltar ao imperador a erudição e a pobreza voluntária do Xeique, bem como os dons superiores de seus dois filhos, acrescentando que Mubárik era um homem muito confiável e que era mentira que ele tivesse recebido terras de presente e que ele [ʾAzíz] realmente não conseguia entender por que o Xeique fora tão perseguido. O imperador finalmente desistiu de todos os pensamentos de matar o Xeique. Em pouco tempo, a situação modificou-se de forma favorável; e Abulfazl, nas graças do imperador (por mais ofensivo que ele fosse, cumpria o tempo, francamente sem fé, estudando continuamente os caprichos de Sua Majestade, um bajulador além de todos os limites), aproveitou todas as oportunidades de insultar da maneira mais vergonhosa a seita cujos trabalhos e motivos têm sido tão pouco apreciados[17] e tornaram-se a causa não apenas da extirpação dessas pessoas experientes, mas também da ruína de todos os servos de Deus, especialmente dos Xeiques, homens piedosos, desamparados e órfãos, cujas vidas e salários ele cortou. (§424)

A seguir, segue o relato de Badáoní sobre a origem das disputas religiosas e filosóficas na corte do imperador: (§425)

---

17 Badáoní pertencia aos crentes na abordagem do milênio. Alguns anos depois, Akbar usou os rumores de Mahdawí para seus próprios propósitos (ver a seguir). O extrato mostra que existiam, antes de 982, inovadores heréticos, a quem o imperador permitiu serem perseguidos. Os assuntos logo tomaram um rumo diferente.

Durante o ano de 983 a.h. (ano da Hégira, 1575 d.C.), muitos locais de culto foram construídos por ordem de Sua Majestade. Isso aconteceu porque, por muitos anos antes, o imperador conquistou sucessivas vitórias, todas notáveis e decisivas. O império havia crescido em extensão dia após dia; tudo deu certo, e nenhum oponente foi deixado no mundo inteiro. Sua Majestade teve, assim, oportunidade de ter um contato mais próximo com os ascetas e os discípulos da seita Mu'íniyyah, e passou grande parte de seu tempo discutindo a palavra de Deus (*Corão*) e a palavra do profeta (os *Hadís* ou Tradição). Questões do sufismo, discussões científicas, pesquisas em Filosofia e Direito estavam na ordem do dia. Sua Majestade passou noites inteiras pensando sobre Deus e ele se ocupava continuamente em pronunciar os nomes *Yá hú* e *Yá hádí*, que lhe haviam sido mencionados,[18] e seu coração estava cheio de reverência por Aquele que é o verdadeiro Doador. Por um sentimento de gratidão em razão de seus sucessos passados, ele ficava muitas manhãs sozinho em oração e melancolia, em uma grande pedra plana de um prédio antigo que ficava perto do palácio em um local solitário, com a cabeça inclinada sobre o peito, desfrutando da felicidade das primeiras horas. (§426)

Para essas discussões, que aconteciam toda quinta-feira[19] à noite, Sua Majestade convidava os Sayyids, Xeiques, 'Ulamás e os grandes. Mas, como os convidados geralmente começavam a discutir sobre seus lugares e sobre sua ordem de precedência, Sua Majestade

---

18 Para alguns ascetas, *Yá hú* significa "Ó Ele (Deus)" e *Yá hádí*, "Ó Guia". A repetição frequente de tais nomes é um meio de conhecimento. Alguns faquires os repetem milhares de vezes durante a noite.

19 O texto traz *Shab i Jum'ah*, "na noite de sexta-feira"; mas, quando os muçulmanos começam o dia ao pôr do sol, ainda é nossa *quinta-feira* à noite.

ordenou que os grandes se sentassem no lado leste, os Sayyids no lado oeste, os 'Ulamás ao sul e os Xeiques ao norte. O imperador costumava ir de um lado para o outro, fazendo suas perguntas [...], até que uma vez, uma noite, os 'Ulamás se exaltaram e uma confusão horrível se seguiu. Sua Majestade ficou muito zangada com o comportamento rude deles e disse a mim [Badáoní]: "No futuro, farei com que qualquer um dos 'Ulamás que não puder comportar-se e que falar absurdos saia do salão". Eu disse gentilmente a Áçaf Khán: "Se eu cumprisse essa ordem, a maioria dos 'Ulamás teria de sair", quando Sua Majestade perguntou de repente o que eu havia dito. Ao ouvir minha resposta, ele ficou muito satisfeito e mencionou minha observação para aqueles que estavam sentados perto dele. (§427)

Em uma das reuniões acima mencionadas, Sua Majestade perguntou com quantas mulheres nascidas livres um homem podia legalmente se casar (por *nikáh*).[20] Os advogados responderam que quatro era o limite fixado pelo profeta. O imperador observou então que, desde que atingira a maioridade, não se restringira a esse número e, em justiça às suas esposas, das quais possuía um grande número, entre as *nascidas livres* e escravas, agora queria saber qual remédio a lei previa para seu caso. A maioria expressou suas opiniões, quando o imperador observou que Xeique 'Abdunnabí havia dito uma vez que um dos Mujtahids tinha surpreendentemente nove esposas. Alguns dos 'Ulamás presentes responderam que o Mujtahid mencionado era Ibn Abí Laila e que alguns permitiram até dezoito por conta de uma tradução muito literal do verso do *Corão* (Sura IV, 3): "Casa com as mulheres que quiseres, duas

---

20   *Nikáh* (em árabe: نكاح, literalmente, "reunir e unir") é a primeira e mais comum forma de casamento para os muçulmanos (*Corão*, Sura IV, 4) (N. do T.).

e duas,[21] e três e três, e quatro e quatro"; mas isso seria impróprio. Sua Majestade então enviou uma mensagem a Xeique 'Abdunnabí, que respondeu que ele apenas queria salientar para Akbar que havia uma diferença de opinião sobre esse ponto entre os advogados, mas que ele não havia dado uma *fatwa*[22] para legalizar o casamento irregular. Isso irritou muito Sua Majestade. "O Xeique", ele disse, "me disse naquela época uma coisa muito diferente do que ele agora me diz". Ele nunca se esqueceu disso. (§428)

Depois de muita discussão sobre esse ponto, os 'Ulamás, tendo reunido todas as tradições sobre o assunto, decretaram, *primeiro*, que por Mut'ah [não por *nikáh*],[23] um homem poderia ter quantas esposas quisesse; e, *segundo*, que os casamentos Mut'ah haviam sido permitidos por Imã Málik. Os xiitas, como se sabe, amavam crianças nascidas por Mut'ah, mais do que aquelas nascidas por esposas *nikáh*, ao contrário dos sunitas e dos Ahl i Jamá'at. (§429)

Neste último ponto, também a discussão ficou bastante animada, e eu gostaria de fazer referência ao leitor de meu trabalho inti-

---

21 Assim, eles obtiveram 2 + 2, 3 + 3, 4 + 4 = 18. Mas a passagem é geralmente traduzida: "Casa-te com as mulheres de que gostas, duas, três ou quatro". O Mujtahid, que assumiu nove, traduziu "dois + três + quatro" = 9. A questão do imperador era mais delicada, porque, se os advogados aderissem ao número quatro, que eles não poderiam evitar, o *harámzádagí* das princesas *nascidas livres* de Akbar seria reconhecido.

22 *Fatwa*, no Islã, é uma decisão formal ou interpretação sobre um ponto da lei islâmica dada por um especialista em direito qualificado (conhecido como mufti). Fatwas são geralmente emitidos em resposta a perguntas de indivíduos ou tribunais islâmicos (N. do T.).

23 *Nikáhmut'ah* (em árabe: نكاحمتعة) é um casamento temporário. Até hoje há controvérsias sobre a legalidade islâmica desse tipo de casamento, uma vez que os sunitas acreditam que foi revogado por Muhammad ou Umar, enquanto os xiitas não sustentam essa visão (N. do T.).

tulado *Najáturrashíd*, no qual o assunto é brevemente discutido. Mas, para piorar as coisas, Naqíb Kkán buscou uma cópia do *Muwaṭṭa* de Imã Málik e apontou para uma tradição no livro, que Imã citou como prova contra a legalidade dos casamentos *Mut'ah*. (§430)

Em outra noite, Qází Ya'qúb, Xeique Abulfazl, Hájí Ibráhím e alguns outros foram convidados a encontrar Sua Majestade na casa perto do tanque de *Anúptaláo*. Xeique Abulfazl havia sido escolhido como oponente e apresentou ao imperador várias tradições a respeito dos casamentos *Mu'tah*, que seu pai (Xeique Mubárik) havia colecionado, e a discussão começou. Sua Majestade então me perguntou qual era minha opinião sobre esse assunto. Eu disse: "A conclusão que deve ser tirada de tantas tradições contraditórias e costumes sectários é a seguinte: Imã Málik e os xiitas são unânimes em considerar os casamentos *Mu'tah* como legais; Imã Sháfi'í e o Grande Imã (Hanífah) consideram os casamentos *Mu'tah* como ilegais. Mas, a qualquer momento, um Qází da seita Málikí entende que *Mut'ah* é legal, e é legal, de acordo com a crença comum, mesmo para Sháfi'ís e Hanafís. Qualquer outra opinião sobre esse assunto é conversa vã". Isso agradou muito Sua Majestade. (§431)

O imperador então disse: "Por este meio, nomeio Málikí Qází Husain 'Arab como Qází, perante os quais coloco esse caso a respeito de minhas esposas, e você, Ya'qúb, está suspenso hoje". Isso foi imediatamente obedecido, e Qází Hasan, no local, proferiu um decreto que legalizava os casamentos *Mut'ah*. (§432)

Os advogados veteranos, como Makhdúm ul mulk, Qází Ya'qúb e outros, expressaram desagrado em relação a esses processos. (§433)

Esse foi o começo da queda. (§434)

O resultado foi que, alguns dias depois, Mauláná Jaláluddín, de Multán, um homem profundo e instruído, cuja concessão havia sido transferida, foi ordenado de Ágrah (a Fathpúr Síkŗí) e foi empregado como Qází do reino. O Qází Ya'qúb foi enviado para Gaur como Qází do Distrito. (§435)

Desse dia em diante, "o caminho da oposição e da diferença de opinião" ficou aberto e assim permaneceu até que Sua Majestade foi nomeada Mujtahid do império. (§436)

Durante aquele ano [983], lá chegaram Hakím Abulfath, Hakím Humáyún (que posteriormente mudou seu nome para Humáyún Qulí e, finalmente, Hakím Humám) e Núruddín, que como poeta era conhecido sob o nome de *Qarárí*. Eles eram irmãos e vieram de Gílán, perto do mar Cáspio. O irmão mais velho, cujas maneiras e competências foram extremamente vencedoras, conseguiu em pouco tempo grande ascendência sobre o imperador; e ele o lisonjeava abertamente, adaptando-se a todas as mudanças das ideais religiosas de Sua Majestade ou até se adiantando a elas, tornando-se, assim, em pouco tempo o amigo mais íntimo de Akbar. (§437)

Logo depois o Mulá Muhammad de Yazd lá chegou vindo da Pérsia, o qual recebeu o apelido de Yazídí, e ligou-se ao imperador e começou abertamente a aviltar as *Çahábah* (pessoas que conheciam Muhammad, exceto os doze Imãs), disse coisas estranhas sobre eles e tentou arduamente fazer do imperador um xiita. Mas ele logo foi suplantado por Bír Baŗ – aquele bastardo! – por Xeique Abulfazl e por Hakím Abulfath, que com sucesso afastaram o imperador do Islã e o levaram a rejeitar a inspiração, a profecia, os milagres do profeta e dos santos, e até toda a lei, de modo que eu não pude mais suportar a companhia deles. (§438)

Ao mesmo tempo, Sua Majestade ordenou que Qází Jaláluddín e vários 'Ulamás escrevessem comentários sobre o *Corão*, o que os levou a grandes dissensões. (§439)

Logo depois, a observância das cinco orações e jejuns e a crença em tudo relacionado ao profeta foram colocadas como *taqlídí*, ou cegueira religiosa, e a razão do homem foi reconhecida como a base de toda religião. Os padres portugueses também vinham com frequência; e Sua Majestade investigou os artigos de suas crenças que eram baseados na razão. (§440)

Sua Majestade até agora [986] havia mostrado toda a sua sinceridade e estava diligentemente procurando a verdade. Mas sua educação havia sido muito negligenciada; e, cercado como estava por homens de princípios baixos e heréticos, foi forçado a duvidar da verdade do Islã. Caindo de uma perplexidade para outra, ele perdeu de vista seu objeto real, a busca da verdade; e, quando o forte dique de nossa clara lei e de nossa excelente fé foi rompido, Sua Majestade ficou mais e mais fria, até que, após o curto espaço de cinco ou seis anos, nenhum vestígio do sentimento muçulmano foi deixado em seu coração. As questões então se tornaram muito diferentes. (§441)

A seguir, são apresentadas as principais razões as quais levaram Sua Majestade a seguir o caminho certo. Não mostrarei todas, mas apenas algumas, de acordo com o provérbio: "O que é pequeno guia o que é grande, e um sinal de medo em um homem o aponta como o culpado". (§442)

A principal razão foi a presença de um grande número de homens instruídos de todas as denominações e seitas que vieram de vários países à corte e que tiveram entrevistas pessoais. Dia e noite, as pessoas não faziam nada além de indagar e examinar; os pontos profundos da ciência, as sutilezas da revelação, as curiosidades da história, as maravilhas da natureza, o que foi mencionado daria grandes volumes que não passariam de resumos do que foi dito. Sua Majestade coletou as opiniões de todos, especialmente dos que não eram muçulmanos, retendo tudo o que aprovava e rejeitando tudo o que era contra seu caráter, e que ia contra seus princípios. Desde a mais tenra infância até a idade adulta, e da idade adulta até a velhice, Sua Majestade passou pelas mais diversas fases e por todo tipo de práticas religiosas e crenças sectárias, e reuniu tudo o que as pessoas conseguiram encontrar, com um talento de seleção que lhe era peculiar e com um espírito de investigação oposto a todo princípio [islâmico]. Assim, uma fé baseada em alguns princípios elementares traçou-se no espelho de seu coração e, como resultado de todas as influências exercidas sobre Sua Majestade, cresceu gradualmente, como o contorno de uma pedra, a convicção em seu coração de que havia *homens sensatos em todas as religiões, pensadores sóbrios e homens dotados de poderes miraculosos entre todas as nações*. Se, em todo lugar, havia algum conhecimento verdadeiro, por que a verdade deveria estar confinada a uma religião ou a um credo como o Islã, que era relativamente novo e com pouco mais de mil anos? Por que uma seita afirma o que a outra nega? Por que alguém deveria reivindicar uma preferência sem ter nenhuma superioridade conferida a si mesma? (§443)

Além disso, sumanís[24] e brâmanes conseguiram obter audiências privadas frequentes com Sua Majestade. À medida que superavam outros homens instruídos em seus tratados sobre moral e ciências físicas e religiosas e alcançavam um alto grau de conhecimento do futuro, poder espiritual e perfeição humana, trazendo provas, baseadas na razão e no testemunho, para

---

24 Explicado no Dicionário Árabe como uma seita em Sind que acredita na transmigração das almas (*tanásukh*). Akbar, como será visto a seguir, estava convencido da transmigração de almas e, portanto, rejeitou a doutrina da ressurreição. [Aqui Sumaní não seria perfeitamente adequado para Samana, isto é, Sramana? – Max Müller]

suas próprias doutrinas, e as falácias de outras religiões, inculcaram suas doutrinas com tanta firmeza e com tanta habilidade e apresentaram as coisas como bastante evidentes em si mesmas com tal consideração que nenhum homem, ao expressar suas dúvidas, poderia agora levantar uma suspeita sobre Sua Majestade, mesmo que as montanhas se desfizessem em pó ou que os céus se despedaçassem. (§444)

Portanto, Sua Majestade deixou de lado não apenas as revelações islâmicas sobre a ressurreição, o dia do julgamento e os detalhes relacionados a ele, como também todas as ordenanças baseadas na tradição de nosso profeta. Ele ouviu todos os abusos que os bajuladores amontoaram em nossa fé gloriosa e pura, que ele pode facilmente seguir; e, aproveitando ansiosamente tais oportunidades, ele mostrou, em palavras e gestos, sua satisfação com o tratamento que sua religião original recebera das mãos deles. (§445)

Quão sábio foi o conselho que o guardião deu a um ser tão adorável: (§446)

> "Não sorria para todo rosto, como a rosa faz para todo zéfiro".[25]
> Quando for tarde demais para aprender com a lição,
> Ela podia apenas fechar o rosto e abaixar a cabeça. (§447)

Por algum tempo, Sua Majestade chamou um brâmane, cujo nome era Puzukhotam,[26] autor de um comentário sobre o...,[27] a quem pediu para criar nomes sânscritos específicos para todas as coisas existentes. Outras vezes, um brâmane com o nome de Debí

---

25 Tal como Akbar apreciou o zéfiro [vento] da investigação de outros sistemas religiosos. Mas os zéfiros também são destrutivos, pois espalham as pétalas de rosa.

26 [Provavelmente Purushottama – Max Müller].

27 O texto apresenta algumas palavras ininteligíveis.

foi elevado pela muralha do castelo,[28] sentado em um *chárpái*, até chegar perto de uma varanda onde o imperador costumava dormir. Embora assim suspenso, ele instruiu Sua Majestade nos segredos e lendas do Hinduísmo, na maneira de adorar ídolos, o fogo, o sol e as estrelas e em reverenciar os principais deuses desses incrédulos, como Brahma, Mahádev, Bishn, Kishn, Rám e Mahámáí, que deveriam ter sido homens, mas muito provavelmente nunca existiram, embora alguns, em suas crenças inúteis, os considerem como deuses, e outros como anjos. Sua Majestade, ao ouvir ainda mais o quanto as pessoas do país valorizavam seus costumes, começou a olhá-las com carinho. A doutrina da transmigração de almas criou raízes profundas em seu coração, e ele aprovou o ditado: "Não há religião em que a doutrina da transmigração não tenha se enraizado firmemente". Bajuladores insinceros escreveram tratados a fim de estabelecer uma base para essa doutrina; e, como Sua Majestade apreciava as investigações sobre as seitas desses infiéis (que, de tão numerosos que são, não podem ser contados e cujos livros revelados não têm fim, apesar de não pertencerem aos *Ahl i Kitáb* ["povos do livro": judeus, cristãos e muçulmanos]), não se passou um dia sem que um novo fruto dessa repugnante árvore amadurecesse. (§448)

Mais de uma vez, era *Xeique Tájuddín* de Déli que tinha de ir ao imperador. Esse Xeique era filho de Xeique Zakariyá de Adjodhan. O principal 'Ulamás da época chamou-o de *Tájul' árifín*, ou "coroa dos sufis". Ele havia aprendido sob Xeique Zamán de Pánípat, autor de um comentário sobre o Lawáih e de outras excelentes obras do sufismo e do panteísmo, perdendo apenas para o Xeique Ibn 'Arabí, e havia escrito um comentário abrangente sobre o *Nuzhat*

---

28 Talvez para não ficar poluído ou porque a varanda pertencia ao Harém.

ularwáh. Tal como o anterior, ele foi desenhado na parede do castelo. Sua Majestade escutou por noites inteiras suas trivialidades sufis. Como o Xeique não era muito rigoroso[29] em agir segundo nossa lei religiosa, elogiou muito a presença panteísta, coisas sobre as quais sufis indolentes falariam e que geralmente os levariam a negar a lei e a permitir a heresia. Ele também introduziu questões polêmicas, como a salvação definitiva pela fé do Faraó – que a maldição de Deus esteja sobre ele! –, que ele mencionou no *Fuçúç ulhikam*,[30] ou a excelência da esperança sobre o medo,[31] e muitas outras coisas às quais os homens se inclinam pela fraqueza da disposição, indiferentes a razões convincentes ou a ordens religiosas distintas, mas muito pelo contrário. O Xeique foi, portanto, um dos principais culpados pelo enfraquecimento da fé de Sua Majestade nas ordens de nossa religião. Ele também disse que os infiéis seriam, é claro, mantidos para sempre no inferno, mas não era provável, nem poderia ser provado, *que o castigo no inferno fosse eterno*. Sua explicação de alguns versículos do *Corão* ou da tradição de nosso profeta era muitas vezes exagerada. Além disso, ele menciona que a expressão ʾ*Insán i kámil* ("homem perfeito") se referia ao governante da época, a partir da qual ele inferiu que a natureza de um rei era santa.

---

29 Desde que um sufi se conforme com o *Corão*, ele é um *sharʾi*; mas, quando sente que se aproximou de Deus e não precisa mais das ordenanças do *profanum vulgus*, torna-se *ázád*, "livre", e torna-se um herege.

30 O faraó reivindicou a divindade e, portanto, é *malʾún*, amaldiçoado por Deus. Mas, de acordo com alguns livros, e entre eles os Fuçúç, o faraó arrependeu-se no momento da morte e reconheceu Moisés como um verdadeiro profeta.

31 O Islã diz: *Alímán baina-l khaufi warrijá* ("a fé está entre o medo e a esperança"). Portanto, é pecado temer a ira de Deus mais do que esperar a misericórdia de Deus; e não ao contrário.

Dessa maneira, ele disse muitas coisas agradáveis ao imperador, raramente expressando o significado adequado, mas o contrário do que ele sabia estar correto. Até o *sijdah* ("prostração"), que as pessoas chamam suavemente de *zamínbos* ("beijando o chão"), pode ser devido ao ʾ*Insán i kámil*; ele considerou o respeito devido ao rei como uma ordem religiosa e chamou a face do rei de *Ka ʾbah i Murádát*, "o santuário dos desejos", e de *Qiblah i Háját*, "o centro das necessidades". Outras pessoas apoiaram tais blasfêmias[32] citando histórias sem crédito e fazendo referência à prática seguida por discípulos de alguns líderes de seitas indianas. (§449)

Monges eruditos também vieram da Europa, os quais eram chamados de *Pádre*.[33] Eles têm um chefe infalível chamado *Pápá*. Ele pode mudar todas as ordenanças religiosas que achar conveniente, e os reis devem submeter-se à autoridade dele. Esses monges trouxeram o evangelho e mencionaram ao imperador suas provas da Trindade. Sua Majestade acreditava firmemente na verdade da religião cristã e, desejando espalhar as doutrinas de Jesus, ordenou ao príncipe Murád[34] que tomasse algumas lições promissoras do Cristianismo e encarregou Abulfazl de traduzir

---

32 Como os *zamínbos* ou o uso de nomes sagrados como *Ka ʾbah* (o templo em Meca) ou como *qiblah* (Meca), na medida em que as pessoas voltam-se para ele quando oram.

33 Rodolpho Aquaviva, convocado por Abulfazl, Padre Radalf, Antônio de Monsserrato, Fran cisco Enriques.

34 O príncipe Murád tinha então oito anos de idade. Jahángír (Salím) nasceu em uma quarta-feira, dia 17 de *Rabí ʾulawwal* 977. Três meses depois dele, sua irmã *Shahzádah Khánum* nasceu; e depois dela (talvez em 978) *Sháh Murád*, que recebeu o apelido de *Pahárí*, quando nasceu nas colinas de Fathpúr Síḳrí. *Dányál* nasceu em Ajmír durante a noite entre terça e quarta-feira, dia 10 de Jumádalawwal 979.

o evangelho. Em vez do habitual *Bismilláh-irrahmán-irrahím*,[35] foram usadas as seguintes linhas,

> *Ai nám i tu Jesus o Kiristo*
> (Ó tu, cujos nomes são Jesus e Cristo),

o que significa: "Ó tu, cujo nome é gracioso e abençoado"; Xeique Faizí acrescentou outra metade, a fim de completar o verso:

> *Subhánaka lá siwáka Yá hú.*
> (Nós te louvamos, não há ninguém além de ti, ó Deus!) (§450)

Esses monges amaldiçoados aplicaram a descrição do maldito Satanás e das qualidades dele a Muhammad, o melhor de todos os profetas – que as bênçãos de Deus repousem sobre ele e sobre toda a sua casa! –, algo que nem mesmo os demônios fariam. (§451)

Bír Baṛ também impressionou o imperador afirmando que o sol era a principal origem de tudo. O amadurecimento dos grãos nos campos, das frutas e legumes, a iluminação do universo e a vida dos seres humanos dependiam do sol. Por isso, era apropriado adorar e reverenciar esse luminar, e as pessoas em oração deviam olhar para o lugar onde ele se eleva, em vez de se voltar para o quadrante onde se põe. Por razões semelhantes, disse Bír Baṛ,

---

35 A fórmula *"Bismilláh etc."* é dita por todo estudante antes de começar a ler seu livro. As palavras *Ai nám i tu Jesus o Kiristo* são retiradas do Dabistán, na edição de Badáoní, com *Ai námí wai zhazho Kiristo*, que, apesar de correta em métrica (ver minha "Prosody of the Persians", p. 33, n. 32), é improvável. A fórmula dada no Dabistán possui uma métrica Masnawí comum (ver minha "Prosody of the Persians", p. 33, n. 31), e soletra Jesus ديزز *dezuz*. O verso dado por H. H. Wilson ("Works", II, p. 387) não tem métrica.

Introdução à Ciência da Religião

os seres humanos devem considerar o fogo, a água, as pedras, as árvores e outras formas de existência, mesmo as vacas e o esterco delas, a marca na fronte e o fio bramínico. (§452)

Filósofos e eruditos que estiveram na corte, mas que estavam em desgraça, ocuparam-se em trazer provas. Eles disseram que o sol era "a maior luz", a origem do poder real. (§453)

Adoradores do fogo também vieram de Nausárí, em Gujarate, e provaram à Sua Majestade a verdade das doutrinas de Zoroastro. Eles chamaram o culto ao fogo de "o grande culto" e impressionaram o imperador de maneira tão favorável que ele aprendeu com eles os termos e ritos religiosos dos persas antigos e ordenou a Abulfazl que providenciasse que o fogo sagrado fosse mantido aceso na Corte dia e noite, de acordo com o costume dos antigos reis persas, em cujos templos de fogo ardiam continuamente, pois o fogo era uma das manifestações de Deus e "um raio de Seus raios". (§454)

Sua Majestade, desde sua juventude, também estava acostumada a celebrar o *Hom* (uma espécie de culto ao fogo), a partir de sua afeição pelas princesas hindus de seu harém. (§455)

Desde o dia do ano novo do vigésimo quinto ano de seu reinado [988], Sua Majestade adorava abertamente o sol e o fogo por prostrações; e os cortesãos passaram a ser ordenados a se levantar quando as velas e as lâmpadas fossem acesas no palácio. No festival do oitavo dia da Virgem, ele colocou a marca na testa, como um hindu, e apareceu no Saguão de Audiências, quando vários brâmanes amarraram, a título de venturança, uma corda com joias nas mãos, enquanto os grandes apoiavam esse procedimento trazendo, de acordo com as circunstâncias, pérolas e joias como presentes. O costume de Rák'hí (de amarrar peças de roupas em volta dos pulsos como amuletos) tornou-se bastante comum. (§456)

Quando ordens em oposição ao Islã foram citadas por pessoas de outras religiões, elas foram encaradas por Sua Majestade como convincentes, enquanto o Hinduísmo é, na realidade, uma religião na qual toda ordem é absurda. Dizia-se que o Criador de nossa crença, os santos árabes, eram adúlteros e ladrões de estradas, e que todos os muçulmanos foram declarados dignos de reprovação, até que finalmente Sua Majestade passou a pertencer àqueles de quem o *Corão* diz (Sura LXI. 8): "Eles procuram extinguir a luz de Deus com a boca: mas Deus aperfeiçoará sua própria luz, embora os infiéis sejam avessos a ela". De fato, as coisas foram tão longe, que as provas não eram mais necessárias quando algo relacionado ao Islã deveria ser abolido. (§457)

Depois que Makhdúm ul mulk e Xeique 'Abdunnabí partiram para Meca (987), o imperador examinou as pessoas sobre a criação do *Corão*, esconjurou a crença ou a revelação delas e levantou dúvidas sobre todas as coisas relacionadas ao profeta e aos imames. Ele negou claramente a existência de *gênios*, de anjos e de todos os outros seres do mundo invisível, bem como os milagres do profeta e dos santos; ele rejeitou os sucessivos relatos das testemunhas de nossa fé, as provas das verdades do *Corão* na medida em que elas concordam com a razão humana, a existência da alma após a dissolução do corpo e as recompensas e punições futuras, tendo em vista que diferiam da metempsicose. (§458)

Nesse ano, Xeique Mubárik de Nágor disse na presença do imperador de Bir Baṛ: "Assim como existem interpolações em teus livros sagrados, também há muitas em nossos (*Corão*); portanto, é impossível também confiar". (§459)

Introdução à Ciência da Religião 251

Alguns desavergonhados e infelizes desgraçados perguntaram também à Sua Majestade por que, no final do milênio, não fez uso da espada, "a prova mais convincente", como o Xá Ismá'il da Pérsia havia feito. Mas Sua Majestade estava convencido por fim de que a confiança nele como líder era uma questão de tempo e de que bons conselhos não exigiriam a espada. E, de fato, se Sua Majestade tivesse gastado um pouco de dinheiro, facilmente teria capturado a maioria dos cortesãos, e mais ainda as pessoas comuns, em suas malfadadas redes para fazer valer suas reivindicações e suas inovações. (§460)

Em uma reunião do conselho para renovar a religião do império, o Rajá Bhagawán disse: "Eu acreditaria de bom grado que os hindus e os muçulmanos têm uma religião ruim; mas apenas nos diga onde está a nova seita e qual a opinião deles para que eu possa acreditar". Sua Majestade refletiu um pouco e deixou de pressionar o Rajá. Mas a alteração das ordens de nossa fé gloriosa continuou. (§461)

Durante esses dias, também foram abolidas as orações públicas e o *azán*,[36] que era cantado cinco vezes por dia para a assembleia rezar no salão nobre. Nomes como *Ahmad*, *Muhammad*, *Mustafá* etc. tornaram-se ofensivos para Sua Majestade, que desejava agradar os infiéis do lado de fora e as princesas do lado de dentro, do harém, até que, depois de algum tempo, os cortesãos que tinham tais nomes os mudaram, e nomes como *Yár Muhammad*, *Muhammad Khán* foram alterados para *Rahmat*. Chamar esses infelizes desgraçados pelo nome de nosso abençoado profeta seria realmente errado, e não havia apenas espaço para melhorias alterando os nomes deles, mas era necessário mudá-los,

---

36 Azán é o chamado para a oração obrigatória dos muçulmanos (N. do T.).

de acordo com o provérbio: "É errado colocar joias finas no pescoço de um porco". (§462)

Em *Rabí'ussání*[37] 990, Mír Fathullah veio do Dak'hin. Como tinha sido aluno imediato de Mír Ghiásuddín Mançúr de Shíráz, que não exigira demais em assuntos religiosos, Sua Majestade pensou que Fathullah ficaria muito feliz em entrar em seu projeto religioso. Mas Fathullah era um xiita tão estagnado e, ao mesmo tempo, um caçador de negócios mundano e um adorador de Mamom e da nobreza que não desistiria de um monte de títulos do xiismo fanático. Mesmo no salão de estado ele fez, com a maior compostura, suas preces pelo pecado – algo que ninguém mais ousaria fazer. Sua Majestade, portanto, o colocou na classe dos fanáticos; mas conspirou em suas práticas, porque achava desejável encorajar um homem com tais realizações e conhecimento prático. Certa vez, o imperador, na presença de Fathullah,[38] disse a Bír Baṛ: "Eu realmente me pergunto como alguém em sã consciência pode acreditar que um homem, cujo corpo tem certo peso, poderia, de repente, deixar sua cama, elevar-se ao céu, ter 90 mil conversas com Deus e, ainda assim, ao voltar, encontrar sua cama ainda quente!". Assim também foi ridicularizada a divisão da lua. "Ora", disse Sua Majestade, levantando um pé, "é realmente impossível para mim levantar o outro pé! Como são tolas essas histórias para um homem acreditar". E aquele desgraçado (Bír Baṛ) e alguns outros – cujos nomes foram esquecidos – disseram: "Sim, nós acreditamos! Sim, nós confiamos!". Esse grande experimento com os pés

---

37 Quarto mês do calendário islâmico (N. do T.).

38 Como Fathullah era um bom mecânico, Akbar pensou que, ao se referir ao peso de um homem e à seguinte experiência com o pé, ele induziria Fathullah a fazer uma observação sobre a ascensão do profeta (*mi'ráj*).

foi repetido várias vezes. Mas Fathullah – Sua Majestade estivera a cada momento olhando para ele, porque ele queria que ele dissesse alguma coisa, pois ele era um recém-chegado – olhou diretamente para si mesmo e não pronunciou uma sílaba, embora fosse todo ouvidos. (§463)

Por fim, algumas passagens de Dabistán.[39] (§464)

Salámullah também disse que o representante de Deus (Akbar) costumava chorar e disse: "Que meu corpo fosse maior que todos os corpos juntos, para que as pessoas do mundo pudessem alimentar-se dele sem ferir outros animais vivos!". (§465)

Um sinal da sagacidade deste rei é que ele mantém a seus serviços pessoas de todas as classes, judeus, persas, turanianos etc., porque uma classe de pessoas, se empregada em exclusão de outras, causaria rebeliões, como no caso dos usbeques e qizilbáshes (persas), que costumavam destronar seus reis. Portanto, Xá 'Abbás, filho do Sultão Khudábandah i Çafawí, imitou a prática de Akbar e favoreceu os gurjís (georgianos). Akbar também não considerou o poder hereditário, nem a genealogia nem a fama, mas favoreceu aqueles que julgava serem excelentes em conhecimento e em modos. (§466)

---

39 O Dabistán, atribuído a Mohsan Fáni, que viveu no século XVII, durante o reinado do Imperador Jehangír (1605-1628), Xá Jeã (1628-1659) e Aurengzeb (1659-1707), tradução para o inglês por A. Troyer (Paris, 1843).

Sobre as línguas da África

Referente ao §72

A seguinte análise da "Nubische Grammatik" ["Gramática núbia"] (Times, 29 de dezembro de 1880) do professor Lepsius apresenta um relato das mais recentes visões desse acadêmico sobre os idiomas e a população da África. (§467)

Apesar de tudo que se escreveu ultimamente sobre a decadência das universidades alemãs, e particularmente sobre a de Berlim, as estrelas que outrora deram brilho a esse nome ainda não se apagaram e não parece, a julgar pelas publicações recentes, que perderam seu antigo brilho. Não existem muitas universidades em qualquer país que contam entre seus professores tantas estrelas de primeira magnitude como Berlim; e, o que é mais extraordinário, embora homens como Lepsius, Mommsen, E. Curtius, Zeller e Helmholtz, para falar apenas da Faculdade de Filosofia, já tenham passado da metade da vida, seu poder de trabalho e o trabalho criativo, ao que parece, não diminuíram. O professor Lepsius tem 70 anos, mas acabou de lançar um trabalho que teria envergonhado muito a capacidade dos mais jovens, com uma grande quantidade não apenas de fatos cuidadosamente coletados, mas também de teorias que surpreenderão muitos de seus leitores e, esperamos, que farão pensar e trabalhar. Na *Gramática núbia*, um volume de mais de 600 páginas, o professor Lepsius adicionou uma introdução que, embora pequena em extensão, é de longe a parte mais significativa do livro. Ele fornece os resultados de seus estudos de longa data de todas ou quase todas as línguas da África e estabelece, ao mesmo tempo, princípios gerais que afetam os mais altos interesses da Linguística. Enquanto a maioria dos filólogos comparativos está agora absorvida em minúcias sobre o caráter e as possíveis variedades dialetais de vogais e consoantes únicas, o professor Lepsius desenha em negrito os traços amplos de uma história da linguagem que se estende por quatro mil ou cinco mil anos, cobrindo todo o continente africano e a costa vizinha da Ásia. Enquanto os admiradores de Gerard Douw balançam a cabeça para a vasta tela coberta por Paolo Veronese, podemos entender que os estudiosos engajaram-se na questão de saber se a língua ariana possuía originalmente quatro ou cinco diferenças e deveria afastar-se, com uma espécie de tremor, das páginas cujos idiomas dificilmente compartilham uma única palavra em comum e não concordam gramaticalmente em nada além do fato de distinguirem os dois gêneros de substantivos, que são classificados como de origem comum. Felizmente, na Linguística há espaço para Gerards Douws e Paolos Veroneses; antes, no interesse dessa ciência, é desejável sinceramente que ambos os estilos sejam sempre cultivados lado a lado. Há muito trabalho duro a ser feito entre as línguas inexploradas do mundo e, para esse trabalho, o olho treinado e de longo alcance do caçador é muito mais essencial do que a intensidade concentrada do microscopista linguístico. (§468)

Enquanto as últimas pesquisas em filologia africana tendiam à admissão de um número cada vez maior de famílias independentes de fala, o professor Lepsius, em um verdadeiro espírito darwiniano, parte do princípio fundamental de que existe apenas uma língua africana aborígene e de que o grande número de dialetos locais espalhados pelo continente africano é devido ao desenvolvimento e à luta pela vida contra invasores estrangeiros e à sobrevivência dos mais aptos. Antes de tentar estabelecer esse fato, ele primeiramente teve de esclarecer um pouco do que considerou preconceitos que impediam o progresso da pesquisa linguística e antropológica. (§469)

Ele sustenta que a raça e a língua devem ter sido idênticas em algum período remoto. Mas esse período está muito além dos primórdios do conhecimento histórico, e, durante o que chamamos de épocas históricas e até pré-históricas, línguas e raças foram destruídas, revividas e misturadas a tal ponto que as duas não podem mais ser usadas como termos coextensivos. Raças e línguas devem ser classificadas independentemente uma da outra, e as classificações até agora propostas, tanto por anatomistas comparados quanto por filólogos comparativos, são totalmente inadequadas. As tribos dolicocefálicas e braquicefálicas, por exemplo, são encontradas em todas as raças, mas as peculiaridades dos cabelos, mesmo que tenham sido mais cuidadosamente apuradas, não têm, como mostra o professor Lepsius, uma base suficiente para uma classificação verdadeiramente científica. Friedrich Müller e Häckel, contando com indicações tricológicas e glotológicas, recentemente propuseram uma divisão da raça humana em doze raças e da linguagem em cem famílias. Mas Lepsius mostra a insegurança do terreno em que elas repousam, provando, por exemplo, baseado na autoridade de A. B. Meyer, a ausência de *Büschelhaar* ["cabelos cacheados"] entre os papuas e a divergência completa das gramáticas dos hotentotes e papuas, às quais Friedrich Müller sentiu-se inclinado a se referir como pertencentes a uma única e mesma classe (pp. x, lxxi). (§470)

Segundo Lepsius, existe fisicamente apenas um tipo de negro, variando em tons de cor, de acordo com linhas térmicas fixas,

Introdução à Ciência da Religião

geralmente dolicocefálicas, prognáticas, com olhos muito distantes, narizes achatados, lábios cheios, cabelos lanosos e crespos, e em todos os lugares diferenciados por uma marca acentuada na maneira de andar. Bosquímanos e hotentotes não são excluídos dessa definição geral, e todas as peculiaridades locais das tribos autóctones da África são explicadas como meras variedades. Em vez da divisão comum das raças africanas em (1) tribos do norte e mais negras; (2) tribos Pul e Nuba, espalhadas entre as primeiras; (3) tribos cafres ou bantos, ao sul do Equador; (4) hotentotes e bosquímanos (mesmo estes dois sendo tratados como totalmente distintos por certos etnólogos), o professor Lepsius admite três variedades apenas de negro original, a saber: (1) os negros do norte, (2) os negros do sul ou bantos e (3) os negros do Cabo. Ele, então, agrupa todas as línguas africanas também em três zonas: (1) as línguas do sul, ao sul do Equador, os dialetos bantos, explorados principalmente na costa oeste e na leste, mas provavelmente estendendo-se por todo o continente, incluindo hereró, pongue, fernando po, kafir ('osa e zulu), tshuana (soto e rolon), suaíli etc.; (2) a região norte, entre o Equador e o Saara, e a leste até o Nilo, incluindo efik, ibo, iorubá, ewe, akra ou ga, otyi, kru, vei (mande), temne, bullom, wolof, fula, sonrhai, canúri, teda (tibu), logone, wandala, bagirmi, mâba, konjâra, umâle, dinka, shilluk, bongo, bari, oigob, nuba e barea; (3) a região camítica, incluindo as extintas línguas egípcia e copta, as línguas líbias, como o tuaregue (cabila e amaskeg), o hauçá, as línguas cuchitas ou etíopes, incluindo os dialetos de beja, soho, falasha, agau, gala e dankali e somali. Os idiomas hotentote e bosquímano são referidos à mesma região. (§471)

As línguas camíticas incluídas na terceira região (egípcia, líbia e cuchita) são consideradas por Lepsius como alheias à África. Todas são invasoras do Oriente, embora tenham chegado à África em momentos diferentes e por vias diferentes. O verdadeiro núcleo aborígene do discurso africano está contido na primeira zona e representado por essa classe de línguas que, devido a seu caráter gramatical fortemente marcado, foi chamada de família banto. O professor Lepsius tenta mostrar que os idiomas da região norte são modificações do mesmo tipo representadas na zona sul, principalmente devido ao contato e ao atrito mais ou menos violento com as línguas pertencentes à zona camítica e, até certo ponto, também com as línguas semíticas. (§472)

Esse é um empreendimento enorme, e o professor Lepsius provavelmente seria o primeiro a admitir que, no atual estado imperfeito de nosso conhecimento de muitas dessas línguas, os pontos de vista dele estão sujeitos a modificações consideráveis no futuro. Ainda assim, como uma tentativa de mostrar quanta mudança é possível em um idioma sem fazê-lo perder sua própria identidade, os comentários dele merecem uma consideração muito cuidadosa. O problema que ele discutiu é de fundamental importância, e em nenhum lugar, talvez, poderia ter sido observado e testado com mais vantagem do que no conflito entre as famílias de fala banto e camítica, que diferem entre si em muitos dos mais essenciais pontos de articulação gramatical. Para citar apenas alguns, as línguas banto são prefixativas, as camíticas sufixativas, mostrando diferentes ângulos de visão mental que pareceriam impossíveis de serem reunidas no mesmo foco. A gramática do banto não admite nenhum gênero ou, deveríamos dizer, nenhum gênero para denotar sexo, como a gramática camítica faz. Nesse sentido, o professor Lepsius, seguindo principalmente o falecido Dr. Bleek, enfatiza bastante e expressa sua forte crença em um turanianismo original (p. xxiv.), do qual surgiram as famílias de fala semítica, camita e jafética, todas mantendo a característica comum de marcar

Introdução à Ciência da Religião

o feminino por um sufixo, que nas famílias camíticas e semíticas é o mesmo, o "t", enquanto a família jafética o substitui por uma variedade de novas terminações. O que o professor Lepsius tenta mostrar é que os traços de gênero ou sufixos e outras características gramaticais bastante repugnantes ao gênio das línguas bantos podem ser explicadas pela maior ou menor quantidade de contato da raça africana original com os camitas e, em alguns casos, com os vizinhos semitas. Mesmo quando todas as características distintivas parecem ser apagadas, o professor Lepsius não fica desanimado e marca o caráter estranho de um novo expediente gramatical com a mesma confiança com que um arqueólogo descobre as partes restauradas de uma estátua antiga. Parece que, se essa visão da formação das línguas do norte da África estiver correta, a estrutura gramatical de uma língua não poderia mais ser tão inacessível a influências estrangeiras quanto todos os estudantes filosóficos da língua até agora acreditavam. No entanto, isso não é bem assim. Pelo contrário, o fato de que essas influências estrangeiras podem ser detectadas dessa forma e de que as mudanças externas podem ser representadas como meras adaptações às necessidades de fora mostra que a Linguística pode e deve distinguir entre esses novos rebentos e os ramos antigos que, embora estéreis na aparência, continuam a ser a única fonte de vida, tanto para o novo quanto para o antigo crescimento. De fato, o problema do crescimento dialetal, que até agora foi tão estranhamente negligenciado pelos estudiosos de línguas, encontra-se em todas as páginas desse trabalho, e não apenas como uma teoria, mas em todos os seus aspectos práticos. "Se você acha que meu reconhecimento em relação às antigas mudanças de linguagem é muito violento [o professor Lepsius parece dizer], olhe ao seu redor e veja o que está acontecendo sob seus próprios olhos, se é que você tem olhos para ver.

E sobre o Cordofão (p. xx.), onde os dialetos surgem aos poucos, os habitantes de um pico de montanha não entendem os de outro, mas aprendem a entender com grande facilidade tribos alienadas ou realmente estranhas que se estabeleceram entre eles apenas por um pequeno período de tempo." Essa receptividade da linguagem, e mais particularmente da linguagem das tribos selvagens e nômades, às influências estrangeiras é ilustrada repetidamente no curso dos argumentos do professor Lepsius. O poder da imitação é muito maior entre as tribos inferiores que entre as superiores e estende-se no caso da linguagem a questões puramente gramaticais. Existem limites, no entanto, mesmo para esse caso, e, em um caso, o da língua hauçá, o professor Lepsius é levado a admitir que não pode ser classificada como um dialeto banto ou prefixativo modificado por vizinhos camitas, mas que é realmente uma língua camita, mais especialmente uma língua líbia, cercada e modificada pelo discurso banto (p. xlix). Por um processo semelhante de raciocínio, ele também exclui a língua hotentote da família africana propriamente dita e traz essas pessoas do sul em conexão com os cuchitas no norte, dos quais foram separados pela pressão das tribos bantos, recuperando o território oriental que por algum tempo lhes fora arrancado por invasores cuchitas. (§473)

Por mais surpreendente que seja essa teoria, ela é um pouco menos do que a visão que o professor Lepsius tinha a respeito da linguagem à qual ele dedicou atenção especial. O núbio, essa língua falada na região do Nilo, bem no meio de uma população cuchita, é tratado por ele não como sendo cuchita, mas como banto, e a *física* núbia, embora por força de um grande intercâmbio dificilmente discernível em muitos lugares do egípcio, remonta ao seu tipo africano original entre as tribos da Núbia do Sul. Em nossos mapas, a Núbia geralmente se estendia para o sul desde

Introdução à Ciência da Religião

a primeira catarata por toda a extensão entre o Nilo e o Mar Bed até Habesh, do sudeste além de Cartum, ao sul e sudoeste ao longo do Nilo Branco até Bahr-el-Gazâl. Lepsius, embora admita a presença de tribos núbias dispersas no sul, mais particularmente no Cordofão e nos vales vizinhos, fixa-se no Nilo como a fronteira natural entre o verdadeiro núbio, às vezes, embora erroneamente, chamado de berbere, no oeste, e de cuchita, as tribos vindas do leste, sendo estas representadas pelos bejas modernos como seu posto mais avançado. O que dá um interesse adicional a essas tribos núbias é que elas sozinhas entre as raças africanas têm algo parecido com uma história, para serem lidas nos monumentos de seus vizinhos, os egípcios. Os monumentos egípcios distinguem desde os primórdios a raça vermelha ou marrom do sul e os negros, chamados de nahasi. Entre esses, os uaua ocupam um lugar de destaque já no terceiro milênio antes de nossa era e são identificados por Lepsius com os núbios. As chamadas inscrições núbias que são encontradas espalhadas pelo país, ocupado pelas tribos núbias e além, vão até a confluência do Nilo Branco e Azul, e nunca foi determinado se são de origem núbia ou cuchita. Essas inscrições têm seu próprio alfabeto, da direita para a esquerda, e, considerando que as palavras estão divididas, como estão nas inscrições cuneiformes da Pérsia, não há razão para que nos desesperemos em vê-las decifradas em pouco tempo. O professor Lepsius pensa que elas não são núbias, ou seja, não negras, mas cuchíticas, e que a chave a ser aplicada à sua interpretação deve ser procurada no beja, e não no idioma núbio. (§474)

Depois de ter adentrado esses períodos remotos da história étnica e não política, o professor Lepsius acrescentou um capítulo muito interessante sobre outra raça antiga, os cuchitas, chamados em hieróglifos de Kash ou Kish. Esses cuchitas são separados do Egito propriamente pela antiga população negra intrusiva e, embora intimamente ligados aos ocupantes camíticos do vale do Nilo, eles migraram, de acordo com o professor Lepsius, da Arábia por mar, sem passar pelo Egito. Seu lar original era na Ásia, e dali eles seguiram em colunas paralelas com os ancestrais dos egípcios e líbios em direção ao oeste, seguidos após certo tempo por seus antigos vizinhos, os semitas. Eles ocuparam o sul da Arábia e depois passaram para a costa oposta da África. Tornaram-se, assim, a primeira grande nação marítima, estendendo suas navegações pelo leito do mar, pelo Golfo Pérsico e pelo Oceano Índico; eles eram, de fato, segundo Lepsius, os verdadeiros ancestrais dos fenícios. Os fenícios na costa do Mediterrâneo, embora tivessem adotado uma linguagem semítica, eram conhecidos por Heródoto como emigrantes das costas do Mar Vermelho, e na *Bíblia* os cananeus são mencionados entre os filhos de Cuch; enquanto nos monumentos egípcios os cuchitas do sul, na costa africana e na árabe, são conhecidos pelo nome de puna – ou seja, pœni e fenícios, os marinheiros vermelhos do Mar Vermelho, em oposição aos kefa, marinheiros fenícios do Mediterrâneo. Na mitologia grega, Cefeu é usado como sinônimo de Fênix, marido de Cassiopeia, filha de Arabos. Essas raças kefa, originalmente cuchíticas, são rastreadas pelo professor Lepsius em Kepheis, o antigo nome da Etiópia, e na Kephenes etíope da Babilônia, uma cidade fundada por Nimrod, o cuchita, "cujo início era Babel e Erech, e Acad e Calneh, na terra de Sinar". Os caldeus da Babilônia são chamados de kephenes por Helânico, enquanto Cuch (Etiópia), circundada pelo rio Geon (Gênesis 2,13), deve estar na Mesopotâmia, onde Heródoto também conhece o país dos cassitas. (§475)

Depois de rastrear a presença dos cuchitas na Ásia, Arábia, Etiópia e Fenícia, o professor Lepsius dá outro passo e declara

Introdução à Ciência da Religião 263

corajosamente a civilização da Babilônia como obra dos colonos cuchitas, que carregaram as sementes da cultura egípcia de volta da África para a Ásia. Esse fato está representado na lenda de Oannes, o pescador – ou seja, o marinheiro do Mar Vermelho que ensinou aos babilônios as artes de uma vida civilizada. Rejeitando como completamente fantasiosa a teoria de uma civilização turaniana ou acadiana anterior à Babilônia, o professor Lepsius sustenta que os hieróglifos dos quais os alfabetos cuneiformes são derivados eram egípcios, que a astronomia, a arquitetura, os sistemas de medida da Babilônia eram de fato egípcios, que seus templos, pirâmides e obeliscos eram todos imitações imperfeitas dos modelos egípcios. Aqui todos os estudiosos da Babilônia foram desafiados, e podemos esperar em breve um animado combate entre eles e contra esses fatos. É uma pena que o professor Lepsius não tenha entrado em pormenores nos fundamentos que são a base para sua negação da existência de uma civilização turaniana ou acadiana primitiva na Mesopotâmia. De fato, sua Introdução, com 126 páginas, contém materiais suficientes para muitos volumes. Muitos volumes foram escritos sobre a origem dos hicsos, mas o professor Lepsius, em poucas páginas, tentou decidir a questão e fez deles cuchitas da Arábia. Ele falou das migrações, incursões, repulsas e alianças dessas nações primitivas como se tivessem acontecido ontem, em vez de há quatro ou cinco mil anos. Ele depositou muita confiança implícita em avisos fragmentados que concordam com suas teorias, às vezes esquecendo da regra antiga de que nunca devemos ficar tão atentos quanto quando nos deparamos com confirmações inesperadas de nossas noções favoritas. Mas, apesar de todas essas reservas, não podemos deixar de pensar que, nessa Introdução à sua *Gramática núbia*, o professor Lepsius deu um novo impulso, não apenas à filologia africana, mas também a uma reconsideração de alguns dos problemas mais interessantes da etnologia antiga, da tradição e da história. Que todas as suas opiniões resistirão ao teste do tempo, quem se atreverá a dizer? Daqui a cem anos, ou muito mais cedo, quando as inscrições núbias forem decifradas, poderão nos contar uma história muito diferente da colonização do vale do Nilo Superior daquela que o professor Lepsius construiu a partir de documentos egípcios e babilônicos, lendas gregas e gramáticas africanas. As pesquisas de Dr. Theophilus Hahn e *Miss* Lloyd sobre o dialeto hotentote e o bosquímano podem substituir as de Dr. Bleek e as de Livingstones e Nachtigalls no futuro e podem descobrir restos de populações africanas mais antigas do que as que conhecemos atualmente. A Filologia e a Etnologia africanas ainda não estão em perigo de se tornarem estacionárias, e quem estiver interessado nelas deve estar preparado para desaprender e aprender muitas coisas de ano para ano. É exatamente assim que deveria ser. A vida saudável é impossível sem um constante desperdício do que foi esgotado, e o progresso científico é impossível sem abandonarmos aqueles que vieram antes de nós, mesmo que eles tenham sido gigantes em seus dias. A desventura da vida científica é descansar e ficar satisfeito, e mesmo uma teoria errada é às vezes melhor do que nenhuma teoria. O professor Lepsius pode ter repetido a velha canção da Filologia africana e, sem dúvida, teria sido aplaudido por todos os lados. Tendo jogado um tição no curral pacífico dos estudiosos africanos, ele será atacado por todos os lados, criticado e abusado. Mas ele tem idade suficiente para saber que o que é verdadeiro para a vida privada também é verdadeiro para a vida científica: "Ai quando todos falarem bem de vós! Do mesmo modo seus pais trataram os falsos profetas" (Lucas 6,26). (§476)

Literatura védica

Referente aos §§100s

As seguintes estatísticas sobre a literatura védica foram comunicadas à Sociedade Asiática de Bengala pelo Sr. J. Muir, 1846. (§477)

Referente ao §99 · LITERATURA VÉDICA

Nome do Veda	Nome do Sakha	Nome e Extensão da Sanhita em slokas ou linhas de 32 sílabas	Nome e Extensão do Brâhmana	Nome do Comentador	Extensão do Comentário	Observações
Rig Veda	1. Sâkala	12.000	Aitareya Brâh. 5.000 em 8 pangikas (sic)	Sobre Sanhita, Mâdhava	100.000	
				Sobre Brâhm., Mâdhava	20.000	
	2. Bâshkala	12.000 cada	...			
	3. Sânkhâyana		5.000 cada	Desconhecido	...	Não lido em Benares
Yajur Veda Branco	1. Mâdhyandina	Vâgasaneyi-S. 4.000	Satapatha, kândas, 14 24.000	Sobre Sanhita, Mahidhara e Uvata	12.000	
				Sobre Brâhm., Mâdhava	15.000	Há ainda um comentário sobre o Brâhmana por Harihara-svâmin
					60.000	
	2. Kânva	4.000	24.000	Sobre Sanhita, Mâdhava	12.000	
				Sobre Brâhm., Mâdhava	55.000	
Yajur Veda Negro	Taittiriya	Âpastamba-S. 9.000	5.000	Sobre Sanhita, Mâdhava	30.000	
				Sobre Brâhm., Mâdhava	15.000	
Sama Veda	Kauthuma	Khândasi Parte I, 2.000 Uttara-Sanhitâ Parte II, 3.000	8 Brâhmanas 8.000	Sobre Sanhita, Mâdhava	16.000	Não lido em Benares. Difere apenas na acentuação dos Kauthumas. Diz-se que os Brâhmanas são diferentes
				Sobre Brâhm., Mâdhava	25.000	
	Rânâyana	...	...	...	...	
Atharva Veda	Saunaka	10.000	Gopatha-Br. 6.000	Sobre Sanhita, Mâdhava (!)	80.000	Mâdhava era chamado Vidyâranya em outro período de sua vida
				Sobre Brâhm., Mâdhava	20.000	

Sobre a mitologia polinésia

Referente ao §117

Extratos de uma introdução aos "Mitos e canções do Pacífico Sul", do Rev. W. W. Gill: (§478)

Se novos minerais, plantas ou animais são descobertos, se estranhas petrificações são trazidas à luz, se pederneiras ou outras armas de pedra são escavadas ou obras de arte são desenterradas, mesmo um idioma até então desconhecido que se torne acessível pela primeira vez, não acredito que alguém que esteja familiarizado com os problemas científicos de nossa época questionaria sua importância ou sua serventia. Quer produtos da natureza quer obras do ser humano, se não houver dúvida quanto à sua genuinidade, eles reivindicam e recebem prontamente a atenção, não apenas de pessoas instruídas, mas também do público inteligente em geral. (§479)

Agora, o que são esses mitos e canções que o Sr. W. W. Gill trouxe de Mangaia para casa, antiguidades, preservadas por centenas, talvez por milhares de anos, mostrando-nos, muito melhor do que qualquer arma ou ídolo de pedra, o desenvolvimento da mente humana durante um período que, até o momento, está cheio de problemas muito desconcertantes para o psicólogo, o historiador e o teólogo? A única esperança de desvendarmos as perplexidades desse período mitológico, ou dessa fase mitopeica do intelecto humano, reside em podermos ter acesso a todo tipo de evidência colateral. Conhecemos esse período mitopeico entre a raça ariana

Introdução à Ciência da Religião

e a semítica, mas só o conhecemos a distância. Onde devemos procurar agora mitos e lendas vivas, exceto entre aqueles que ainda pensam e falam mitologicamente, que são, de fato, no momento presente, o que os hindus usavam antes da coleta de seus hinos sagrados e os gregos muito antes dos dias de Homero? Encontrar-nos entre um povo que realmente acredita em deuses, heróis e espíritos ancestrais, que ainda oferece sacrifícios humanos, que em alguns casos devora suas vítimas humanas ou, em todo caso, queima a carne de animais em seus altares, confiando que o perfume será doce para as narinas de seus deuses, é como se o zoólogo pudesse passar alguns dias perto de megatérios, ou o botânico entre as samambaias onduladas das florestas, enterradas sob nossos pés. Muita coisa está escrita agora, e foi escrita durante os últimos cinquenta anos, sobre a arqueologia humana, sobre o crescimento e progresso do intelecto, sobre a origem da religião, sobre os primeiros momentos das instituições sociais; tantas teorias foram iniciadas, tantas generalizações apresentadas com total confiança, que quase se pode imaginar que toda a evidência estava diante de nós e que não se poderia esperar mais nenhuma luz nova de nenhum lugar. Mas aconteceu justamente o contrário. Ainda há muitas regiões a serem exploradas, há muitos fatos, agora apresentados como certos, que exigem uma inspeção mais cuidadosa, e, enquanto lemos repetidas vezes as descrições minuciosas da jornada que o ser humano provavelmente fez estação após estação, desde sua infância até a idade adulta, ou, talvez, a velhice, é difícil resistir a um sentimento de espanto e não exclamar em quase todas as páginas: "Espere! Espere!". (§480)

Existem duas escolas antagônicas, cada uma mantendo seus princípios com uma espécie de fervor religioso – uma acreditando em um desenvolvimento descendente da raça humana, a outra acreditando em um desenvolvimento ascendente; uma afirmando que a história da mente humana começa necessariamente com um estado de pureza e simplicidade que gradualmente cede lugar à corrupção, perversidade e selvageria, a outra sustentando, com igual confiança, que os primeiros seres humanos não poderiam estar mais do que um passo acima dos animais e que toda a sua história é um progresso em direção à perfeição mais elevada. (§481)

No que diz respeito aos primórdios da religião, uma escola mantém uma suspeita primitiva de algo que está além – que pode ser chamado de sobrenatural, transcendente, infinito ou divino; considera uma caminhada silenciosa por essa *jhúla*[1] da vida,

---

1 "Então, no dia 12 de agosto, fizemos a subida íngreme até a vila de Namgea e, de lá, uma *jhúla* muito desagradável, que atravessava a torrente espumante do rio Sutlej. Nesta parte do Himalaia e, de fato, na Caxemira, essas pontes são construídas de galhos, principalmente de bétulas ou arbustos, torcidos juntos. Duas cordas grossas desses galhos, do tamanho da coxa de um homem, ou um pouco maiores, estão esticadas sobre o rio, a uma distância de cerca de 1,2 a 1,8 metros uma da outra, e uma corda semelhante corre entre elas, 0,9 a 1,2 metros abaixo, sendo conectadas com as cordas superiores por cordas mais finas, também geralmente de galhos e bétulas torcidos juntos, mas às vezes de capim, e ocorrendo a um intervalo de cerca de um metro e meio de distância um do outro. O desagradável de uma *jhúla* é que o passageiro não consegue segurar adequadamente as cordas superiores, que são grossas e ásperas demais para serem agarradas pela mão, e que, nas extremidades, elas estão tão distantes que é difícil controlar os dois ao mesmo tempo; além disso, o perigo é aumentado pela curvatura ou suspensão da *jhúla*, que é muito menor no meio do que nas extremidades. Ele também tem de se inclinar dolorosamente para se mover ao longo dela, e raramente é seguro descansar os pés na corda mais baixa, exceto onde ela é sustentada pelas cordas superiores pelas transversais. Cair na torrente furiosa por baixo seria uma destruição quase certa. O vento forte que normalmente prevalece no Himalaia durante o dia faz com que toda a estrutura mova-se assustadoramente. No meio da ponte, há uma barra transversal de madeira (para manter as duas cordas superiores separadas) por sobre a qual se deve passar; e não se costuma consertar um *jhúla* até que alguém caia dela e, assim, dê uma demonstração prática de que ela está em péssimas condições" (Andrew Wilson, "The Abode of Snow", p. 197).

com os olhos fixos no alto, como uma realização mais perfeita da religião primitiva do que cantar hinos védicos, oferecer sacrifícios judaicos ou credos e artigos mais elaborados. A outra começa com a natureza puramente animal e passiva do ser humano e tenta mostrar como as repetidas impressões do mundo em que ele viveu o levaram ao fetichismo, o que quer que isso signifique, ao culto aos antepassados, ao culto à natureza, a árvores e serpentes, a montanhas e rios, a nuvens e meteoros, ao sol, lua e estrelas, à abóbada do céu e, finalmente, pelo que é chamado de erro natural, Àquele que habita no mais alto céu. (§482)

Há alguma verdade em cada uma dessas visões; mas elas se tornam falsas ao serem generalizadas. Não chegou o tempo, e provavelmente nunca chegará, quando seremos capazes de afirmar algo sobre o real início da religião em geral. Sabemos um pouco aqui, um pouco acolá, mas, o que quer que saibamos sobre a religião primitiva, sempre percebemos que ela pressupõe vastos períodos de um desenvolvimento ainda anterior. (§483)

Algumas pessoas imaginam que o fetichismo, em todo caso, não pressupõe nada; elas provavelmente não hesitariam em atribuir a alguns dos animais superiores a capacidade de culto fetichista. Mas poucas palavras são tão desprovidas de precisão científica quanto "fetichismo", um termo tornado popular pelos escritos de De Brosses. Suponhamos que ele signifique uma espécie de culto temporário a qualquer objeto material que a fantasia possa selecionar, como uma árvore, uma pedra, um poste, um animal: isso pode ser chamado de uma forma primitiva de religião? Antes de tudo, religião é uma coisa, culto é outra, e as duas não estão necessariamente ligadas. Mas, mesmo que estivessem, qual é o significado do culto feito a uma pedra, além do sinal externo de uma crença preexistente de que essa pedra é mais que uma pedra, algo sobrenatural, e de que pode ser algo divino, de modo que a ideia de sobrenatural e a de divino, em vez de crescerem fora do fetichismo, são geralmente, se não sempre, pressupostas por ele? O mesmo princípio aplica-se ao culto aos antepassados, que muitas vezes pressupõe as concepções de imortalidade e de unidade ideal de uma família, e em muitos casos implica uma crença de que os espíritos dos falecidos são dignos de compartilhar as honras prestadas aos seres divinos. (§484)

Afirmar que toda religião começa com fetichismo, toda mitologia com culto a ancestrais é simplesmente falso, segundo o estágio atual de nosso conhecimento. Há fetichismo, culto aos antepassados, culto à natureza, seja de árvores, seja de serpentes, seja de montanhas, seja de rios, seja de nuvens, seja de meteoros, seja do sol, seja da lua, das estrelas e da abóbada do céu; há tudo isso, e muito mais do que tudo isso, onde quer que possamos assistir ao crescimento inicial de ideias religiosas; mas o que precisamos aprender é, antes de tudo, distinguir, estudar cada religião, cada mitologia, cada forma de culto por si só, observá-los durante períodos sucessivos de seu crescimento e decadência, segui-los por diferentes estratos da sociedade e, antes de tudo, estudar cada um deles, tanto quanto possível, em seu próprio idioma. (§485)

Se a linguagem é a realização do pensamento e do sentimento, a importância do conhecimento da língua para uma apreciação correta do que ela deveria transmitir na expressão do pensamento e do sentimento religioso não exige prova. Tenho insistido nisso ao longo de toda a minha vida, e tenho tentado mostrar – nem sempre com sucesso segundo a opinião dos outros – que muito do que parece inicialmente irracional e inexplicável na mitologia e na religião também pode ser explicado pela influência que a linguagem exerce no pensamento. Eu nunca disse que toda a mitologia pode ser explicada dessa maneira, que tudo o que parece irracional é devido a um mal-entendido ou que toda a mitologia é uma doença da linguagem. Algumas partes da mitologia provaram ser solúveis por meio de testes linguísticos, mas sempre representei a mitologia como um todo, como um período completo de um pensamento inevitável, acredito, no desenvolvimento do pensamento humano e compreendendo tudo aquilo e todos aqueles que em dado momento podem cair dentro do horizonte da mente humana. A nêmese da desproporção parece assombrar todas as novas descobertas. Partes das mitologias são religiosas, outras partes são históricas, algumas são metafísicas, outras poéticas; mas a mitologia como um todo não é religião nem história nem filosofia nem poesia. Compreende tudo isso sob essa forma peculiar de expressão que é natural e inteligível em certo estágio ou em certos estágios recorrentes no desenvolvimento do pensamento e da fala, um gancho que, depois de se tornar tradicional, torna-se frequentemente antinatural e ininteligível. Da mesma maneira, o culto à natureza, o culto a árvores, o culto a serpentes, o culto a ancestrais, o culto a Deus, o culto a heróis e o fetichismo são, todos, parte da religião, mas nada disso por si só pode explicar a origem ou o crescimento da religião, que compreende todos esses elementos e muitos outros ao longo das várias fases do desenvolvimento dela. (§486)

Se algo pode ajudar a incutir nos estudantes de religião e mitologia a necessidade de cautela, a vantagem de pesquisas especiais e, acima de tudo, a necessidade de um tratamento acadêmico, esse algo é um livro como o do Sr. Gill, o qual oferece um relato de uma religião e de uma mitologia que ainda viviam na ilha de Mangaia,[2]

---

2   Mangaia pertence ao Hervey Group, um pequeno aglomerado de ilhas no Pacífico Sul situado entre os 19° e 22° paralelos da latitude sul e 157° e 160 ° de longitude oeste.

quando ele foi para lá como missionário há vinte e dois anos, e que, embora tenham desaparecido para nós, ele cuidadosamente nos descreveu a partir de seu testemunho ocular, a partir daquilo que os últimos depositários da antiga fé lhe disseram e a partir do que foi registrado em canções sagradas, que ele nos dá no original, acompanhadas de traduções literais. (§487)

É verdade que a religião e a mitologia da raça polinésia já foram muitas vezes tratadas antes, mas um de seus maiores encantos consiste no fato de que a percebemos de muitas formas. Cada ilha tem, por assim dizer, seu próprio dialeto religioso e mitológico, e, embora exista muito que seja comum a todas e, portanto, deva ser antigo, há ao mesmo tempo muita variedade local e individual. Novamente, a grande vantagem da coleção de Gill é que Mangaia se manteve mais livre de influências estrangeiras do que qualquer outra ilha da Polinésia. "O isolamento dos ilhéus de Hervey [diz ele] era a favor da pureza de suas tradições, e o extremo zelo com o qual eles eram guardados era mais uma vantagem do que o contrário". Quando encontramos estranhas coincidências entre as lendas de Mangaia e histórias judaicas, cristãs ou clássicas, não precisamos suspeitar que antigos viajantes europeus tenham deixado cair suas sementes ou que missionários lhes deram inconscientemente sua própria coloração. O Sr. Gill esteve especialmente alerta contra essa e outras fontes de erro. "Enquanto colecionava meus mitos [diz ele], afastei de mim toda a mitologia clássica, com medo de inconscientemente moldar essas histórias polinésias em semelhança com as da Grécia e de Roma." (§488)

Ao investigar se a tradição polinésia sobre Eva (Ivi), (sobre a qual ver meus ensaios selecionados, vol. II, p. 456), que foi encontrada em Mangaia, o Sr. Gill me informou de que suspeitava fortemente que a origem dela fosse europeia. Os elementos da história podem ter existido anteriormente, e vemos alguns traços dela no relato da criação atual em Mangaia, mas o Sr. Gill suspeita que alguns dos amotinados do *Bounty* possam ter contado aos nativos a história da *Bíblia* e que ela acabou sendo fundida com as noções deles. (§489)

Também a mandíbula com a qual nos dizem que Maui, o grande herói solar dos polinésios, destruiu seus inimigos está ausente em Mangaia. Quando perguntei sobre isso, o Sr. Gill me informou que nunca no Grupo Hervey tinha ouvido falar dela ligada a Maui. (§490)

Tais coisas são extremamente importantes para um tratamento adequado da mitologia. Não sustento mais a regra de que, quando duas mitologias concordam no que é irracional ou tolo, elas devam ter a mesma origem ou que devam ter entrado em contato uma com a outra em algum período de sua história. Se houve uma razão para o osso maxilar ser usado como arma em um país, o mesmo motivo pode ter existido em outro. Mas, mesmo que não houvesse razão, um fato que aconteceu ou que se imaginava ter acontecido em um lugar pode, de fato, ter acontecido ou pode, apenas, ter sido imagino como acontecido em outro. A princípio, sem dúvida, nos sentimos surpresos com essas coincidências e com o fato de que elas geralmente oferecem uma presunção *prima facie* em favor de uma origem comum que não pode ser negada. Mas, à medida que continuamos lendo de uma mitologia para outra, nossa sensibilidade em relação a essas coincidências torna-se atenuada, e nos sentimos resistentes aos apelos que se baseiam exclusivamente em tais evidências. (§491)

À primeira vista, o que pode ser mais surpreendente do que ver o interior do mundo, o mundo invisível ou inferior, o Hades dos mangaias, chamado *Avaiki*, *Aviki*, literalmente "a região inferior", sendo o nome de uma das regiões inferiores, tanto entre brâmanes quanto entre budistas? Mas temos apenas de olhar em volta para descobrir que em taitiano o nome do Hades é *Hawai'i* e na Nova Zelândia *Hawaiki*, e originalmente, suponho, *Sawaiki*, de modo que a semelhança entre a palavra sânscrita e a polinésia desaparece muito rapidamente. (§492)

Que o nome do deus-sol em Mangaia é *Rá* foi apontado como uma estranha coincidência com o Egito; mais importante do que isso, porém, é a história de Rá sendo um cativo, fazendo-nos lembrar de lendas solares semelhantes na Grécia, na Alemanha, no Peru e em outros lugares.[3] (§493)

Quem pode ler a história mangaia de Ina ("a lua") e seu amante mortal, que, à medida que envelheceu e tornou-se enfermo, teve de ser enviado de volta à terra para terminar seus dias nela, sem pensar em Selene e Endimião, em Eos e Titono? (§494)

Quem, ainda, se familiarizado com o mito védico dos *Maruts*,[4] os batedores, os deuses da tempestade e sua gradual mudança em Marte, o deus romano da guerra, pode deixar de ver a mesma transição de pensamento em vários deuses das tempestades, da guerra e da destruição entre os polinésios, embora aqui novamente a semelhança com o nome de Maru seja puramente acidental? (§495)

Em algumas das ilhas da Polinésia, diz-se que o dilúvio durou exatamente quarenta dias. Isso, sem dúvida, é surpreendente. Pode ser o resultado da influência missionária. Mas, mesmo que não fosse, a coincidência entre o relato polinésio e o judaico nesse

---

3   "Chips from a German Workshop", segunda edição, II, p. 116.

4   *Rig Veda Sanhita*, The Sacred Hymns of the Brahmans. Traduzido por F. Max Müller. Vol. I. Hymns to the Maruts, or the Storm-Gods (Londres, Trubner & Co., 1869).

ponto pode ser puramente acidental ou pode ser baseado em cálculos meteorológicos rudes que ainda não detectamos. Não gosto de citar coincidências das tradições americanas, porque sabemos que nesse caso nunca estamos seguros das influências espanholas; caso contrário, o relato do dilúvio tolteca e a declaração de que as montanhas estavam submersas a uma profundidade de "quinze côvados" poderiam ser citados como outra coincidência acidental.[5] Segundo o manuscrito Chimalpopoca, o Criador produziu seu trabalho em épocas sucessivas, o ser humano tendo sido feito no sétimo dia a partir de pó e cinzas. Por que, podemos perguntar, no sétimo dia? Mas outros, mesmo sem insistir no caráter peculiar do número sete, podem simplesmente perguntar: por que não? Há muita semelhança entre o relato hindu do dilúvio e o judaico; mas ninguém que tenha lido os numerosos relatos de um dilúvio em outras partes do mundo se sentiria muito surpreso com isso. De qualquer forma, se admitíssemos uma origem comum dos dois, ou um empréstimo real, explicar as diferenças entre eles seria extremamente difícil. A única coincidência surpreendente é que na Índia se diz que o dilúvio começou no sétimo dia depois de ter sido anunciado a Manu. Considerando, no entanto, que o sétimo dia é mencionado apenas no "Bhâgavata-Purâna", sinto-me inclinado a considerá-lo meramente acidental. Pode, sem dúvida, ter sido emprestado de fontes judaicas ou mesmo muçulmanas; mas como podemos imaginar qualquer razão pela qual um fato tão irrelevante acabou sendo assumido, enquanto em tantos outros pontos, onde havia toda a tentação para pedir emprestado, nada foi feito a fim de aproximar os dois relatos ou remover características das quais, naquela época, os hindus poderiam ter se envergonhado?

---

5   Bancroft, "Native Races", V, p. 20.

Menciono tudo isso com o único propósito de pregar paciência e cautela; e prego isso tanto a mim quanto aos outros, como um aviso contra teorias exclusivas. (§496)

Em todas as páginas dessas lendas mangaias, há evidências de que muitas delas devem sua origem à linguagem, se adotamos a teoria de que os mangaias jogavam com suas palavras ou que suas palavras jogavam com os mangaias. O próprio Sr. Gill admite perfeitamente isso; mas dizer que toda a mitologia e teologia mangaia deve sua origem ao processo de oxidação ao qual a linguagem é exposta em todos os países seria confundir a ferrugem com o ferro. (§497)

Uma grande tentação contra a qual devemos nos guardar no estudo da mitologia é considerar tudo o que tem um caráter abstrato ou filosófico como sendo tardio ou secundário. Pode ser assim, e em muitos casos sabemos que é, mas não significa que necessariamente seja sempre assim. Uma das principais fontes da mitologia é o anseio confuso pelas causas, um impulso de explicar o que é visível pelo que não é visível, uma tentativa de ir além do horizonte da experiência humana. Entre as nações arianas, as respostas dadas aos primeiros questionamentos da mente humana parecem ter assumido desde o início um caráter mais concreto, e, somente após o céu, o sol, a lua, o amanhecer e os ventos concebidos como doadores e criadores de todas as coisas, ouvimos falar de tentativas de ir além da concepção de poderes mais abstratos. Mas mesmo entre algumas das nações arianas, e particularmente na Índia, não é de forma alguma certo que a concepção mais filosófica do sobrenatural não tenha encontrado expressão desde o início, que as duas correntes de pensamento mitológico, a metafísica e a física, não tenha funcionado paralelamente por um longo tempo, até que no final o metafísico transformou-se em filosofia, enquanto o físico forneceu os materiais para a religião e a superstição. (§498)

Se formos da mitologia ariana à mangaia e lermos que o Universo (Avaiki), na forma de casca de cacau, repousa sobre uma haste grossa, gradualmente se afina a um ponto, e que esse ponto é concebido como um demônio, sem forma humana, e que seu nome *Te-aka-ia-roê* significa a "Raiz de toda a Existência", nos imaginamos nos Brâhmanas e Upanishads. Da mesma forma, quando lemos que, acima desse ponto extremo, existe outro demônio chamado *Te-tangaengaie*, que significa "Respiração", e outro chamado *Te-manava-roa*, que significa "A Longa Vida", tudo isso parece abstrato, especulativo, sistemático ou atrasado. Mas de fato é assim? Sabemos que é assim e que não poderia ser de outra maneira? (§499)

Vamos dar um passo adiante. À medida que avançamos para o interior da casca de cacau, nos encontramos no fundo com uma velha, um demônio de carne e osso, chamado *Vari-mate-takave*. Qual o significado do nome dela? Foi-nos dito que, "o verdadeiro começo" ou literalmente "o começo e o fundo". Isso soa novamente bastante abstrato. Mas ela própria não é mera abstração. Ela arranca um pouco de seu lado direito, e ele se torna o Primeiro Homem. Muitas histórias são contadas sobre esse Primeiro Homem. Ele é meio homem, meio peixe; seu olho era humano, o outro olho de peixe; o lado direito estava equipado com um braço, o esquerdo com uma barbatana. Ele tinha um pé de verdade e meio rabo de peixe. Ele tinha, como veremos, irmãos e tornou-se, de fato, um personagem puramente lendário. No entanto, ele era claramente no começo um conceito nominal do céu. O nome dele é *Avatea* ou *Vatea*, e isso ainda significa meio-dia. E agora a lenda conta que *Vatea* tinha dois olhos magníficos, raramente visíveis ao mesmo tempo. Em geral, enquanto um, chamado pelos mortais de Sol, é visto aqui neste mundo superior, o outro olho, chamado pelos seres humanos de Lua, brilha em Avaiki. Claro que esse não é o único mito. Em outro mito, o sol e a lua não são os olhos do Vatea, mas são seres vivos, e ninguém se ofende com essas contradições. Eles são todos iguais, desde que as pessoas os entendam, e, quando deixaram de ser inteligíveis, tornaram-se sagrados. (§500)

Com todas essas incertezas adiante e com o chão tremendo sob nossos pés, quem ousaria erguer atualmente teorias sistemáticas completas de mitologia ou de religião? Quem pensa que toda religião começa com fetichismo e que todo culto começou com o culto aos antepassados ou que toda mitologia em todos os lugares pode ser explicada como uma doença da linguagem, que tente a sorte nessa breve descrição das crenças e tradições de Mangaia; e, se achar que não consegue trazer um segmento tão pequeno da religião e da mitologia do mundo para o círculo estreito de seu próprio sistema, faça uma pausa antes de se atrever a estabelecer regras sobre como um homem, subindo de um nível inferior ou descendo de um estado superior, deve ter falado, acreditado ou adorado. Se o livro de Gill só produziu esse efeito, ele, ainda assim, mostrou-se um dos trabalhos mais úteis no momento. Mas ele contém muito daquilo que, por si só, interessará profundamente a todos aqueles que aprenderam a simpatizar com a infância do mundo e não esqueceram que a criança é o pai do homem; muito daquilo que surpreenderá aqueles que pensam que as concepções metafísicas são incompatíveis com a selvageria direta; muito também daquilo que confortará aqueles que sustentam que Deus não ficou sem testemunha, mesmo entre os mais baixos excluídos da raça humana. (§501)

Introdução à Ciência da Religião

Sobre o nome chinês de Deus

Referente ao §223

A antiga controvérsia sobre se *Tî* em chinês deveria ser traduzido por Deus e se Deus deveria ser traduzido por *Tî* foi revivida em 1880 por alguns bispos e missionários na China, que me enviaram a seguinte carta.

Xangai, China, 25 de junho de 1880. (§502)

Senhor, nós, os missionários abaixo-assinados, que trabalhamos entre os chineses, tomamos conhecimento da publicação que está fazendo sobre a religião chinesa em uma série sob o título geral de *The Sacred Books of the East* ["Os livros sagrados do Oriente"]. (§503)

Concordamos plenamente com sua afirmação preliminar – "que grande parte do valor e da utilidade da série deve depender da ausência de qualquer traço emprestado da especulação ou do preconceito" – e, portanto, lamentamos o fato de que na importante obra mencionada, como nós concebemos, houve o esquecimento de um princípio que foi estabelecido desde o início. Nós nos referimos ao significado que tem sido associado ao termo *Shang-ti*, tão frequentemente encontrado nos clássicos chineses. (§504)

Não deve ser estranho ao senhor a existência de uma controvérsia que existe há muito tempo entre os estudiosos chineses sobre quem ou o que se entende pelo termo ou título *Shang-ti*. Alguns afirmam que designa o Deus das Escrituras cristãs, enquanto outros sentem-se totalmente incapazes de aceitá-lo nesse sentido. Quaisquer que sejam as bases dessa questão, a controvérsia é de tamanha importância que não deve ser ignorada. Ela surgiu, como é sabido, entre os primeiros missionários católicos romanos na China, e existe uma contenda semelhante nos dias de hoje entre diferentes missionários protestantes. Não se pode dizer que houve falta de conhecimento na discussão dessa questão. Ambas as visões têm sido bem representadas de tempos em tempos, primeiro entre os missionários católicos romanos e, posteriormente, entre os missionários protestantes, por homens cujos estudos tanto do chinês quanto do geral são indiscutíveis. Precisamos mencionar os nomes dos primeiros missionários jesuítas, Matteo Ricci, de um lado, e Longobardi, do outro, e os missionários protestantes Dr. Medhurst, Dr. Legge, Dr. Edkins e Dr. Chalmers, de um lado, e Bispo Boone, Dr. Bridgman e Dr. Williams, do outro. Aos três últimos deveríamos acrescentar, embora seja da Igreja Grega, o nome distinto do falecido Arquimandrita Paládio, muito reconhecido como um dos mais profundos estudiosos dos assuntos chineses. (§505)

Considerando-se, então, que há um alvoroço em torno desse ponto entre todas as classes de missionários cristãos há quase trezentos anos, nossa queixa é de que, em um livro contendo uma tradução dos clássicos chineses destinados aos leitores de inglês e apresentado com o *imprimatur* do senhor, o termo *Shang-ti* não foi traduzido, como poderia ter sido, por uma expressão como "Governante Supremo" ou "Imperador Supremo" ou "Governante (ou Imperador) nas alturas", ou então transformado, como se fez de fato em algumas passagens do mesmo livro, no termo *Ti*, em qualquer um dos casos em que nenhuma falha poderia ter sido encontrada, mas interpretado como o Deus da revelação – a visão que o eminente tradutor, Dr. Legge, tão ardentemente defendeu

Introdução à Ciência da Religião

quando esteve na China como missionário. Ou seja, ele expõe sua própria visão pessoal substituindo "Deus" por *Shang-ti* onde quer que o termo ocorra nos clássicos, ao passo que isso foi negado por pessoas tão qualificadas quanto ele para formar um julgamento sobre o assunto. A reafirmação dele de suas próprias razões para essa visão na adição ao prefácio feita no presente volume não torna a tradução dele de *Shang-ti* uma saída menos séria segundo o princípio estabelecido no prefácio do senhor. (§506)

Além disso, essa não é uma questão meramente literária, mas é também uma questão missionária. Muitos que leram ou lerão o livro exercem forte influência na Inglaterra e em outros países, direta ou indiretamente, em missões cristãs na China, e é extremamente importante que suas mentes sejam mantidas livres de preconceitos de um lado ou de outro, visto que eles não têm meios de examinar ou tornar mais precisa a questão por si mesmos. Para eles, enquanto a questão não for resolvida, um livro como o de Dr. Legge é simplesmente enganoso. (§507)

Pedimos respeitosamente que, ao editá-lo, o equilíbrio entre essas duas partes seja mantido com mão firme, já que elas ainda se encontram nessa difícil disputa, e lamentamos que o ponto mencionado, embora apresentado com a declaração de um princípio tão admirável, evitando qualquer tipo de desvirtuamento, é, contudo, claramente partidário, já que, graças à sua interpretação de *Shang-ti*, é o expoente da visão de um número muito pequeno daqueles que preferem usar *Shang-ti* para tornar conhecido para os chineses o verdadeiro Deus; entre aqueles que usam o termo, muito poucos concordam com a opinião de Dr. Legge de que o *Shang-ti* dos clássicos chineses é o mesmo que o "Iahweh" das Escrituras cristãs. (§508)

Por causa disso é que nos atrevemos a entrar em contato com o senhor. Se o senhor fosse menos esclarecido e liberal do que é, não teríamos nos atrevido a abordá-lo, e é por essa razão que concluímos pedindo que o senhor nos perdoe por nos manifestarmos; e não deixamos de fazê-lo, pois temos certeza de que seu amor destemido e intransigente pela verdade o induzirá a saudar com satisfação qualquer sugestão que possa remover de uma obra com seu nome na página de rosto o menor traço de parcialidade. (§509)

Temos a honra de sermos, Senhor,
Vossos servos fiéis e obedientes,

THOS. M'CLATCHIB, M.A., Canon da Catedral de São João em Hong Kong e da Catedral da Santíssima Trindade em Xangai, 1844.

MATTHEW L. YATES, D.D., 1847.

EDWARD C. LORD, M.A., D.D., 1847.

FREDERICK F. GOUGH, M.A., 1850.

A. P. HARPER, 1844.

R. NELSON, D.D., 1851.

J. S. BURDON, Bispo de Victoria, Hongkong, 1853.

JOHN L. NEVINS, D.D., 1854.

T. P. CRAWFORD, D.D., 1852.

H. BLODGET, D.D., 1854.

SAMUEL I. J. SCHERESCHEWSKY, Bispo Missionário da Igreja Episcopal Americana, Xangai, 1859.

ELLIOT H. THOMPSON, 1859.

CHARLES HENRY BUTCHER, D.D., 1864.

WM J. BOONE, M.A., 1869.

HUNTER CORBETT, M.A., 1863.

CHAS. R. MILLS, M.A., 1857.

JOHN WHERRY, M.A., 1864.

JAMES BATES, 1867.

L. D. CHAPIN, 1863.

CHAUNCEY GOODRICH, 1865.

C. A STANLEY, 1862.

J. A. LEYENBERGER, 1866.

HENRY V. NOYES, 1866.

A essa carta retornei a seguinte resposta: (§510)

Senhores, levei algum tempo para pensar em qual resposta deveria dar à carta que me dirigiram como editor de *The Sacred Books of the East* e na qual vocês se queixam de que, na tradução do Shu-king e Shih-king pelo professor Legge, os nomes *Tî* e *Shang-ti* deveriam ter sido traduzidos como "Deus". Vocês chamam minha atenção para a controvérsia, que já perdura há trezentos anos e que ainda hoje é mantida entre os missionários na China, quanto ao equivalente mais próximo a ser encontrado na língua chinesa para expressar Deus. Vocês me lembram de que *Tî* e *Shang-ti* foram rejeitados pela autoridade papal e foram aceitos por parte dos missionários protestantes, e observam que, mesmo aqueles que, ao traduzirem as Escrituras para o chinês, estão dispostos, na ausência de um nome melhor, a aceitar *Tî* ou *Shang-ti* como Deus, acabariam diminuindo a tradução desses termos como Deus quando eles ocorrerem nos escritos de Confúcio. Quanto ao professor Legge, que por sua longa estada na China tem sido um dos defensores mais árduos do nome *Shang-ti* como a melhor representação de Deus em chinês, vocês reclamam que ele tirou vantagem de sua posição como um de meus colegas de trabalho na tradução de *The Sacred Books of the East* e traduziu *Shang-ti*, sempre que ocorreu no Shu-King e no Shih-King, como Deus, expressando, ao mesmo tempo, sua convicção de que "o *Tî* e o *Shang-ti* dos clássicos chineses são Deus, nosso Deus, o verdadeiro Deus". Vocês também me culpam, como editor de *The Sacred Books of the East*, por não ter mantido com mão firme o equilíbrio entre as duas partes em uma disputa difícil e ainda aberta, principalmente porque eu havia prometido que essas traduções viriam a público sob os auspícios da Universidade de Oxford e que deveriam ser completas, confiáveis e legíveis; dessa forma vocês me pedem que eu repare a injustiça que foi feita àqueles que diferem de Dr. Legge em seus pontos de vista sobre o verdadeiro significado das palavras *Tî* e *Shang-ti*. (§511)

Permitam-me declarar, em resposta à carta de vocês, que, no que diz respeito à chamada "Questão do Termo", há quase trinta anos atrás (*Edinburgh Review*, outubro de 1852), expressei minha convicção de que seria impossível encontrar em chinês uma tradução de Deus mais adequada do que *Shang-ti*. Nesse ponto, portanto, dificilmente eu poderia reivindicar agora ser um juiz imparcial. (§512)

Mas isso, como vocês mesmos admitem, não é realmente a questão que diz respeito ao tradutor ou ao editor de *The Sacred Books of the East*. A pergunta para a qual, com a ajuda de meu instruído amigo, Dr. Legge, fui convidado a formular uma opinião ao examinar sua tradução do Shu-king e do Shih-king, formatando o terceiro volume de minha série, era se *Tî* e *Shang-ti*, quando ocorrem em chinês, devem ser traduzidos como *Deus*. Sobre esse ponto, admito prontamente que não é fácil dar uma resposta decisiva. De fato, posso entender muito bem por que muitos missionários na China devem ter hesitado em identificar o *Shang-ti* dos confucionistas com o Deus que eles foram pregar, e tudo o que posso fazer é tentar explicar a vocês por que, apesar de todas objeções, eu mesmo concordo com Dr. Legge em aceitar *Shang-ti*,

Introdução à Ciência da Religião

quando ocorre nas escrituras antigas dos chineses, como um nome destinado ao verdadeiro Deus. (§513)

Talvez haja passagens nos textos sagrados dos chineses nos quais *Shang-ti* seja mencionado no que deveríamos chamar de linguagem mitológica; linguagem essa, em nossa opinião, inaplicável ao Governante Supremo do Universo. Mas significa, portanto, que os chineses, quando formularam o nome de *Shang-ti*, não tinham em mente o Deus verdadeiro ou que os melhores dentre eles nunca tiveram ideia do Deus verdadeiro? Vocês sabem muito melhor do que eu que deve haver nas orações e credos de todas as religiões uma conciliação entre a linguagem dos sábios e a dos tolos, a dos velhos e a dos jovens, e que os textos sagrados de nenhuma nação, nem mesmo os de judeus e cristãos, são totalmente livres de expressões infantis, sem sentido, poéticas e aquelas que são chamadas de mitológicas. Talvez não exista um nome melhor para Deus do que "Pai", e há poucas religiões nas quais esse nome não foi usado; todavia, para tornar esse nome aplicável a Deus, devemos retirar dele quase tudo o que ele implica no uso comum. Nossa própria palavra "Deus" foi emprestada por nossos ancestrais dos templos pagãos, e os nomes para Deus usados pelas nações românicas vêm do latino *deus*, em sânscrito *deva*, onde *deva* é uma mera derivação de *div*, "céu". (§514)

E, se não devemos traduzir *Shang-ti* como Deus, o que devemos fazer? Vocês não diriam que os chineses seriam os únicos entre todas as nações da terra que nunca tiveram uma palavra para Deus, pois vocês mesmos dizem que eles divinizaram o céu. Mas como as pessoas poderiam divinizar o céu ou qualquer outra coisa sem possuir uma ideia e uma palavra para divindade? (§515)

Vocês sugerem que o nome *Shang-ti* não deveria ter sido traduzido ou que deveria ter sido transformado em Governante

Supremo. Se o primeiro expediente tivesse sido adotado, todos os leitores que não estivessem familiarizados com o chinês teriam adotado *Shang-ti* como nome próprio, como Júpiter, enquanto Dr. Legge, cujo conhecimento de chinês vocês não questionam, afirma que ele "nunca se popularizou como um nome próprio, como o Zeus dos gregos" (Prefácio, p. xxv.). Se, pelo contrário, *Shang-ti* tivesse sido traduzido como "Governante Supremo", como foi feito por Medhurst, ou por *Seigneur* e *le Souverain Maître*, como foi feito por Gaubil, essas expressões evocariam na mente dos leitores europeus qualquer concepção diferente da de Deus, o verdadeiro Deus? (§516)

Como os missionários chineses, uma vez dispostos a traduzir *Shang-ti* como Governante Supremo, poderiam continuar a representá-lo como um Deus falso ou, em todo caso, como não sendo totalmente verdadeiro? Existe alguém que ainda acredite na existência real de deuses falsos ou de deuses não totalmente verdadeiros? Eles acreditam que Bel, Júpiter, Varuna ou *Shang-ti* eram seres individuais ao lado de Iahweh? Eles eram, se vocês quiserem, nomes falsos ou, pelo menos, imperfeitos de Deus, mas nunca os nomes de deuses falsos ou imperfeitos. (§517)

Tentei mostrar em todos os meus escritos sobre linguagem, mitologia ou religião, mais especialmente em minha Palestra Hibbert *On the origin and growth of religion, as illustrated by the religions of India* ["Sobre a origem e o desenvolvimento da religião, conforme esclarecidos pelas religiões da Índia"], como deveríamos ler os múltiplos nomes da divindade, preservados para nós nas línguas antigas do mundo, através do desenvolvimento gradual do pensamento humano e da linguagem humana em seu esforço por encontrar nomes cada vez melhores para o que afinal de contas não admite um nome. O que um mártir cristão antigo disse:

Introdução à Ciência da Religião

ὁ θεὸς ὄνομα οὐκ ἔχει ["Deus não tem nome"],[1] é verdade, de certa forma; mas, de um ponto de vista histórico, acho que deveríamos estar igualmente certos se chamássemos Deus de πολλῶν ὀνομάτων μορφὴ μία ["os muitos nomes de uma única pessoa"]. (§518)

Alguns desses nomes podem nos parecer muito questionáveis, mas não todos; confesso que nunca pude deixar de admirar a linguagem ousada de um antigo poeta sânscrito que apresenta o Bhagavat, seu próprio Deus Supremo, dizendo: "Mesmo aqueles que adoram ídolos me adoram". (§519)

Se formos tão duros com os chineses e lhes dissermos que sua palavra *Shang-ti* não pode ser usada como o nome do Deus verdadeiro, porque é usada como sinônimo de *tien*, que significa "céu", o que diremos quando apontarem para versículos do *Novo Testamento* como Lucas 15,21: "Pequei contra o céu e contra ti; já não sou digno de ser chamado teu filho"? E, se somos ofendidos por toda expressão antropomórfica nos escritos sagrados de raças não cristãs, como podemos suportar tão bem a linguagem do *Antigo Testamento*, na leitura de que "o SENHOR Deus passeava pelo jardim à brisa do dia" (Gênesis 3,8)? As palavras de Dante (§520)

> *Per questo la Scrittura condescende*
> *A vostra facultate, e piedi e mano*
> *Attribuisce a Dio, et altrointende*

> ["Por isso, a Escritura condescende
> Com vosso entendimento, e pés e mãos
> Atribui a Deus, mas pretende (dizer) outra coisa"] (§521)

---

1   Frase atribuída a Átalo por Eusébio de Cesareia (*História eclesiástica*, livro V, capítulo 1, n. 52) (N. do T.).

aplicam-se apenas às nossas Escrituras? Não devemos aplicá-las, inclusive com um espírito muito mais generoso, às escrituras dos chineses, hindus, persas e muçulmanos? É com dificuldade que digo que um dos principais objetivos pelos quais empreendi a publicação de *The Sacred Books of the East* foi para mostrar, como disse Santo Agostinho, que não há religião sem alguma verdade nela, e, particularmente, para fazer com que os missionários vejam que, escondidos sob uma quantidade enorme de lixo do pior tipo, existem grãos de ouro em todas os livros que já foram chamados de sagradas pelos lábios humanos. Confesso que nada me deu mais alegria que ter ouvido, outro dia, um excelente missionário me dizer: "Você nos mostrou que as religiões pagãs não são obra do diabo e nos ensinou a procurar, em primeiro lugar, o que as religiões pagãs têm em comum conosco e a fazer disso o fundamento de nosso trabalho". Certamente o nome de Deus em chinês ou em qualquer outro idioma, a menos que seja simplesmente intolerável, deve ser tratado pelos missionários com a maior reverência. Deixe-os devagar e suavemente minimizar o crescimento da mitologia que sufocou muitos dos nomes de Deus; mas que sejam cuidadosos, para que, ao arrancar raízes, não matem o caule no qual somente seus novos enxertos poderão viver e prosperar. De fato, sigam os passos dos mais ousados e maiores missionários que o mundo já viu, que em Atenas não quebraram o altar do Deus desconhecido, mas disseram: "Aquele que adorais sem conhecer, este eu vos anuncio" (Atos dos Apóstolos 17,23). (§522)

Essas são, em poucas palavras, as razões que me fizeram não apenas aprovar a tradução do professor Legge de *Shang-ti*, quando ela ocorre no Shu-King e no Shih-King, como "Deus", mas ainda sinceramente me alegrar com isso. Também não acho que, ao adotar o curso que julgamos correto, ele ou eu tenhamos tirado vantagem daqueles que, por motivos de consciência, pensam diferente de nós. Se a tradução de *Shang-ti* como "Deus" tivesse sido inserida em *The Sacred Books of the East* sem nenhum aviso ao leitor, eu deveria me declarar como culpado e, nesse caso, entenderia bem as queixas daqueles que por toda a vida se opuseram a Dr. Legge em seus pontos de vista sobre a religião chinesa. Mas, quando há no prefácio (pp. xxiii-xxix) uma explicação clara sobre as razões que levaram Dr. Legge a traduzir *Shang-ti* como "Deus", quando as traduções desse nome propostas por outros estudiosos chineses são claramente apresentadas e examinadas, e quando o tradutor está preparado para assumir toda a responsabilidade por aquela versão que ele pessoalmente considerou como a única verdadeira, certamente não há fundamento sólido para a acusação de má-fé, seja contra Dr. Legge, seja contra mim. Preciso, portanto, concluir enfaticamente que seria uma grande satisfação para mim e, não tenho dúvida, também para Dr. Legge, se, depois de ler minhas explicações e o panfleto com o qual Dr. Legge se dirigiu a mim ("Carta ao professor F. Max Müller, principalmente sobre a tradução para o inglês dos termos chineses *Tî* e *Shang-ti*", de James Legge, professor de língua chinesa na Universidade de Oxford [Trübner, 1880]), e que a esta altura sem dúvida já chegou até vocês, vocês decidissem retirar as acusações que apresentaram contra nós. (§523)

Tenho a honra de ser, senhores,

vosso fiel criado,

F. MAX MÜLLER.

Oxford, 19 de dezembro.

Uma resposta mais elaborada foi escrita pelo próprio Dr. Legge e publicada como "Carta ao professor Max Müller, principalmente sobre a tradução para o inglês dos termos chineses *Tî* e *Shang-ti*" (Londres, Trübner, 1880). (§524)

Aqui, anexo um artigo da pena de John Chalmers, grande estudioso de assuntos chineses, publicado em um periódico de Hong Kong, em 28 de dezembro de 1880, e que é de difícil acesso aos acadêmicos europeus. (§525)

A questão interminável

É sobre uma palavra para a divindade em chinês que se trata essa questão interminável. Existem três pontos de vista de poderosos setores do exército missionário, aos quais, por uma questão de brevidade, designaremos como romanistas, protestantes e rumpers.[2] (1) A visão dos primeiros é negativa. "Não há", segundo eles, "nenhuma palavra para Deus em chinês; precisamos criar uma. Fazemos a expressão 'Senhor do Céu' (天主 T'ien Chu) representar Deus". Essa é a fé católica decretada pelo papa há duzentos anos. (2) Os protestantes sustentam que a palavra chinesa para Deus é 帝 *Tî* ou 上帝 *Shang-ti*, e que a palavra que as pessoas usam para seus objetos de adoração geralmente significa *fantasmas*. Esta facção inclui *todos* os alemães, *todos* os presbiterianos ingleses e escoceses, *todos* os wesleyanos e todos os missionários londrinos. (3) A terceira facção, pelo contrário, diz que *Tî* ou *Shang-ti* significa o *Firmamento deificado* e que a palavra que os romanistas e os protestantes geralmente concordam em traduzir como "fantasmas" ou "espíritos" significa *deuses* e *Deus*. Portanto, eles usam a última

---

2   O termo inglês refere-se às "remanescentes" (por exemplo de um parlamento parcialmente dissolvido), no sentido de um grupo incoerente composto de indivíduos divergentes (N. do T.).

Introdução à Ciência da Religião

palavra, que é 神[3] *shen*. Chamo esses últimos de rumpers porque são um corpo diminuto, agora com muita dependência de Cromwell.[4] Alguns os seguem de várias seções não definidas. E a seção mais instável de todas é a Igreja da Inglaterra. Tomada coletivamente como "a Igreja", pode-se dizer que estende seus braços com amor para abraçar a todos nós; mas, tomados individualmente, seus membros estão em guerra uns com os outros. (§526)

A doutrina de *Shan*, mantida pelos rumpers, foi refutada várias vezes. Mas eles nunca demonstraram saber que são combatidos. Até 1876, publiquei, em um panfleto sobre o assunto, vinte e cinco frases de bons autores nativos para mostrar que o *shan* de um homem significa seu espírito ou fantasma, e não seu deus. Em consequência dessa publicação, uma pessoa que se autodenominou "Inquiridor" enviou um artigo ao *Chinese Recorder* no qual disse que seu professor "providencialmente" encontrou uma passagem na qual "meu *shan*" não significava "meu fantasma", mas sim "meu deus". Aconteceu, no entanto, que a expressão significava apenas os fantasmas de meus ancestrais, como alguém fala do "fantasma de Hamlet", ou seja, do fantasma de seu pai que ele viu. Quando o primeiro artigo do Inquiridor apareceu, achei que poderia descobrir nele o estilo de um médico conhecido e enviei uma nota parabenizando-o por ter dito algumas coisas verdadeiras, mas o médico respondeu que "não merecia a honra". Quem é o Inquiridor, portanto, permanece para mim um profundo mistério, e, se fui duro com ele, que ele não suponha

---

3   No original de Max Müller, a palavra que se refere a *espírito*, *deus* ou *divindade* é apresentada como 神 *shan*, porém, atualmente, ela é transliterada como *shen* e é grafada como 神 (N. do T.).

4   Oliver Cromwell (1599-1658) foi chefe da república inglesa entre 1653 e 1658, depois da execução (1649) de Carlos I, em consequência da guerra civil em que o próprio Cromwell tinha desempenhado um papel decisivo (N. do T.).

que eu o conheça pessoalmente. Há algum tempo, ele escreveu para o *Chinese Recorder* artigos desmedidos, irrelevantes e incompreensíveis, que causaram pouco ou nenhum dano e muito menos bem. O último, que apareceu no número de maio e junho de 1880, na forma de uma carta ao professor Max Müller, é para mim o mais débil de todos. Foi com alguma surpresa, portanto, que soube, em algumas cartas anteriores, que o professor Müller, a quem foi endereçado, e o professor Legge, contra quem foi dirigido, estavam se preparando para uma batalha com o Inquiridor, como se ele fosse um inimigo à altura. Alguém que se autoproclama Inquiridor, que se mostrou totalmente incapaz de lidar com qualquer assunto filológico e que não conhece a diferença entre o sujeito e o predicado de uma frase agora intenta ser o *instrutor* do professor Max Müller e a acusar o professor Legge de "um crime, bem como um erro", porque certamente ele havia afligido as almas próximas do Inquiridor e de seus amigos, pensando e dizendo simplesmente que, quando Confúcio falou em "pecar contra o céu" e disse: "O Céu me conhece", Confúcio quis dizer "Deus". O Inquiridor acha que as palavras de Confúcio devem ser explicadas como significando "pecar contra o *Firmamento deificado*" e "*o Firmamento deificado* me conhece". O céu em chinês, ele pensa, sempre tem esse significado peculiar, e qualquer um que honestamente acredite no contrário, ou suponha que seja possível que os chineses pagãos tenham significado o Ser Supremo, é culpado de um crime. Portanto, ele recomenda ao professor Max Müller o dever severo e solene de reprimir Dr. Legge. Agora é Dr. Legge que responde por si mesmo em uma carta impressa, que em breve estará nas mãos de todos os envolvidos. Mas meu motivo para me referir agora a esse assunto é outro fato que me foi levado a conhecimento nos últimos dias, de que certas pessoas do partido Rump e alguns adeptos dos romanistas começaram a imitar o exemplo do Inquiridor de escrever cartas ao professor Max Müller e outros, de maneira menos aberta, procurando transmitir a impressão de que Dr. Legge está totalmente só em suas visões sobre o Céu Chinês e sobre *Shang-ti*, a fim de predispor as mentes influentes de nossa pátria contra o uso e as opiniões uniformes dos protestantes e a fim de lhes dar a impressão de estarmos fora de combate. Dois ou três homens conhecidos, e dezenas de desconhecidos, conspiraram juntos para fazer isso, sem consultar o grande e respeitável corpo de seus irmãos, que não apenas honram e estimam o bom e grande homem que exerce a cátedra de chinês em Oxford, mas sente-se sob uma obrigação eterna com ele por conduzi-los tão sábia e heroicamente nos caminhos escorregadios da Filologia Chinesa. Eu apelo a um público imparcial, para que essas táticas sejam justas para nós e para ele ou para a causa da verdade. Por que não foi dada uma oportunidade ao outro lado para expressar suas opiniões? Por que foi dito, conforme entendi, nas comunicações enviadas para casa, que somos apenas um ou dois, que podemos ser contados, nas palavras do Inquiridor, "nos dedos de uma mão", ou de fato que não vale a pena contar? Por que, acima de tudo, esses homens não podiam deixar a Questão Interminável descansar, quando parecia, pelo menos na superfície, estar em descansando; ou, se precisam se mover, por que perturbar as águas de baixo dessa maneira clandestina? Desejo que esta informação seja vista sem demora pela Comunidade Protestante, para que estejam preparados para, se necessário, agir prontamente. Ao mesmo tempo, estou totalmente convencido de que um apelo a Max Müller e a homens de seu gabarito levarão, no final, a um resultado que os apelantes não antecipam; e, embora eu tenha pena deles, me alegro em espírito. (§527)

JOHN CHALMERS.
Hong Kong, 28 de dezembro de 1880.

Mitologia entre os hotentotes

Referente ao §363

Em um livro recém-publicado sob o título de *Tsuni-‖goam, the Supreme Being of the Khoi-Khoi* ["Tsuni-‖goam, o Supremo Ser dos khoi-khoi"], Dr. Theophilus Hahn reuniu os fragmentos mais curiosos da religião e da mitologia das tribos hotentotes e fez pela primeira vez uma ousada tentativa de fornecer uma explicação verdadeiramente científica dos mitos e lendas das raças selvagens. (§528)

O nome *hottentot* (hotentote), ou *hüttentüt*, foi dado pelos holandeses à raça amarelada de homens com quem tiveram contato perto do Cabo da Boa Esperança. Dapper, em 1670, escreve que o nome foi dado pelos holandeses aos nativos por causa dos cliques curiosos e sons ásperos em sua língua, e que a mesma palavra é aplicada em holandês a quem balbucia e gagueja. No *Idioticon Hamburgense* (1755), *hüttentuth* é tomado como um termo de reprovação para um médico, um charlatão. Esses chamados hotentotes, no entanto, se autodenominam *khoi-khoi*, ou seja, homens de homens; e traçam uma linha nítida entre si e os bosquímanos (Bosjesmen), a quem chamam de *sâ-n* e consideram mais baixos do que os cães. No entanto, Dr. Hahn está convencido de que os *khoi-khoi* e os *sâ* eram originalmente uma única raça e falavam originalmente uma língua, mas, enquanto os primeiros levavam uma vida pastoral e agrícola, os últimos foram sempre caçadores. Tamanha é a influência da vida na linguagem que, embora todas as tribos khoi-khoi possam,

Introdução à Ciência da Religião   295

em certa medida, conversar entre si, os dialetos dos sâ ou bosquímanos são muito diferentes, e as tribos que os falam há muito deixaram de se compreender mutuamente. Dr. Hahn afirma que, nos idiomas khoi-khoi, a raiz é monossilábica e termina em uma vogal, e a articulação gramatical ocorre por meio de sufixos pronominais. Os dialetos sâ, pelo contrário, não possuem tais elementos formativos; suas raízes parecem muitas vezes polissilábicas, e toda a linguagem apresenta traços claros de decadência fonética violenta e confusão gramatical. No entanto, Dr. Hahn está convencido de que a língua dos sâ ou dos bosquímanos mantém-se com a dos khoi-khoi na mesma relação que o inglês com o sânscrito (uma comparação, arriscamos pensar, não muito lisonjeira para o inglês). Os khoi-khoi têm um sistema decimal de números muito perfeito, enquanto os bosquímanos são citados há muito tempo como tendo números, além de dois ou três. Hahn, no entanto, descobriu entre os ai-bosquímanos numerais até vinte. Os khoi-khoi têm o curioso sistema de chamar todos os filhos depois da mãe, e todas as filhas depois do pai. A filha mais velha era altamente respeitada, e a ordenha das vacas era inteiramente dela. É sabido que em sânscrito também a filha é chamada *duhitar*, "ordenhadora", de *duh*, "ordenhar", em grego θυγάτηρ e em inglês *daughter* ("filha"). Dr. Hahn cita uma pequena canção dirigida à filha mais velha: (§529)

> Minha leoa,
> Tens medo de que eu te enfeitice?
> Tu ordenhas a vaca com uma mão macia.
> Morde-me (ou seja, beija-me)!
> Despeja leite para mim!
> Minha leoa,
> Filha do grande homem. (§530)

Dr. Hahn nos oferece muitos outros exemplos da vida cotidiana, dos costumes, honrarias sociais, ocupações e diversões dos khoi-khoi, ou hotentotes, e, certamente, entre muitas coisas que parecem estranhas e até repulsivas, ele revela muitos aspectos doces e redentores no caráter selvagem deles. Assim é e será sempre, quando um homem que consegue falar a língua dos chamados selvagens assiste à vida cotidiana deles e é capaz de observar os verdadeiros motivos deles para o bem ou para o mal. A esse respeito, também a cátedra de filologia sul-africana, na Cidade do Cabo, espera-se, dará bons frutos. Provocará não apenas um interesse científico, filológico ou craniológico da raça amarela e da negra, que são colocadas em contato diário com seus governantes brancos, mas também mostrará que, apesar de muitas diferenças, existe um terreno comum entre elas e nós mesmos. Eles têm uma religião menos dogmática que a nossa, mas muitas vezes, ao que parece, maravilhosamente prática. Eles têm tradições, lendas, poesia, sentimentos refinados e um coração caloroso. Se Dr. Hahn, em suas palestras, conseguir provocar entre seus ouvintes alguma simpatia pelos hotentotes, pelos bosquímanos ou pelos cafres, o Parlamento do Cabo concederá a ele a cátedra, a qual será amplamente recompensada no futuro. (§531)

A primeira parcela dos trabalhos de Dr. Hahn desperta, no entanto, o interesse não apenas da Cidade do Cabo, mas também de todas as Universidades da Europa. É, de fato, uma contribuição muito valiosa para o estudo comparativo da religião e da mitologia. Muitas vezes têm ocorrido oposições contra essas novas ciências, solicitando-se que elas se limitem exclusivamente às mitologias das nações civilizadas (os arianos e os semitas), desconsiderando, portanto, a maioria da raça humana, as tribos analfabetas e chamadas selvagens da Ásia, África, América e Polinésia. É fácil entender por que isso acontece. A Mitologia Comparada e, ainda mais, a Teologia Comparada são muito recentes; quando é preciso iniciar um novo trabalho, quando uma mina totalmente nova deve ser aberta, deve-se, para que o trabalho seja bem-feito, primeiramente restringi-lo a limites muito estreitos. Se os filólogos comparativos tivessem esperado até dominarem as línguas do mundo inteiro, se os mitólogos comparativos tivessem suprimido suas teorias até que se pudesse provar sua aplicabilidade à mitologia de todas as tribos selvagens, deveríamos estar agora onde estávamos cem anos atrás. É muito mais fácil pedir o impossível do que fazer o que é possível. Sem dúvida, existe o perigo de uma generalização prematura; e, depois de descobrir como uma família de línguas cresceu ou como as mitologias das nações mais conhecidas tornaram-se o que são, os estudiosos costumam falar da origem e do desenvolvimento da linguagem e da mitologia em geral, como se suas próprias teorias fossem aplicáveis a todos ou como se nenhum novo fato pudesse modificar essas teorias. Esse perigo, no entanto, não é tão grande quanto parece. Os estudiosos sabem perfeitamente quão profundos são os poços e quão seguras as planícies. Embora nem sempre o digam, há sempre a condição de dizer "até onde sabemos atualmente"; e o mundo em geral, mesmo sem ser expressamente informado, provavelmente não abandonará a mesma cautela, influenciada, como a maioria das pessoas, não pelo seu próprio julgamento, mas pelo dos homens que têm um conhecimento pessoal tanto da mina quanto dos mineiros em quem precisam confiar. (§532)

Há outra razão pela qual a Filologia Comparada, e mais ainda a Mitologia Comparada, até agora foi confinada a um campo bastante restrito. A Mitologia Comparada é estudada principalmente por duas classes: acadêmicos e antropólogos. Agora, o verdadeiro estudioso que conhece os meandros de algumas línguas, que conhece as armadilhas que deve evitar ao explorar a história delas, que de fato se dedicou no estudo do grego, do latim e do sânscrito, evita, por um tipo de instinto, materiais que se desfazem assim que os estudiosos críticos tentam dar-lhes alguma coesão e polimento. Esses materiais são frequentemente fornecidos por viajantes que desconhecem a língua, por missionários fortemente influenciados em uma direção ou outra, ou por nativos que dificilmente entendiam as perguntas que foram solicitadas a responder. Uma coleção muito útil foi feita há algum tempo pelo Sr. Tylor para mostrar a falta de confiabilidade dos relatos da maioria dos viajantes e missionários, quando eles nos dão suas impressões sobre as línguas, religiões e tradições de raças entre as quais viveram por maior ou menor tempo. As mesmas pessoas que, segundo um missionário, adoram um ou muitos deuses são declaradas, por outro, como sem ideia e sem nome de um Ser Divino. Mas o que é mais estranho ainda é que às vezes a mesma pessoa faz duas afirmações que se contradizem categoricamente. Assim, Sparrman (ver Hahn, p. 46), em determinado lugar, ficou em dúvida em afirmar se os hotentotes acreditam em um Ser Supremo e nos diz que os próprios khoi-khoi declararam que eram estúpidos demais para entender alguma coisa e que nunca ouviram falar de um Ser Supremo. Em outro lugar, porém, o mesmo Sparrman argumenta que os khoi-khoi *devem* acreditar em um Ser Supremo, mas muito poderoso e diabólico, de quem esperam chuva, trovão, relâmpago, frio etc. Liechtenstein, porém, enquanto nega que exista qualquer vestígio de culto religioso entre os cafres khosa, admite que eles acreditam em um Ser Supremo que criou o mundo; no entanto, se precisarmos acreditar em Van der Kamp (morto em 1811), eles não têm nenhum nome para tal Ser. Tal culto a um Deus sem nome nos parece mostrar o mais alto ideal da religião espiritual, realizado entre uma das raças menos desenvolvidas da humanidade! (§533)

Na Grécia, onde temos uma linguagem que foi cuidadosamente estudada por séculos e uma literatura que reflete clara e completamente os pensamentos de uma nação inteira, o verdadeiro estudioso está constantemente em dúvida do significado exato de uma palavra e hesita em sua etimologia real e confessa sua ignorância do caráter original de muitos deuses ou heróis homéricos. Como, então, pode-se esperar que ele trabalhe com qualquer tipo de confiança ou prazer em materiais que são colocados diante dele no estudo das mitologias das nações selvagens? Esses materiais podem até ser encantadores para brincar e fazer tortas de barro, mas não são suficientemente úteis para deles fazer tijolos. Em grego, latim ou sânscrito, quando tudo parecia certo, o comprimento de uma vogal ou a mudança de sotaque muitas vezes perturbava as teorias mais cuidadosamente elaboradas. E aqui o aluno deve enunciar uma opinião sobre o real significado de personagens lendários, cujos nomes ele mal consegue soletrar ou pronunciar, muito menos analisar ou entender. Esta é a verdadeira razão pela qual os melhores mitólogos comparativos preferiram trabalhar na mitologia ariana, particularmente quando há muita coisa ainda intocada e inexplorada, em vez de aplicar suas ferramentas ao folclore das tribos selvagens, por mais atraente que o assunto possa parecer. Dizem que chegará o momento em que os dialetos dos hotentotes, dos fijianos ou dos vedas serão conhecidos com muito mais precisão do que atualmente, quando os estudiosos serão capazes de nos dizer o que é possível e o que não está nas mudanças dialetais de suas palavras e quando as regras fonéticas que regulam as mudanças de suas vogais e consoantes serão entendidas, bem como as do sânscrito ou do persa médio. Então, e somente então, será a hora de investigar os antecedentes pré-históricos dessas línguas e religiões, com alguma esperança de captar alguns vislumbres dos pensamentos e intenções que influenciaram sua primeira formação e desenvolvimento. (§534)

O livro de Dr. Hahn mostra que tal esperança foi alcançada mais cedo do que esperávamos, pelo menos com relação a uma raça selvagem, os khoi-khoi. Relatos da religião e mitologia deles foram dispersos em vários livros. Estes foram cuidadosamente coletados por Dr. Hahn e impressos em seu segundo capítulo, enriquecidos e aprimorados pelo que ele conseguiu coletar por si mesmo. Mas isso não é tudo. Para um homem criado entre os khoi-khoi, os nomes de seus deuses e heróis não eram meros nomes. Eles lhe deram um significado e o encorajaram a aplicar à sua decifração o mesmo processo que se mostrou tão bem-sucedido em desvendar os mistérios da mitologia ariana. Ele sabe o que é possível e o que não é na análise etimológica dos nomes africanos; e o fato de ele frequentemente falar com hesitação quanto à verdadeira etimologia de uma palavra, longe de desacreditar seus resultados, mostra apenas que ele tem uma consciência gramatical *sine qua non* de toda pesquisa mitológica. (§535)

E quais foram seus resultados? Certamente, a Mitologia Comparada não poderia ter desejado um triunfo maior do que aquele que veio tão inesperadamente da primeira análise científica da mitologia de uma das raças mais baixas da humanidade. A mitologia das raças selvagens – que, como os agriólogos sustentaram com confiança, mais cedo ou mais tarde perturbaria todo o sistema da Mitologia Comparada –, na primeira vez em que ela é acolhida em um espírito verdadeiramente erudito, parece consagrar completamente esse sistema. Quase todos os princípios que ela tem sustentado nos últimos vinte anos são confirmados aqui:

Introdução à Ciência da Religião   301

a maioria dos mitos hotentotes é solar ou celestial, o que pode parecer menos importante no momento presente, quando a oposição à teoria solar está desaparecendo gradualmente e é esmagada, por assim dizer, pelas evidências que vêm surgindo em apoio dela a partir do Egito, da Babilônia, da Polinésia, da América e das tribos africanas. Contudo, o mais curioso é que também entre os khoi-khoi vemos como o que é chamado de elemento irracional na mitologia deve-se a um mal-entendido de nomes antigos e como, longe de eventos reais serem transformados em mitos, os mitos também foram transformados em relatos de fatos reais. (§536)

O nome do Ser Supremo entre os khoi-khoi é Tsui ‖ Goab; os dois traços antes do G representam os cliques laterais,[1] dos quais futuramente deveremos não precisar mais. Tsuni-‖goam, o nome dado no título do livro, é o original reconstruído com o mesmo nome. Esse nome, conforme escrito por viajantes e missionários, difere consideravelmente, mas parece que não há dúvida de que formas como Tiqua, Thuickwe, Tuiqua, Tigoa, Tanquoa, Tsoi Koap, Tshu Koab, Tsu-goam representam todas o mesmo ser, ou seja, o nosso Tsui-‖goab. (§537)

A princípio, os missionários mal conseguiam acreditar que os khoi-khoi tinham alguma religião. Peter Kolb, no começo do século XVIII, cita Saar, um oficial do governo holandês, que diz: (§538)

> Não se sabe que tipo de religião eles têm; mas cedo, *quando o dia amanhece*, eles se reúnem e se abraçam pelas mãos, dançam e invocam os céus em sua língua. A partir disso, pode-se concluir que eles devem ter alguma ideia da divindade. (§539)

---

1 Os *cliques laterais* são fonemas que soam como estalidos da língua (N. do T.).

Ele cita o Padre Tachard, que registrou sua convicção de que, "embora essas pessoas nada saibam da criação do mundo ou da Trindade na divindade, elas oram a um Deus". (§540)

O missionário Böving, contemporâneo de Kolb, diz: (§541)

Existem alguns *resquícios* e traços de uma ideia (percepção) de um Deus. Pois eles sabem, pelo menos os mais inteligentes entre eles, que existe um Deus que fez a terra e os céus, que causa trovões e chuva, e que lhes dá comida e peles para vestir, para que também se possa dizer deles o que São Paulo diz em Romanos 1,19 ["Porquanto, o que se pode conhecer de Deus lhes é manifesto"]. (§542)

A própria experiência de Kolb diz assim: "É óbvio que todos os hotentotes acreditam em um Deus, eles o conhecem e confessam; atribuem-lhe o trabalho da criação e sustentam que ele ainda domina tudo, que ele dá vida a tudo. No geral, ele possui qualidades tão elevadas que eles não poderiam muito bem descrevê-lo". (§543)

Um dos primeiros a mencionar o nome de Tsui-goab como o deus principal dos khoi-khoi foi o missionário George Schmidt, enviado ao Cabo pela Missão Morávia em 1737. (§544)

No retorno das Plêiades [ele escreve], esses nativos comemoram um aniversário. Assim que essas estrelas aparecem acima do horizonte oriental, as mães levantam suas crianças nos braços e, subindo a pontos elevados, mostram as estrelas amigas ensinando-as a esticar as mãozinhas na direção delas. O povo de um *kraal* [pequena aldeia] se reúne para dançar e cantar, de acordo com o antigo costume de seus ancestrais. (§545)

O coro sempre canta: "Ó Tiqua, nosso Pai que estás acima de nossas cabeças, faze chover para nós, para que os frutos (cebolas etc.), uientjes,[2] possam amadurecer e que possamos ter bastante comida! Envia-nos um bom ano!". (§546)

O *Tiqua* aqui mencionado é uma corruptela de Tsui-goab, e, em outro lugar, George Schmidt o chama de Tui'qua. Que os khoi-khoi continuaram usando essa palavra como o nome de seu Ser Supremo é mais bem demonstrado pela tradução do *Novo Testamento* no dialeto namaqua, feita por Schmelen, um missionário da Sociedade Missionária de Londres, do qual possuo uma cópia, talvez o único na Inglaterra. Ele era casado com uma mulher hotentote e aprendeu a falar bem a língua. O nome que ele usa para Deus é Tsoeikwap, ou seja, Tsui-goab, enquanto ele chama o diabo de Kauaap, ou seja, Gaũäb ou Gaunab. Dr. Moffat, enquanto viajava entre os mesmos namaquas, os ouviu chamar Deus de Tsui-kuap ou Uti-kuap; e o mesmo nome ainda continua até entre os convertidos cristãos, embora agora eles sejam ensinados a chamar Deus de *Elob*, uma corruptela de *Elohim*. Se, por exemplo, eles de repente exclamarem: "Meu Deus!", não dirão: "Elob", mas sim: "Tsu-goatse"; e, se jurarem ou chamarem a Deus por testemunhar, sempre usarão o mesmo nome antigo (p. 62). (§547)

Mais valiosos são alguns dos hinos que Dr. Hahn coletou da boca do povo. Eles parecem nos levar de volta ao meio dos hinos védicos e mostram que esses hinos arianos não são, afinal, tão diferentes das simples expressões selvagens. Dr. Hahn nos dá a seguinte tradução de um hino sagrado, dirigido a Tsui-goab (p. 58): (§ 548)

---

2   *Uientjes* e a expressão holandesa colonial para os vários tipos de bulbos comestíveis, tipos de cebolas (Theophilus Hahn. *Tsui-‖Goam: The Supreme Being to the Khoi-Khoi*. London: Trübner & Co., Ludgate Hill, 1881, p. 107) (N. do T.).

Tu, ó Tsui-goa,
Tu, Pai dos Pais,
Tu és [nosso] Pai.
Permite que a nuvem de trovão corra!
Permite que nossos rebanhos vivam, por favor!
Permite que também nós vivamos!
Sou realmente muito fraco
De sede,
De fome.
Ó, para que eu coma os frutos do campo,
Tu então não és nosso Pai,
O Pai dos Pais,
Tu, Tsui-goa!
Ó, para que possamos te louvar,
Para que possamos te dar em troca,
Tu, Pai dos Pais,
Tu, ó Senhor,
Tu, ó Tsui-goa. (§549)

Depois disso, seremos capazes de entender melhor o caráter original desse Indra ou Zeus hotente e capazes de interpretar sem dificuldade alguns dos relatos dados tanto sobre seus atos como sobre seus erros. Dr. Hahn registra a seguinte conversa que teve com um velho namaqua: (§550)

Nuvens de trovão muito pesadas [ele escreve na p. 64] elevavam-se acima do horizonte. Nós dois olhamos com grande prazer para as nuvens, calculando que em poucas horas a terra inteira deveria estar inundada de água. "Ah", ele disse, "lá vem Tsui-goab à sua maneira antiga, como costumava fazer nos tempos de meus avós. Verás a chuva de hoje e muito em breve o país estará coberto por *Tusib*".

Introdução à Ciência da Religião

Perguntei o que ele queria dizer com *Tusib*. Ele respondeu: "Quando a primeira grama e as primeiras ervas verdes vierem depois da chuva, e na manhã vires que a cor verde brilhante se espalha pelo país, diremos: *Tusib cobre a terra*". (§551)

Isso nos lembrou 2 Samuel 23,4: "É como a luz da manhã, quando nasce o sol, uma manhã sem nuvens, *que faz brilhar, depois da chuva, a grama da terra*". (§552)

Aqui vemos o aspecto natural e poético de Tsui-goab. Mas Dr. Hahn nos dá a oportunidade de observar também a influência prática que a crença em Tsui-goab ainda exerce sobre as pessoas. Ele próprio estava viajando na terra de Namaqua e desejando ir para um posto missionário (p. 63). (§553)

A distância [ele escreve] até a próxima água foi calculada em três dias de viagem com o carro de boi. No entanto, fizemos o cálculo sem o anfitrião, porque, após três dias, nos encontramos a mais de doze horas da água. Tínhamos apenas um pouco de água em um barril, que, no entanto, foi quase todo consumido. Na noite anterior ao quarto dia, erramos o caminho e só depois de algumas horas descobrimos nosso erro. Se tivéssemos de passar mais vinte e quatro horas assim, nenhum de nós teria visto o dia seguinte. Mesmo à noite, o ar parecia vir de um forno quente. Repreendi o guia, um pagão bruto da tribo habobe, irritado por seu descuido, e perguntei: "O que fizeste? Amanhã seremos devorados pelos chacais e abutres. Quem agora nos ajudará a resolver este problema?". (§554)

O homem respondeu friamente: "Tsui-goab nos ajudará".

Eu disse: "Que bobagem! Tu e teu Tsui-goab sois tolos estúpidos".

Ele retrucou: "Confia, mestre! Ele ajudará". (§555)

De manhã, por volta das nove horas, chegamos à água. Depois de saciarmos nossa sede, de saborearmos uma xícara de café e um cachimbo e de conversamos sobre nossos problemas, meu guia disse rindo: "Meu querido mestre, ontem quase me mataste, mas o Senhor negou a ti [que assim o fizesses]. Mas já te convenceste de que o Senhor ajudou?". (§556)

Até agora, tudo o que nos foi dito sobre Tsui-goab é inteligível e oferece impressionantes pontos de similaridade com os pensamentos e expressões de outras nações mais civilizadas que, como os khoi-khoi, talvez no mesmo período tenham descoberto nos grandes fenômenos celestes, e mais particularmente na constante manifestação do poder do sol e em sua influência na vida da natureza e do ser humano, as primeiras indicações de poderes superiores e sobrenaturais, a quem davam nomes aplicáveis originalmente apenas a fenômenos naturais. Nada pode ser mais natural, ou, poderíamos dizer, mais humano, do que o modo como os khoi-khoi falam de Tsui-goab, sempre supondo que Tsui-goab era originalmente um nome do céu ou do sol nascente ou da chuva torrencial ou do trovão. Todos esses nomes encontrariam facilmente seu foco comum na chamada divindade solar ou celeste, em Júpiter, Varuna, Indra ou Thor, e o menor conhecimento da linguagem mitológica do mundo antigo seria suficiente para nos permitir entender suas lendas, como elas nos são contadas por Dr. Hahn e por seus antecessores. (§557)

Mas agora chegamos ao elemento irracional dessas lendas. O mesmo Tsui-goab, o deus do céu, do sol, da chuva, do trovão – o Ser Supremo, de fato, dos khoi-khoi –, é o tema das mais estranhas histórias. Dizem que ele era originalmente, e não muitas gerações atrás, um curandeiro com um joelho quebrado. Appleyard, por exemplo, em sua gramática cafre, nos diz "que o hotentote Tsoei-koap é conhecido pelos cafres com o nome de *u-Tixo*, e que esse nome significa 'joelho machucado' e foi originalmente aplicado a um médico ou feiticeiro de considerável notoriedade e habilidade entre os hotentotes ou namaquas, algumas gerações atrás, em razão de ter sofrido uma lesão no joelho. Gozava de uma alta reputação por ter poderes extraordinários durante a vida e foi invocado, mesmo após a morte, como alguém que ainda podia aliviar e proteger, e, portanto, com o passar do tempo, tornou-se o mais próximo possível da primeira concepção de Deus". (§558)

A mesma história é contada várias vezes, mas com pequenas variações. Dr. Moffat, em sua obra *Missionary Labours and Scenes in South Africa* ["Trabalhos e cenas missionárias na África do Sul"] escreve: (§559)

> Em minha jornada rumo ao interior da terra de Namaqua Grande, encontrei um feiticeiro ou médico idoso que afirmou sempre ter entendido que Tsui-goab era um notável guerreiro de grande força física, o qual, em uma luta desesperada com outro chefe, *foi ferido no joelho*, mas, tendo vencido seu inimigo, teve seu nome perdido no poderoso combate que tornou a nação independente; pois ninguém poderia conquistar o Tsui-goab [joelho machucado]. Quando me referi à importância da palavra *aquele que causa dor*, ou *um joelho dolorido*, manifestando minha surpresa de que eles dessem esse nome a seu Criador e Benfeitor, ele respondeu de uma maneira que induziu a crença de que aplicou o termo ao que deveríamos chamar de "diabo" ou à própria morte, acrescentando que ele pensava que a morte, ou o poder de causar a morte, era realmente muito dolorida. (§560)

Dr. Hahn ouviu o seguinte relato de um antigo habobe-nama: (§561)

Tsui-goab foi um poderoso chefe dos khoi-khoi; e, de fato, ele foi o primeiro khoi-khoi, dando origem a todas as tribos khoi-khoi. Mas Tsui-goab não era seu nome original. Este Tsui-goab entrou em guerra com outro chefe Gaunab, porque este sempre matava um grande número de pessoas de Tsui-goab. Nessa luta, no entanto, Tsui-goab foi repetidamente derrotado por Gaunab, mas de batalha em batalha o primeiro tornou-se mais forte; e, por fim, ele se tornou tão forte e grande que facilmente conseguiu destruir Gaunab por meio de um golpe atrás da orelha. Enquanto Gaunab estava expirando, deu um golpe no inimigo. Desde aquele dia, o conquistador de Gaunab recebeu o nome de Tsui-goab, "joelho dolorido" ou "joelho machucado". Daí em diante, ele não conseguia andar direito, porque se tornara coxo. Ele podia fazer coisas maravilhosas, que nenhum outro ser humano podia fazer, porque era muito sábio. Ele sabia o que aconteceria em tempos futuros. Ele morreu várias vezes, e várias vezes ressuscitou. E, sempre que ele voltava para nós, havia grandes banquetes e alegrias. O leite era trazido de cada kraal, vacas e ovelhas gordas eram abatidas. Tsui-goab deu a todas as pessoas muito gado e ovelhas, porque ele era muito rico. Ele dava chuva, criava nuvens, vivia nas nuvens e tornava férteis nossas vacas e ovelhas. Tsui-goab vive em um lindo céu; e Gaunab vive em um céu escuro, completamente separado do céu de Tsui-goab. (§562)

Aqui, então, temos o que foi chamado de elemento irracional na mitologia. Ninguém fica surpreso com lendas que dão uma versão mais ou menos metafórica ou poética dos fenômenos naturais ou que expressam, de uma maneira um tanto exagerada, ideias morais, filosóficas ou religiosas compartilhadas em comum por toda a raça humana. O que torna a mitologia mitológica, no verdadeiro sentido da palavra, é o que é totalmente ininteligível,

Introdução à Ciência da Religião   309

absurdo, estranho ou milagroso. Ouvimos tudo o que nos foi dito sobre Tsui-goab e, até certo ponto, podemos formar um entendimento sobre ele. Mas, quando nos dizem que os khoi-khoi acreditavam que seu Deus Supremo era originalmente um charlatão de joelhos fracos, paramos e dizemos que certamente isso exige uma explicação. (§563)

Existem apenas dois sistemas possíveis nos quais o elemento irracional na mitologia pode ser considerado. Uma escola toma o irracional como uma matéria de fato; então, se lemos que Dafne fugiu de Febo e foi transformada em um loureiro,[3] esta escola diria que provavelmente havia uma jovem chamada Aurora, como por exemplo Aurora Königsmark,[4] e que um jovem chamado Robin, ou, possivelmente, um homem de cabelos ruivos a perseguia, e que ela precisou se esconder atrás de um loureiro que por acaso estava lá. Esta foi a teoria de Evêmero, restabelecida pelo famoso Abade Banier, e ainda não extinta. De acordo com a outra escola, o elemento irracional na mitologia é inevitável e devido à influência da linguagem no pensamento, de modo que muitas das lendas de deuses e heróis podem tornar-se inteligíveis se conseguirmos descobrir o significado original de seus nomes próprios. Os seguidores desta escola tentam mostrar que Dafne, o nome da árvore de louro, era um nome antigo para o Amanhecer e que Febo era um

---

3 A narrativa à qual Müller se refere é um motivo frequente na literatura e arte ocidentais e aparece, entre outras obras, no poema *Metamorfoses*, de Ovídio (século I a.C.). A peça de teatro *Daphné* é de autoria de La Fontaine (1674) (N. do T.).

4 A condessa Maria Aurora von Königsmarck (1662-1728) foi uma nobre alemã de ascendência sueca, conhecida como autora de romances, reitora do convento em Quedlinburgo e amante de Augusto, o Forte (1696-1763), príncipe-eleitor da Saxônia e rei da Polônia (N. do T.).

dos muitos nomes do sol que perseguiam o amanhecer, até que ela acabou desaparecendo diante dos raios dele. Dessas duas escolas, a primeira sempre apelou para as mitologias das nações selvagens, mostrando que deuses e heróis eram originalmente seres humanos, adorados, após sua morte, como ancestrais e como deuses; enquanto a última limitou-se principalmente a uma análise etimológica de nomes mitológicos em grego, latim, sânscrito e outras línguas, como as que foram estudadas o bastante para admitir um tratamento científico gramatical e etimológico. (§564)

Agora, sobre as lendas dos hotentotes, Tsui-goab, o médico de joelhos fracos, parecia fornecer as evidências mais fortes em apoio à teoria do Abade Banier. O que poderia ser mais claro do que os hotentotes adorarem, como seu Ser Supremo, um ser humano, na verdade um velho curandeiro de joelho coxo que, por sua bravura em batalha ou por sua habilidade médica, tenha sido elevado após a morte à dignidade de um deus? Aqui certamente, pode-se dizer, em vez de os fenômenos naturais tornarem-se personificados e divinizados, percebemos que o panteão antigo claramente consiste em ancestrais humanos, cujos nomes são os que eles tinham enquanto viveram na terra. (§565)

Antes de iniciarmos uma interpretação etimológica do "joelho dolorido" de Tsui-goab, ainda temos de dizer algumas palavras sobre outro sistema de interpretação mitológica que pensávamos ser apenas um renascimento das visões de Evêmero e do Abade Banier, mas que temos a certeza de que repousa sobre uma base diferente, a saber, o sistema proposto pelo Sr. Herbert Spencer em sua interessante obra *Principles of Sociology* ["Princípios de Sociologia"]. (§566)

Sabendo como é difícil representar, com perfeita precisão e justiça, uma teoria considerada totalmente insustentável, sentimo-nos obrigados a apresentar a *ipsissima verba* do eminente sociólogo – embora, mesmo assim, tenhamos medo de que dificilmente escapemos à suspeita de ter deliberadamente mutilado suas declarações, as quais, é claro, não podem ser reproduzidas por completo dentro dos limites estreitos de uma resenha. (§567)

Herbert Spencer nos diz (*Principles of Sociology*, p. 390) (§568)

> que os mitólogos sustentam que os poderes da Natureza, inicialmente concebidos e adorados como impessoais, passam a ser personalizados devido a certas qualidades nas palavras que lhes são aplicadas, e que as lendas a respeito das pessoas identificadas com esses poderes naturais surgem depois. (§569)

"Mitólogo" é um termo muito vago, e seria, de fato, difícil provar que nenhuma pessoa que pudesse reivindicar tal título jamais pronunciaria as opiniões que acabamos de declarar. Mas a ciência da mitologia, como é agora representada por muitos escritores na Inglaterra, França, Itália, Alemanha, propõe uma visão muito oposta. Defende que a concepção dos poderes *impessoais* é sempre posterior à dos poderes *pessoais* e que, em uma fase inicial do pensamento e da linguagem, essa distinção ainda não é feita, ao passo que a ideia de cultuar poderes impessoais pertence ao estágio recente do desenvolvimento mental, se, de fato, alguma vez foi mantida nessa forma bruta. (§570)

Contudo, por mais injusta e imprecisa que seja a representação que o Sr. Herbert Spencer dá daquela visão da mitologia não aprovada por ele, a explicação que ele oferece a partir de sua própria opinião pode ser aceita com segurança, quando apresentada corretamente, se a apresentarmos em suas próprias palavras: (§571)

Ao contrário [ele diz], a visão aqui defendida é de que a personalidade humana é o elemento principal, de que a identificação disso com algum poder ou objeto natural deve-se à identidade do nome e de que o culto desse poder natural surge, assim, secundariamente. (§572)

Tomemos imediatamente uma instância e comparemos a visão apresentada pela ciência da mitologia com a proposta do Sr. Herbert Spencer. (§573)

O mitólogo comparativo diria que, de acordo com as leis que governam o crescimento do pensamento e da linguagem humanas, era inevitável que nossos ancestrais pensassem e dissessem: "O Sol morre" ou "o Sol é morto pela noite", um ditado que variou de mil maneiras diferentes em todas as mitologias do mundo, terminando geralmente na história de um ser brilhante, divino, meio divino ou humano, que foi morto por um inimigo sombrio. Herbert Spencer diz: "Não! Pelo contrário!". Provavelmente havia um homem chamado Sol. Por que não? Muitas pessoas são chamadas de Sol, *Sun*, *Sonne*, *Soleil* ainda hoje. Essa pessoa morreu, o que é bastante natural. Ou ele foi morto por outra pessoa, que poderia ter sido chamada de Negra ou Noite. Após sua morte, o Sr. Sol se tornaria um ancestral e seria adorado como tal, ou ele poderia até se tornar um deus, se os deuses existissem – embora mal se saiba como eles poderiam ter existido. Então, como o Sr. Sol ou o Santo Sol passou a ser cultuado, a identidade de seu nome com o sol naturalmente levaria, por fim, à transferência de um culto e de lendas, inicialmente destinados ao Sr. Sol ou Santo Sol, ao sol impessoal visto no céu. Para não darmos um aspecto absurdo a esse novo método de interpretação mitológica, devemos fazer a citação completa. O Sr. Herbert Spencer apresenta (p. 390) um mito imaginário da seguinte forma: (§574)

Introdução à Ciência da Religião 313

Durante todo o inverno, a bela Luz do Sol, perseguida pela Tempestade negra, sempre se escondia, ora atrás das nuvens, ora embaixo das montanhas. Ela, porém, não conseguiu manter-se oculta por mais que um curto período de tempo sem ser novamente perseguida por passos rápidos e com um barulho alto e ameaçador, e teve de recuar rapidamente. Depois de muitas luas, no entanto, a Tempestade, perseguindo menos furiosamente e vendo a outra com mais clareza, tornou-se mais gentil; e a Luz do Sol, ganhando coragem, de tempos em tempos passou a permanecer mais visível. A Tempestade, tendo falhado em capturá-la por meio da perseguição e estando enfraquecida pelos encantos solares, acabou fazendo avanços mais brandos. Finalmente ambas se uniram. Então a terra regozijou-se no calor úmido; e delas nasceram plantas que lhe cobriram a superfície e tornaram-na alegre graças às flores. Mas todo outono a Tempestade volta a franzir a testa e a rosnar. É quando a Luz do Sol foge dela, e a busca recomeça. (§575)

Esse mito não é muito parecido com um verdadeiro mito ariano antigo, como qualquer estudante de mitologia experiente poderá perceber, sendo pouco natural a ideia de uma união entre o Sol, como mulher, e a Tempestade, como homem.[5] Mas, deixando isso de lado, vamos agora ler as especulações adicionais do Sr. Herbert Spencer: (§576)

Se os tasmanianos tivessem sido encontrados por nós em um estado semicivilizado com uma mitologia desenvolvida contendo algumas lendas como essa, a interpretação firme sobre ela, após

---

5   Em diversas línguas o "sol" é feminino (em alemão *die Sonne*) e a "tempestade" é masculino (em alemão *der Sturm*) (N. do T.).

o método agora aceito, seria de que os efeitos observados da mistura da luz do sol e da tempestade foram, assim, expressos figurativamente e de que a representação definitiva da Luz do Sol e da Tempestade, como pessoas que já viveram na terra, deveu-se à tendência mitopoética natural, que tomou sua direção a partir dos gêneros das palavras. (§577)

Certamente essa seria a interpretação dos mitologistas comparativos, apenas com a ressalva de que eles não chamariam a linguagem de figurativa – se esse termo implicar algo intencional e artificial –, mas sim de natural e inevitável; e que a diferença de gênero seria, para eles, mais concomitante com o pensamento mítico do que produtora dele. (§578)

Agora vamos ouvir qual interpretação o Sr. Herbert Spencer daria para tal mito (p. 391): (§579)

Como já foi mostrado [ele escreve], os nomes de nascimento entre raças não civilizadas, retirados de incidentes de momento, geralmente se referem à hora do dia e ao clima. Entre os que Mason enumera, como dados pelos karens, estão "Tarde", "Nascer da Lua" etc. Não há, portanto, nada de anômalo ou excepcional no fato de que "Ploo-ra-na-loo-na", que significa "Luz do Sol", seja o nome de uma mulher da Tasmânia; nem há nada de excepcional no fato de que entre os vizinhos australianos "Hail (granizo)", "Thunder (trovão)" e "Wind (vento)" apareçam como nomes. A inferência aqui traçada, portanto, harmonizando-se com todas as inferências precedentes, é de que o passo inicial na gênese de um mito desse tipo seria a existência de seres humanos chamados Tempestade e Luz do Sol, passo este que, a partir da confusão inevitavelmente surgida na tradição entre eles e os agentes naturais com os mesmos nomes, resultaria na personalização desses agentes naturais e na acomodação a eles das origens e das aventuras humanas; a lenda, uma vez surgida, foi, durante as gerações sucessivas, elaborada e moldada de acordo com os fenômenos. (§580)

Vamos agora aplicar essa interpretação sociológica ao mito de Tsui-goab, e dificilmente seremos injustos com o Sr. Herbert Spencer ao supor que ele aceitaria prontamente a tradição de que havia um médico hotentote que, por algum acidente, machucou seu joelho e que após sua morte foi adorado como um ancestral, até se tornar o Ser Supremo, e foi invocado como tal para enviar a nuvem de tempestade, proteger os rebanhos e deixar que os frutos da terra crescessem e abundassem. Ele pode até dar um passo adiante e comparar a luta de Tsui-goab e Graunab, e o joelho coxo de um dos combatentes, com lendas semelhantes de outros lugares. Embora Herbert Spencer nos avise que é arriscado comparar outras religiões com a nossa, não evita tais perigos. Dessa maneira, ele escreve (*Principles of Sociology*, p. 434): (§581)

Ao ler que, quando os espanhóis chegaram ao México, os nativos, achando que eles fossem deuses, ofereceram-lhes seres humanos, podemos perguntar se as ideias e motivações dessas pessoas eram análogas às do rei escandinavo On, quando este imolou seu filho para Odin; mas não nos é permitido perguntar se ideias e motivos semelhantes motivaram a intenção de Abraão de sacrificar Isaac. O fato de Dr. Barth ter sido interpretado pelos fulahs como seu deus (Fete) provavelmente pode levantar a questão de saber se, se houvesse uma briga entre o partido dele e os fulahs na qual ele fosse derrotado por um dos chefes deles, talvez não tivesse se desenvolvido uma lenda semelhante àquela que conta como o deus Ares foi derrotado por Diomedes, mas é altamente impróprio levantar a questão de saber se a história da prolongada luta de Jacó com o Senhor teve uma semelhante origem. Aqui, no entanto, perseguindo os métodos da ciência e desconsiderando conclusões precipitadas, devemos lidar com a concepção hebraica da mesma maneira que com todas as outras e devemos perguntar se não houve uma gênese semelhante. (§582)

Onde está o perigo que o Sr. Spencer percebe? Nenhuma pergunta pareceria mais inocente do que a que ele faz, e podemos estar perfeitamente certos de que, se houvesse a menor evidência presumível, ninguém seria queimado, ou mesmo barrado em um clube, por fazer uma pergunta. Tudo se resume a isto: se aquele que lutou com Jacó era um homem como Dr. Barth, chamado de El, ou se os judeus alguma vez pensaram que ele fosse; e, se o Sr. Herbert Spencer puder realmente produzir alguma evidência a esse respeito, então sem dúvida a semelhança entre o joelho dolorido de Tsui-goab depois de sua luta com Gaunab e a articulação da coxa de Jacó sendo rompida após sua luta fortalece consideravelmente a posição dele e mostra que esses acidentes ocorrerão a todo momento e em todos os lugares. (§583)

Mas vamos agora ouvir o que Dr. Halm tem a dizer. Ele também, como a maioria das pessoas que escreveu sobre essa curiosa história de Tsui-goab,[6] ficou muito confuso de por que os khoi-khoi teriam transformado um médico velho e manco em seu Ser Supremo. Não há dúvida de que o significado de seu nome é "Joelho Coxo", e nenhum nativo parece questionar isso, assim como os antigos hindus não duvidavam de que seu deus Savitri, o sol,

---

6   Ver Bleek, "Comparative Grammar of the South African Languages", 1862, §§ 395-397.

Introdução à Ciência da Religião   317

tivesse uma mão artificial feita de ouro precioso. A primeira pergunta que Dr. Hahn faz é: qual é a etimologia, isto é, qual é a origem histórica do nome? E ele descobriu que *goa-b* é derivado da raiz *goa*, "andar", "aproximar-se". A partir dela é formado *goa-b*, significando, como verbo, "vindo ele", ou seja, "ele vem", e, como substantivo, "aquele que chega", "aquele que se aproxima". Esse *goab*, que significa originalmente o frequentador, foi usado para o joelho. Mas o mesmo *goab* também tem um segundo significado, a saber: "o dia", mais particularmente "o dia que se aproxima". Assim, *goara* significa que o dia amanhece. A mesma raiz *goa* produziu várias outras palavras, mas não precisamos insistir nelas no momento; precisamos apenas chamar a atenção para a notável semelhança entre a derivação de palavras especiais de raízes gerais na língua khoi-khoi e em sânscrito. (§584)

Se, então, *goab* pode significar "manhã", o que significa *tsu*? Seu significado geral é "dolorido"; mas também pode significar "sangrento", "de cor vermelha", assim como *ava*, "vermelho", significava originalmente "sangrento" em khoi-khoi. Que os nomes de cores sejam derivados da cor das feridas é bem conhecido pelos acadêmicos.[7] Mas, se havia alguma dúvida sobre *tsu* ter tido o significado de "vermelho", como poderíamos explicar *tsu-xu-b* como um nome para a noite? Se o verbo *xu* significa "ir embora", a expressão *tsu-xu-b*, portanto, significa "tsu-foi-embora-ele". Aqui a tradução "o Ferido se foi" não teria sentido algum, enquanto "o Vermelho foi embora" é um nome perfeitamente inteligível para noite. (§585)

Então, se Tsui-goab, que agora é tomado no sentido de "dor no joelho", pode significar um amanhecer ou movimento originalmente vermelho, esse nome e esse conceito não se prestariam mais

---

7 Ver "Hibbert Lectures", 2. ed., p. 42.

naturalmente a se tornar o nome do Ser Supremo do que um médico coxo de verdade? Não era *Dyaus* o céu brilhante, e *Dieu* ainda não é o nome do Ser Supremo? (§586)

Mas vamos agora olhar para as lendas contadas em Tsui-goab pelos próprios africanos, para ver se elas se encaixam melhor ao velho médico ou ao sol nascente, doador de luz e vida. Dizem que Tsui-goab vem do Oriente (p. 134). Os koras, como Dr. Hahn nos informa, acreditam que Tsui-goab vive no céu vermelho, enquanto seu inimigo, Gaunab, vive no céu negro (p. 126). Quando o dia amanhece, os khoi-khoi vão rezar com o rosto voltado para o leste: "Ó, Tsui-goa, Todo Pai". (§587)

Os khoi-khoi acreditam que esse Tsui-goab é o vingador. Assim, eles dizem (p. 62): "Ó, Tsu-goa, somente tu sabes que eu sou sem culpa", ou: "Faze o que pensas, mas conhecerás Tsui-goab"; isto é, ele o encontrará e o castigará, assim como Saranyû, o amanhecer, no *Veda*, torna-se o grego Erínias. (§588)

O principal inimigo de Tsui-goab é Gaunab, e Gaunab significa "o destruidor", que envia sono e morte, e quem Dr. Hahn identifica com a noite escura. (§589)

Então Tsui-goab, o amanhecer vermelho, mas também o Pai dos Pais, tornou-se, como era natural em pessoas cuja religião era cheia de adoração aos antepassados, o ancestral dos khoi-khoi, era adorado como um ser que anteriormente viveu na terra, que tinha esposa e filho e que realizou muitas ações valentes. O maior de seus feitos, realizado todas as manhãs ou todos os anos, era sua luta com Gaunab, a escuridão; e, quando pediam às mães e avós que falassem sobre Tsui-goab, particularmente quando *tsui* deixou de significar "vermelho", e *goab* tornou-se cada vez mais familiar no sentido de "joelho" do que no de "madrugada", tornou-se bem natural seu nome "joelho dolorido" dar origem a perguntas e respostas prontas. (§590)

Introdução à Ciência da Religião

Outros nomes compartilhavam o mesmo destino. *Nanub*, que significa "nuvem de trovão", tornou-se um deus ou um ancestral, e às vezes significava o mesmo que Tsui-goab. *Gurub*, "trovão", não uma palavra imitativa, mas derivada de *gu*, "cobrir", foi planejado inicialmente para a nuvem e a escuridão (sânscrito *vritra*), mas logo assumiu o mesmo tipo de personalidade que Nanub e Tsui-goab. Todos os três são convidados a dar a chuva, e os outros presentes que os seres humanos pedem aos poderes superiores. Pede-se a Gurub, mais particularmente, que não repreenda Tsui-goab para dar chuva e comida. Se Tsui-goab era um médico antigo, Gurub (Trovão) devia ter sido outro hotentote e Nanub (Nuvem) outro bosquímano. (§591)

Ninguém pode negar que, como o Sr. Herbert Spencer nos diz, as pessoas às vezes são chamadas de Trovão e Raio, Amanhecer e Nuvem; e, como a realidade é mais estranha que a ficção, essas pessoas, antes de serem transformadas em deuses, podem ter conhecido acontecimentos tão estranhos quanto os registrados nas mitologias das raças civilizadas e não civilizadas. Estudiosos e antropólogos devem escolher entre os dois sistemas de explicação do irracional na mitologia, mas parece-nos que o livro de Dr. Hahn sempre terá um peso muito grande na escala dos estudiosos. (§592)

Livros sagrados do Oriente

Traduzido, com introduções e notas, por vários acadêmicos orientais e editado por F. Max Müller

Além do interesse que os livros sagrados de todas as religiões exercem aos olhos dos teólogos e, mais particularmente, dos missionários, cujo conhecimento preciso deles é tão indispensável quanto o conhecimento de um país inimigo é para um general, ultimamente essas obras assumiram uma nova importância e são vistas pelo seu aspecto de documentos históricos antigos. Em todos os países onde os livros sagrados foram preservados, seja por tradição oral, seja por escrito, eles são os registros mais antigos e a marca do início do que pode ser chamado de documentário, em oposição à história puramente tradicional. (§593)

Não há nada mais antigo na Índia do que os *Vedas*; e, se excluirmos os *Vedas* e a literatura relacionada a eles, não há trabalho literário na Índia que, até onde sabemos atualmente, possa com certeza ser referido como sendo de uma data anterior ao cânone sagrado dos budistas. Qualquer que seja a idade que possamos atribuir às várias partes do *Avesta* e ao seu arranjo final, não há livro na língua persa mais antigo do que os livros sagrados dos seguidores de Zaratustra, nem mesmo sua tradução em pálavi. Pode ter havido uma extensa literatura antiga na China, muito antes de Kung-Fu-Tze e Lao-Tsé, mas, entre tudo o que foi resgatado e preservado, os *Cinco Reis* e os *Quatro Shu* reivindicam novamente a mais alta antiguidade. Quanto ao *Corão*, é conhecido por ser o manancial da religião e da literatura dos árabes. (§594)

Sendo esse o caso, era natural que a atenção do historiador estivesse voltada mais intensamente para esses livros sagrados, que ofereciam a probabilidade de trazer informações valiosas não apenas sobre a religião, mas também sobre os sentimentos morais, as instituições sociais e as máximas legais de algumas das mais importantes nações da antiguidade. Não são muitas as nações que preservaram seus escritos sagrados, e a maioria dos que foram preservados só se tornou acessível recentemente em sua forma original, através do rápido avanço dos estudos orientais na Europa. Nem gregos, nem romanos, nem alemães, nem celtas, nem eslavos nos deixaram nada que mereça o nome de livros sagrados. Os poemas homéricos são épicos nacionais, como o Râmâyana e o Nibelungo; mas os hinos homéricos nunca receberam o reconhecimento ou a aprovação geral que, por si sós, podem conferir às efusões poéticas da piedade pessoal o caráter sagrado ou canônico, que é a característica distintiva dos hinos védicos. A literatura sagrada dos primeiros habitantes da Itália parece ter um caráter litúrgico, e não puramente religioso, e, por mais que os celtas, os alemães e os eslavos possam possuir tradições sagradas sobre seus deuses e heróis, foram transmitidas pela tradição oral, principalmente, e pereceram além da esperança de recuperação. Somente algumas partes dos Eddas nos dão uma ideia do que pode ter sido a poesia religiosa e heroica dos escandinavos. Os egípcios possuíam livros sagrados, e alguns deles, como o *Livro dos Mortos*, chegaram até nós de várias formas. Também na Babilônia e na Assíria importantes fragmentos do que pode ser chamado de literatura sagrada vêm surgindo ultimamente. A interpretação, no entanto, desses textos hieroglíficos e cuneiformes é ainda tão difícil que, no momento, interessa apenas aos estudiosos e dificilmente para fins históricos. (§595)

Deixando de considerar as escrituras judaicas e cristãs, parece que as únicas religiões grandes e originais que professam ser fundadas com base em livros sagrados e os preservaram em manuscrito são: (§596)

1. A religião dos brâmanes.
2. A religião dos seguidores de Buda.
3. A religião dos seguidores de Gina.[1]
4. A religião dos seguidores de Zaratustra.
5. A religião dos seguidores de Kung-Fu-Tze.
6. A religião dos seguidores de Lao-Tsé.
7. A religião dos seguidores de Mohammad. (§597)

O desejo de uma tradução confiável dos livros sagrados dessas religiões orientais tem sido frequentemente expresso. Várias foram traduzidas para inglês, francês, alemão ou latim, mas em alguns casos é difícil obter essas traduções; em outros, são carregadas de notas e comentários, destinadas apenas aos pesquisadores profissionais. Os eruditos orientais têm sido responsabilizados por não terem ainda suprido um desejo tão amplamente sentido, e tão frequentemente expresso, de uma tradução completa, confiável e legível dos principais livros sagrados das religiões orientais. No entanto, as razões pelas quais eles até o momento recuaram de tal empreendimento são suficientemente claras. As dificuldades

---

1 Referência ao Jainismo, cujos seguidores adoram vinte e quatro mestres míticos reconhecidos como *ginas* ou *jinas*, ou seja, "vencedores" (N. do T.).

Introdução à Ciência da Religião · 323

em muitos casos de fornecer traduções completas, e não apenas seleções, são muito grandes. Há ainda muito trabalho a ser feito na restauração crítica dos textos originais, no exame de sua gramática e métrica, na determinação do significado exato de muitas palavras e passagens. Esse tipo de trabalho é naturalmente muito mais atraente para os pesquisadores do que uma mera tradução, principalmente quando eles não conseguem deixar de sentir que, com o progresso de nosso conhecimento, muitas passagens que agora parecem claras e fáceis podem, ao ser reexaminadas, assumir um novo significado. Assim, enquanto os pesquisadores, que são mais competentes para realizar uma tradução, preferem dedicar seu tempo a pesquisas mais especiais, o trabalho de uma tradução completa é adiado para o futuro, e os historiadores ficam com a impressão de que os estudos orientais estão ainda em um estado tão insatisfatório que não se pode confiar nas traduções extremamente problemáticas dos *Vedas*, do *Avesta* ou do *Tao-te-king*. (§598)

Portanto, é claro que uma tradução dos principais livros sagrados do Oriente só poderá ser realizada com algum sacrifício. Os pesquisadores deverão deixar por um tempo suas próprias pesquisas especiais, a fim de tornar acessíveis ao público amplo os resultados gerais já obtidos. E, mesmo assim, resultados realmente úteis podem ser alcançados apenas *viribus unitis* ["com união de esforços"]. Se quatro dos melhores egiptólogos tiverem de combinar para produzir uma edição e tradução satisfatórias de um dos livros sagrados do Egito antigo, o *Livro dos Mortos*, então será necessário um número muito maior de estudiosos orientais para traduzir os livros sagrados dos brâmanes, dos budistas, dos jainistas, dos zoroastrianos, dos seguidores de Kung-Fu-Tze, Lao-Tsé e Mohammad. (§599)

Por fim, há a dificuldade mais séria de todas, uma dificuldade que nenhum erudito poderia remover, a saber, a dificuldade de encontrar os fundos necessários para realizar uma empreitada tão grande. Sem dúvida, existe atualmente um grande interesse em questões relacionadas a origem, crescimento e decadência da religião. Mas muito desse interesse é teórico, e não histórico, de como as pessoas poderiam ou deveriam ter elaborado ideias religiosas, e é um tópico mais calorosamente discutido entre psicólogos e teólogos, mas um estudo dos documentos, nos quais somente o crescimento real do pensamento religioso pode ser rastreado, é muito negligenciado. Uma tradução em prosa fiel e não envernizada dos livros sagrados da Índia, Pérsia, China e Arábia, embora possa interessar a estudantes cuidadosos, temo que nunca suscitará um interesse generalizado que demande uma circulação grande o suficiente para torná-la uma questão de empresa privada e de especulação comercial. (§600)

Sem dúvida, há muito nessas velhas conexões que surpreendem por sua própria simplicidade e verdade, muito elevadas e edificantes, muito belas e sublimes; mas as pessoas que têm ideias vagas da sabedoria primitiva e do esplendor da poesia oriental logo se sentirão profundamente decepcionadas. Não se pode afirmar com muito rigor que o principal e, em muitos casos, o único interesse dos livros sagrados do Oriente seja histórico, e que muitos deles sejam extremamente infantis, tediosos, se não repulsivos, e que ninguém além de um historiador seria capaz de entender as lições importantes que eles ensinam. Seria impossível realizar uma tradução, mesmo que apenas dos mais importantes, sem o apoio de uma academia ou universidade que reconheça a necessidade de tornar essas obras mais acessíveis de modo geral, que pelos mesmos fundamentos reconheça o dever de coletar e exibir nos museus as petrificações de épocas passadas, pouco preocupada se o público admira a beleza de plantas fossilizadas e de esqueletos quebrados, a menos que os estudantes que trabalham duro encontrem alguma luz para ler mais uma vez as páginas mais obscuras da literatura e da história da terra. (§601)

Tendo tido a sorte em garantir esse apoio, e recebido também promessas de assistência de alguns dos melhores acadêmicos orientais da Inglaterra e da Índia, espero poder, depois de concluídos os preparativos necessários, publicar cerca de três volumes de traduções a cada ano, selecionando nos depósitos das sete "religiões do livro" aquelas obras que atualmente podem ser traduzidas e que provavelmente serão úteis. Todas as traduções serão feitas a partir dos textos originais, e, onde já existam boas traduções, elas serão cuidadosamente revisadas por estudiosos competentes. Esse é o caso da maior parte da literatura religiosa dos brâmanes e budistas, pois tentar uma tradução completa estaria muito além da capacidade de uma geração de estudiosos. Ainda assim, se o interesse no trabalho em si continuar, não há razão para que essa série de traduções não seja realizada, mesmo depois que aqueles que a iniciaram tiverem cessado de trabalhar. (§602)

O que vislumbro atualmente, e receio em minha atual etapa da vida que isso pareça muito otimista, é uma série de vinte e quatro volumes, cuja publicação provavelmente se estenderá por oito anos. Nessa série, espero compreender os seguintes livros, embora não me comprometa a seguir estritamente esse esboço:[2] (§603)

1. Dos livros sagrados dos brâmanes, espero dar uma tradução dos hinos do *Rig Veda*. Enquanto continuarei minha tradução de hinos selecionados desse *Veda*, uma

---

2   No total foram lançados cinquenta volumes, mais um índice. As obras estão disponíveis online: https://sacred-texts.com/sbe/index.htm (N. do T.).

traduction raisonnée ["tradução fundamentada"] destinada apenas a estudiosos em sânscrito, nos mesmos princípios que segui no primeiro volume,[3] explicando cada palavra e frase que pareça exigir elucidação e cuidadosamente examinando as opiniões de comentaristas anteriores, nativos e europeus, pretendo contribuir com uma tradução mais livre dos hinos para essa série, com apenas algumas notas explicativas, conforme forem absolutamente necessárias para permitir que os leitores que não conhecem o sânscrito compreendam os pensamentos dos poetas védicos. A tradução de talvez outro Samhitâ, um ou dois dos Brâhmanas, ou partes deles, deverá ser incluída em nossa série, bem como os principais *Upanixades*, tratados teosóficos de grande interesse e beleza. Existe toda a perspectiva de um aparecimento precoce de uma tradução do Bhagavadgîtâ, dos mais importantes entre os livros sagrados de Direito e de um, pelo menos, dos Purânas. (§604)

2. Os livros sagrados dos budistas serão traduzidos principalmente das duas coleções originais, os do sul em páli e os do norte em sânscrito. Aqui a seleção será, sem dúvida, mais difícil. Entre os primeiros livros a serem publicados, espero, Sûtras do Dîgha Nikâya, parte do Vinaya-pitaka, do Dhammapada, da Divyâvadâna, do Lalita-Vistara, ou da vida lendária de Buda. (§605)

---

3 "*Rig Veda*-Sanhitâ, The Sacred Hymns of the Brahmans", traduzido e explicado por F. Max Müller. I. Hinos aos Maruts ou aos Deuses da Tempestade, Londres, 1869.

3. Os livros sagrados dos zoroastrianos estão dentro de um espectro menor, mas exigirão notas e comentários mais completos para tornar-se uma tradução inteligível e útil. (§606)

4. Os livros que gozam da mais alta autoridade entre os seguidores do Kung-Fu-Tze são o King e o Shû. Dos primeiros, o Shu-King ou Livro da História; as Odes do Templo e do Altar, e outras peças que ilustram as antigas visões e práticas religiosas dos chineses, no Shih-King ou Livro de Poesia; o Yî King; o Li Ki; e o Hsiâo King ou o Clássico da Piedade Filial serão todos dados, espera-se, inteiros. Deste último, a série conterá o Chung Yung, ou Doutrina do Meio; o Ta Hioh ou Grande Aprendizado; todas as declarações de Confúcio nos Lun Yu ou Analetos de Confúcio, que são de natureza religiosa e referem-se aos princípios de seu sistema moral; e a doutrina de Măng-tze da bondade da natureza humana. (§607)

5. Para o sistema de Lao-Tsé, exigimos apenas uma tradução do *Tao-te-king* com alguns de seus comentários e, pode ser, um trabalho competente para ilustrar o funcionamento real de seus princípios. (§608)

6. Para o Islã, tudo o que é essencial é uma tradução confiável do *Corão*. (§609)

Será meu desafio dividir os vinte e quatro volumes que serão contemplados nessa série o mais igualmente possível entre as sete religiões. Mas muito deve depender da assistência que recebo dos acadêmicos orientais, bem como do interesse e dos desejos do público. (§610)

A seguir estão os nomes dos estudiosos que prometeram fornecer traduções: (§611)

Beal, S.	Fausböll, V.	Oldenberg, H.
BHANDARKAR, R. G.	Jacobi, H.	Palmer, E. H.
BÜHLER, G.	Jolly, J.	Rhys Davids, T. W.
COWELL, E. B.	Kern, H.	Telang, K. T.
DARMESTETER, J.	Legge, J.	West, E. W.
EGGELING, J.	Max Müller, F.	

Oxford, outubro de 1876.

Carta ao exmo. reverendo deão da Igreja de Cristo

Oxford, 18 de março de 1882.

Meu caro Deão, (§612)

Quando, em 1875, recebi um convite do governo austríaco para transferir meus serviços para Viena e publicar lá, sob os auspícios da Academia Imperial, uma série de traduções dos livros sagrados do Oriente, creio que foi principalmente devido a vossos esforços gentis que a Universidade me convidou para ficar em Oxford e realizar o mesmo empreendimento aqui, substituindo apenas o alemão pelo inglês nas traduções que eu havia originalmente considerado. Em seguida, apresentei a vós, e por vossa intermediação aos Representantes da Clarendon Press e ao Secretário de Estado da Índia, um resumo geral das traduções que eu esperava fazer, se pudesse garantir a cooperação de acadêmicos orientais na Inglaterra, em uma série de vinte e quatro volumes. Isso foi

Introdução à Ciência da Religião   329

em outubro de 1876, e, como o prazo de término dessa série se aproxima, a saber, outubro de 1884, acho que devo, por vosso intermédio, prestar contas de minha gestão aos Representantes da Clarendon Press e ao Secretário de Estado da Índia. (§613)

Houve no início, como dificilmente poderia ter sido de outra forma, um atraso considerável. A ajuda de acadêmicos realmente competentes teve de ser assegurada, e demorou algum tempo antes que eles pudessem preparar suas traduções. Portanto, o primeiro volume não pôde ser publicado antes de 1879, e agora, em 1882, o número de volumes publicados é de apenas catorze. Delongaria um grande tempo para lhe explicar todas as causas do atraso. Perdi por morte a valiosa assistência do professor Childers, que havia empreendido a tradução de partes importantes do cânone budista. A doença impediu os professores Cowell e Pischel, e também Dr. Rajendralal Mitra, de cumprir suas promessas, enquanto causas semelhantes atrasaram consideravelmente o trabalho confiado ao professor Bhandarkar, Rev. S. Beal, professor Jacobi, professor Kielhorn e K. T. Telang. (§614)

Nessas circunstâncias, a execução do trabalho a que eu havia me proposto tornou-se, ao mesmo tempo, extremamente precária, e tive de solicitar a assistência de outros acadêmicos para não decepcionar os Representantes da Editora e do Governo Indiano. Essa assistência foi prontamente atendida, e agora tenho a satisfação de informar que ainda espero poder cumprir tudo o que prometi e cumpri-lo dentro do prazo estipulado. (§615)

Agora, catorze volumes estão terminados, outros oito estão na gráfica, e a tradução dos dois volumes restantes está suficientemente avançada para estar pronta em outubro de 1884. (§616)

Olhando para o trabalho que foi feito e que será realizado até o final de 1884, pode-se ver que todas as grandes religiões do Oriente foram representadas de maneira justa, embora vinte e quatro volumes não possam dar uma ideia adequada dos mais importantes livros sagrados do Oriente (por livro sagrado queremos dizer apenas aqueles que receberam algum tipo de aprovação canônica). (§617)

Para a antiga *religião védica*, haverá, na presente série, dois ou três volumes de *Upanixades*, dois ou três volumes do Brâhmana do *Yajur Veda* e um volume de Grihya Sûtras sobre cerimônias domésticas. Lamentamos não ter uma tradução do *Rig Veda*, mas ninguém que esteja menos familiarizado com o estado atual dos estudos védicos deixaria de perceber a causa disso. As pessoas escrevem e falam como se não houvesse traduções do *Rig Veda*. Possuímos cinco traduções do *Rig Veda*, uma em francês, duas em inglês e duas em alemão. Destas, a tradução francesa é puramente experimental. A tradução para o inglês do professor Wilson segue o comentário de Sâyana, publicado por mim, e representa a interpretação nativa ou tradicional dos hinos védicos. A versão métrica alemã de Grassmann marcou na época um progresso real, mas agora foi deixada para trás pela tradução em prosa do professor Ludwig. A tradução para o inglês, agora publicada em Calcutá, é eclética, às vezes seguindo autoridades nativas, às vezes europeias. Para quem lê o sânscrito moderno há também a tradução de Sâyana publicada por mim e a tradução agora publicada em Benares por Dayananda Sarasvati. O que considero como uma tradução do *Rig Veda* mostrei em um pequeno volume publicado em 1869, contendo uma interpretação, com sua justificação completa, de apenas doze hinos. O que me impediu de continuar essa tradução foi a saúde e o aviso que ela me deu de que eu deveria terminar outro trabalho antes que fosse tarde demais. Enquanto isso, ficou bem claro, principalmente através dos trabalhos de Ludwig e Bergaigne, que, antes que qualquer nova tradução do *Rig Veda* seja realizada, devemos ter uma tradução do *Yajur Veda*, que contém a chave para muitas alusões a assuntos cerimoniais que ocorrem no *Rig Veda*. Essa tradução dos hinos do *Yajur Veda* há muito foi prometida pelo professor Weber; enquanto uma tradução do Brâhmana daquele *Veda* foi realizada pelo professor Eggeling e aparecerá em nossa série de livros sagrados. Embora, por isso, sinta-me profundamente sensível ao elogio de tantos acadêmicos que me pediram para publicar uma nova tradução do *Rig Veda*, acho que eles concordarão comigo que mal chegou a hora de uma nova tradução, enquanto podemos acrescentar que existem outros tão competentes quanto eu para realizar uma tarefa tão trabalhosa. (§618)

Ao mesmo tempo, senti que havia outro trabalho relacionado aos *Vedas* que, no momento, seria muito mais útil e, portanto, empreendi uma tradução dos *Upanixades*, obras que, no estado atual do conhecimento de sânscrito, me parecem merecer um estudo mais cuidadoso, como incorporar, se não me engano, os primeiros germes do Budismo em seu desenvolvimento histórico a partir do Bramanismo. Sem dúvida, foi necessária alguma coragem para iniciar a série dos livros sagrados do Oriente com os *Upanixades*, em parte devido à sua obscuridade e ao caráter repulsivo de alguns deles, e em parte devido às muitas dificuldades que ainda decorrem de uma tradução dessas obras, particularmente nas partes de Âranyaka, que dissuadiram todos os ex-tradutores. Se, como foi apontado, minha tradução muitas vezes difere tanto das traduções anteriores que não parece ser baseada no mesmo texto original, isso se deve principalmente ao fato de eu me manter o máximo possível independente dos comentaristas nativos, que, embora indispensáveis e extremamente úteis, estão tão sob o feitiço da filosofia sistemática posterior de Vedânta que muitas vezes violentam os pensamentos mais simples de poetas e filósofos antigos. (§619)

Nos *antigos livros de leis*, teremos cumprido quase tudo o que foi prometido, principalmente devido ao excelente trabalho feito para nós pelos professores Bühler e Jolly. As traduções que eles fizeram abriram uma mina inteiramente nova da literatura antiga, e houve um veredicto unânime quanto ao benefício real que eles conferiram por seu trabalho, tanto aos estudantes da antiguidade quanto aos administradores das leis modernas da Índia. (§620)

Tivemos menos sorte com os livros de leis métricos, mas há todos os motivos para esperar que a série não seja encerrada sem conter traduções do professor Bühler sobre Manu e Yâgñavalkya. (§621)

Na literatura *bramânica posterior*, devemos ao Sr. Telang uma tradução cuidadosa não apenas do Bhagavadgîtâ, como prometido por ele, mas também do Anugîtâ e do Sanatsugâtîya. (§622)

A doença quase fatal de Dr. Rajendralal Mitra me obrigou por um tempo a desistir da ideia da tradução de um dos Purânas. O professor Bhandarkar declarou agora sua disposição de realizar uma tradução daquele Purâna que, de comum acordo, foi apontado como atualmente o mais importante, a saber, o Vayu-purâna. Ninguém nos agradeceria por uma tradução do Bhâgavata-Purâna, que, apesar de muito popular, é conhecido por ser muito moderno e foi traduzido para o francês por Burnouf, em uma tradução a ser continuada e terminada sob os auspícios do governo francês por M. Hauvette-Besnault; enquanto no Vishnu-purâna temos a tradução de Wilson, recentemente reeditada por Dr. Fitz Edward Hall. A publicação dessa tradução do Vâyu-purâna dependerá da decisão dos Representantes. (§623)

Introdução à Ciência da Religião | 333

Recentemente o *Budismo* tem ocupado uma parcela de interesse público tão grande que achamos correto apresentá-lo o mais plenamente possível em suas diferentes fases. A severa perda infligida ao nosso empreendimento pela morte do professor Childers foi sanada pela pronta ajuda do Sr. T. W. Rhys Davids, do professor Fausböll e do professor Oldenberg. Publicamos um volume de Suttas, o Dhammapada e o extremamente importante Sutta Nipâta. Haverá uma tradução completa dos Mahâvagga e Kullavagga, os livros canônicos sobre a disciplina budista. O primeiro volume está pronto, e mais dois terminarão esta parte interessante do Cânone Sagrado do Ceilão.[4] (§624)

Dos *documentos em sânscrito* ilustrativos do Budismo do norte, haverá uma tradução do professor Kern do "Lótus da Boa Lei" e, possivelmente, um volume de traduções diversas tratando do Budismo Amitâbha da China e do Japão. (§625)

O Rev. S. Beal foi impedido por uma doença de terminar sua tradução prometida da antiga Vida de Buda em chinês, mas sua versão do Fo-sho-hing-tsan-king agora está passando pela Editora e estará concluída, espero, antes do final deste ano. (§626)

O professor Jacobi se comprometeu a fornecer traduções de alguns dos livros sagrados dos gainas e, embora as dificuldades, decorrentes principalmente das imperfeições dos manuscritos, tenham atrasado seu trabalho, um volume pelo menos de sua tradução fará parte, esperamos, da nossa série. (§627)

No que diz respeito à tradução da *religião persa*, M. Darmesteter do *Vendidâd*, publicada no quarto volume de nossa série, atraiu atenção geral entre os estudiosos de persa médio; e, embora tenha suscitado controvérsias, recebeu os maiores elogios, mesmo

---

4   Desde 1972, Sri Lanka (N. do T.).

daqueles que diferem mais amplamente dos princípios do tradutor. Tais controvérsias não são apenas inevitáveis na interpretação de textos antigos, mas também são realmente mais desejáveis e mais úteis para o avanço dos estudos orientais. Podemos esperar pelo menos mais um volume da caneta de nosso ilustre *collaborateur*. (§628)

A literatura posterior *parse* ou *pálavi* encontrou seu primeiro intérprete de sucesso no Sr. E. W. West, e nenhuma contribuição foi recebida com mais gratidão pelos estudiosos orientais do que suas traduções dos Bundahis, Bahman Yast e Shâyast-lâ-Shâyast. O segundo volume, agora na Editora, conterá o Dâdistân-î Dînîk e, possivelmente, o Mainyô Khard. (§629)

A tradução do *Corão* pelo professor Palmer está terminada diante de nós em dois volumes e parece ter despertado um interesse bastante novo em um trabalho que muitas vezes deveria ser ilegível, exceto em árabe. (§630)

Quanto aos trabalhos de Confúcio e Lao-Tsé, era sabido que eles estavam nas melhores mãos. A tradução do Shu-King, Shih--King e Hsiâo King do professor Legge mostrou-se aceitável para estudiosos na Europa e na China, e sua futura tradução do Yî King é esperada com o maior interesse. (§631)

Em relação a mim, acho que posso dizer que tentei cumprir meus deveres como editor com o melhor de meu poder e discernimento. Fui responsabilizado, eu sei, por não ter tornado essa série de livros sagrados mais atraente e popular, mas fazê-lo teria sido incompatível com o próprio objeto que eu tinha em vista ao publicar essas traduções. Pensei que havia chegado o momento em que as religiões antigas do Oriente deveriam ser estudadas em seus próprios textos canônicos, e que, assim, um fim deveria ser posto nas vagas afirmações sobre sua natureza e caráter, provenientes seja de admiradores, seja de detratores daqueles credos antigos.

Introdução à Ciência da Religião   335

Deixar de fora o que parece tedioso e repulsivo neles teria sido simplesmente desonesto, e eu não poderia participar de tal empreendimento. As traduções, como aqui publicadas, são documentos históricos que não podem ser adulterados sem destruir completamente seu valor. Cabe ao historiador descobrir o que é bom e o que é ruim neles, e ainda acredito que quem tiver olhos para ver reconhecerá que há pepitas de ouro nesses livros antigos, ainda mais preciosas porque escondidas sob tanto lixo, isto é, sob muitos detritos do pensamento inicial. (§632)

Quando em 1876 empreendi a publicação dessa série de livros sagrados, sequer pensei que esperaria mais de oito anos de trabalho. Ainda assim, como fui poupado e ainda não me sinto muito *senio confectus* ["consumido pela idade"], estou disposto a trabalhar o máximo que puder. Se, portanto, os Representantes da Editora e o Secretário de Estado da Índia estiverem satisfeitos com o que fiz até agora, estou a seu serviço para o que me resta da vida ativa. (§633)

Eu permaneço, meu caro Deão,

Com muita sinceridade e gratidão,

F. Max Müller.

Índice remissivo

A

Aborígine, 102

Abraão, 73, 94, 97, 125, 127, 128, 131, 314

Agni, 49, 99, 173, 174, 175, 176, 178

Ahura Mazda, 43, 179, 181, 182

Akbar, 39, 200, 223, 224, 226, 228, 229, 230, 232, 234, 235, 238, 240, 242, 243, 251, 252

Allah/Alláh, 41, 131, 230

Alquimia, 25, 28, 29

Antigo Testamento, 39, 48, 50, 51, 52, 75, 93, 126, 127, 133, 134, 165, 286

Apolo, 69, 105

Árabe, 10, 32, 55, 72, 75, 82, 112, 124, 125, 127, 129, 139, 215, 232, 237, 238, 242, 249, 261, 320, 333

Ariano, 48, 53, 54, 56, 61, 62, 70, 72, 73, 74, 75, 80, 82, 83, 87, 97, 105, 107, 110, 111, 112, 113, 114, 116, 118, 119, 120, 121, 122, 123, 124, 125, 131, 136, 139, 140, 141, 143, 151, 158, 168, 174, 254, 265, 275, 276, 295, 298, 299, 302, 312

Armênio, 57, 58, 59

Asha, 180, 182

Assírio, 58, 82, 129, 131, 133, 135, 137

Assiriologia, 136

Astrologia, 25, 28, 29

Asura, 138

Ateísta, 98, 99

Atenas, 69, 201, 287

Atharva Veda, 39, 43, 76, 175, 206, 264

B

Baal, 103, 125, 129, 130, 132, 134, 141, 164

Babilônia, 56, 57, 60, 124, 125, 126, 136, 139, 149, 163, 170, 261, 262, 300, 320

Banto, 114, 196, 256, 257, 259

Bíblia, 9, 46, 49, 76, 78, 79, 127, 133, 183, 186, 217, 261, 272

Brahman, 26, 42, 117, 128, 207

Brâmanes, 31, 39, 46, 48, 74, 75, 87, 91, 97, 178, 189, 233, 242, 248, 273, 321, 322, 324

Bramanismo, 40, 72, 73, 74, 77, 86, 87, 187, 190, 330

Buda, 27, 40, 42, 43, 44, 78, 79, 81, 90, 97, 99, 162, 165, 183, 185, 186, 189, 204, 321, 325, 332

Budismo, 27, 40, 43, 50, 72, 73, 74, 81, 86, 87, 145, 150, 184, 190, 330, 332

Budista, 31, 40, 42, 43, 48, 78, 79, 91, 150, 183, 185, 187, 273, 319, 322, 324, 325, 328, 332

C

Caldeus, 56, 126, 135, 261

Introdução à Ciência da Religião 337

Cânone sagrado, 40, 42, 43, 44, 72, 78, 80, 319

Canônico, 34, 45, 72, 73, 75, 78, 82, 91, 183, 320, 332, 333

Casta sacerdotal, 77

China, 40, 74, 80, 81, 86, 107, 108, 141, 142, 145, 149, 150, 151, 152, 155, 157, 190, 199, 278, 279, 280, 282, 283, 319, 323, 332, 333

Chinês, 10, 40, 75, 81, 87, 107, 111, 113, 140, 141, 143, 144, 145, 146, 149, 150, 151, 153, 155, 158, 167, 190, 278, 279, 280, 282, 283, 284, 285, 286, 287, 288, 289, 292, 326, 332

Ciência da Religião, 11, 12, 13, 14, 15, 17, 20, 24, 25, 28, 29, 30, 38, 47, 71, 86, 89, 107, 119, 123, 159, 221

Confúcio, 31, 40, 74, 80, 81, 86, 97, 108, 143, 162, 165, 190, 282, 291, 326, 333

Corão, 10, 39, 41, 97, 129, 226, 234, 236, 237, 240, 245, 249, 320, 326, 333

Cristão, 26, 28, 34, 35, 39, 48, 50, 51, 72, 90, 97, 109, 151, 162, 165, 185, 201, 244, 246, 279, 284, 285, 302

Cristãos Arianos, 49

Cristianismo, 9, 21, 25, 26, 35, 45, 48, 49, 50, 52, 72, 73, 74, 86, 87, 89, 90, 92, 93, 95, 99, 115, 145, 162, 165, 185, 197, 201, 246

Cristo, 49, 97, 185, 207, 226, 247, 327

D

Deidade, 89, 93

Déli, 40, 244

Deus Desconhecido, 99, 200

Dharma, 27, 43, 80, 116

Dialeto, 43, 64, 79, 106, 213, 259, 263, 271, 302

Divindade, 50, 69, 82, 88, 98, 99, 104, 106, 108, 110, 117, 118, 119, 120, 125, 126, 129, 131, 132, 133, 134, 135, 139, 141, 142, 143, 147, 148, 149, 150, 151, 152, 154, 155, 173, 174, 175, 185, 193, 200, 206, 213, 214, 229, 245, 284, 285, 289, 290, 300, 301, 305

Divino, 26, 28, 37, 47, 70, 131, 135, 141, 147, 152, 162, 164, 173, 176, 177, 178, 186, 199, 207, 213, 215, 217, 228, 231, 267, 269, 297, 311

Dyaus, 70, 122, 123, 141, 143, 152, 208, 215, 317

E

Egípcio, 83, 104, 114, 116, 117, 118, 163, 191, 218, 256, 259, 261, 262, 320

Egito, 83, 94, 115, 117, 163, 170, 196, 207, 261, 273, 300, 322

El/Eloah/Eloeim/Elohîm, 125, 126, 127, 128, 129, 130, 133, 138, 139, 141, 149, 192, 260, 315

F

Fé, 19, 25, 29, 31, 34, 35, 36, 38, 40, 41, 44, 51, 71, 73, 74, 75, 76,

77, 81, 82, 84, 85, 86, 91, 94, 97, 103, 108, 115, 119, 120, 137, 147, 159, 161, 180, 185, 198, 199, 200, 202, 229, 235, 241, 242, 243, 245, 249, 250, 271, 288, 289

Fenícios, 82, 103, 109, 126, 127, 129, 130, 132, 134, 135, 139, 142, 261

Fetichismo, 28, 115, 218, 268, 269, 270, 277

Filólogos, 22, 71, 232, 254, 255, 296

Filósofos, 22, 26, 37, 48, 51, 63, 88, 89, 95, 100, 101, 104, 119, 160, 165, 207, 248, 331

G

Gênesis, 54, 56, 58, 128, 131, 132, 133, 218, 261, 286

Grécia, 52, 53, 67, 70, 97, 122, 143, 144, 163, 165, 203, 271, 273, 298

Grega, 24, 105

Grego, 10, 23, 24, 31, 32, 34, 35, 48, 51, 56, 58, 60, 67, 68, 69, 75, 82, 87, 97, 102, 103, 112, 115, 120, 121, 122, 123, 124, 126, 130, 132, 133, 139, 142, 163, 167, 191, 210, 213, 215, 232, 261, 266, 279, 285, 294, 297, 298, 309, 317, 320

H

Hebraico, 10, 31, 32, 48, 51, 52, 53, 54, 55, 58, 59, 60, 75, 105, 112, 124, 126, 133, 135, 139, 142

Hegel, 103, 104, 161

Heleno, 66, 67, 102

Hindu, 26, 28, 34, 42, 45, 47, 72, 76, 77, 87, 139, 168, 207, 233, 248, 250, 266, 274, 287, 315

Hotentotes, 61, 115, 255, 256, 293, 295, 297, 298, 300, 301, 306, 309

I

Iahweh, 93, 103, 125, 126, 133, 134, 138, 139, 208, 216, 280, 285

Índia, 27, 30, 39, 44, 46, 48, 53, 68, 70, 74, 77, 78, 81, 97, 110, 116, 117, 120, 122, 143, 144, 149, 170, 199, 207, 217, 223, 274, 275, 285, 319, 323, 324, 327, 331, 334

Indiano, 42, 180, 233, 328

Indra, 97, 99, 150, 175, 303, 305

Infinito, 35, 36, 37, 38, 123, 157, 190, 212, 217, 267

Islã, 40, 72, 73, 77, 82, 86, 115, 145, 201, 233, 238, 240, 241, 242, 245, 249, 326

Islâmico, 242, 251

Islâmicos, 128, 238

J

Javé, 134, 138

Jerusalém, 123, 129, 139

Judeu, 28, 34, 39, 48, 50, 56, 72, 74, 87, 90, 93, 97, 103, 105, 109, 129, 130, 132, 134, 135, 139, 166, 244, 252, 284, 315

Júpiter, 70, 97, 123, 143, 149, 164, 191, 285, 305

K

Kant, 36

Introdução à Ciência da Religião

L

Lao-Tsé, 31, 40, 74, 75, 81, 86, 97, 162, 190, 319, 321, 322, 326, 333

Latim, 23, 31, 32, 51, 52, 60, 70, 120, 121, 122, 123, 124, 139, 210, 297, 298, 309, 321

Linguística, 22, 25, 30, 38, 45, 89, 107, 113, 114, 119, 254, 255, 258

Livros sagrados, 30, 39, 43, 46, 48, 73, 75, 79, 81, 83, 167, 191, 218, 249, 278, 319, 320, 321, 322, 323, 324, 325, 326, 327, 329, 330, 332, 333, 334

M

Manu, 42, 68, 104, 121, 274, 331

Meca, 97, 129, 246, 249

Mesopotâmia, 139, 261, 262

Mitologia, 20, 51, 53, 54, 61, 65, 86, 103, 108, 116, 118, 122, 143, 144, 145, 147, 154, 155, 191, 209, 216, 261, 265, 269, 270, 271, 272, 275, 276, 277, 285, 287, 293, 296, 298, 299, 307, 308, 310, 311, 312, 318

Moabita, 103, 129, 130, 132, 134

Mohammad/Mohammedan, 28, 31, 41, 42, 72, 75, 90, 97, 127, 128, 129, 162, 200, 321, 322

Moisés, 48, 72, 97, 105, 125, 127, 130, 134, 138, 162, 194, 245

Mongol, 40, 74, 86, 111, 113, 140, 141, 144, 145, 146, 150, 151, 152

Monoteísta, 98

Mosaísmo, 72, 74, 86, 88, 92

N

Novo Testamento, 48, 88, 93, 165, 185, 207, 217, 286, 302

O

Ocidente, 45, 52

Oriente, 45, 52, 69, 191, 207, 256, 278, 317, 319, 322, 323, 327, 329, 330, 333

Osíris, 117

P

Pacífico, 84, 180, 263, 265, 270

Paganismo, 104, 145

Palestina, 48, 126, 149

Platão, 160, 163, 191, 202

Polinésia, 119, 123, 265, 271, 273, 295, 300

Polinésio, 61, 84, 272, 273

Politeísta, 98, 109

Pré-histórico, 91, 100, 122, 132, 139, 141, 299

Profeta, 53, 75, 93, 95, 97, 129, 162, 166, 167, 168, 212, 218, 224, 228, 236, 237, 240, 241, 243, 245, 247, 249, 250, 251, 263

R

Religião natural, 87, 88, 89, 92, 93, 94, 95

Religião revelada, 87, 88, 92, 93, 94

Rig Veda, 19, 43, 76, 168, 170, 171, 173, 174, 175, 178, 264, 273, 324, 325, 329

Roma, 52, 82, 90, 144, 165, 271

S

Sacerdote, 56, 133, 168, 172, 176, 177, 178, 185, 218

Sânscrito, 10, 23, 24, 26, 27, 31, 40, 45, 46, 55, 60, 65, 66, 70, 75, 76, 79, 81, 112, 116, 117, 120, 121, 122, 123, 124, 128, 139, 142, 167, 210, 213, 215, 232, 284, 286, 294, 297, 298, 309, 316, 318, 325, 329, 330, 332

Santo, 49, 151, 152, 164, 184, 200, 202, 204, 240, 249, 287, 311

Saturno, 126

Schelling, 62, 101, 103, 104, 161

Semítico, 52, 56, 72, 73, 74, 83, 107, 110, 111, 113, 114, 120, 125, 134, 136, 137, 139, 151, 257, 261, 266

Sócrates, 144, 163

Spiegel, 179, 180, 182

Sûtra, 80, 325, 329

T

Talmude, 39, 134

Tao-te-king, 75, 81, 322, 326

Teologia Comparada, 20, 38, 39, 49, 50, 92, 160, 296

Teologia Natural, 89

Teologia Teórica, 38, 92, 160

Teólogo, 22, 31, 51, 89, 90, 94, 95, 161, 165, 217, 265, 319, 323

Tibetano, 40, 113, 152

Tibete, 81

Tiele, 40, 137

Tribo, 40, 62, 64, 66, 82, 85, 86, 93, 102, 103, 105, 115, 141, 145, 146, 147, 151, 153, 155, 156, 158, 196, 198, 199, 255, 256, 259, 293, 295, 298, 300, 304, 307

U

Upanixades, 39, 325, 329, 330

X

Xamã, 145, 154, 156

Xamanismo, 86

Z

Zendavesta, 39, 43, 80, 179, 183

Zeus, 59, 67, 69, 70, 97, 102, 105, 122, 130, 163, 206, 208, 285, 303

Zoroastrismo, 40, 72, 73, 86

Zoroastro, 90, 97, 105, 162, 165, 183, 248

Introdução à Ciência da Religião

Rua Dona Inácia Uchoa, 62
04110-020 – São Paulo – SP (Brasil)
Tel.: (11) 2125-3500
paulinas.com.br – editora@paulinas.com.br
Telemarketing e SAC: 0800-7010081